同志社大学神学部

私はいかに学び、考え、議論したか

佐藤優

光文社新書

まえがきにかえて――光文社新書版

今の日本の教育に不安を感じている人に、この本を是非読んでほしい。それは、同志社大学神学部が時流に逆行している教育機関だからだ。

今年（２０１５年）６月８日、文部科学省は、全86の国立大学に、文科系を中心に既存の学部などを見直すよう通知した。「朝日新聞」の記事を引用しておく。

文部科学省は８日、全86の国立大学に、既存の学部などを見直すよう通知した。主に文学部や社会学部など人文社会系の学部と大学院について、社会に必要とされる人材を育てられていなければ、廃止や分野の転換の検討を求めた。国立大に投入される税金を、ニーズがある分野に集中させるのが狙いだ。

国立大には、法人化された２００４年度以降、６年ごとに「中期目標」を作って文科省に提出する義務がある。６月末が16年度からの目標案の提出期限で、大学の認可を受けるには、目標が通知の趣旨に沿っている必要がある。

通知は「特に教員養成系や人文社会科学系学部・大学院は、組織の廃止や社会的要請の高い分野に転換する」ことを求めた。例えば、人文社会系の卒業生の多くがサラリーマンになるという実績を踏まえ、大学は地元で必要とされている職種を把握。需要にあった人材を育てる学部に転換するなどといった想定だ。

文科省によると、自然科学系の研究は国益に直接つながる技術革新や産業振興に寄与しているが、人文社会系は成果が見えにくいという。国立大への国の補助金は計1・1兆円以上。子どもが減り、財政事情が悪化する中、大学には、「見返り」の大きい分野に力を入れさせるという考えだ。

文科省の担当者は「文系を減らして理系を増やすという意味ではない」。見直し後、別の文系学部への転換も可能だからだ。成果が出にくい分野も、将来の成果を示せれば相応の評価をするという。

（高浜行人）（2015年6月8日「朝日新聞デジタル」）

文科省は、経済界の要請に応えて、即戦力になる人材を求めているのであろう。もっともすぐに役に立つような知識や技術は、賞味期限も短い。どうもそのあたりの現実が文科省や経済界には見えなくなっているようだ。実は、このような「高等教育の実学化」の嵐がフランスでナポレオンの時代に吹き荒れた。その影響はドイツにも及んだ。その場合、神学部は役に立たない学部として整理される筆頭になる。この流れに反対したのがベルリン大学神学部教授で、著名なプロテスタント神学者のフリードリヒ・シュライエルマッハー（シュライエルマッヘル、シュライエルマハー、シュライアマハーと表記することもある）だ。

一八〇八年に出た『ドイツ的意味における大学に関する所感』は、当時のナポレオンによる大学の実用主義化への対抗ヴィジョンとして提示された。当時のフランスでは、ナポレオンが大学を総合技術専門学校化する文教令を出し、ドイツでもそれに賛同するような風潮が起こり始めていた。それに対し、シュライエルマハーは、学問が国家と癒着することを厳しく戒める。

学問のための施設は、学問的認識を目指す者同士の「自由な内的衝動」によっておのずと生まれてくるものであり、国家が率先して創り出すものではない。ナポレオンを最高指導者とする中央集権国家は、本質的に実利を追求する機関であり、実利の範囲でしか学問を見ない。そうした国家にとって重要なのは、知や文化の質ではなく、実用的な情報や技術の量である。それに対して学問的思索は、「個別的な知がどのように連関し、知の全体の中でどのような位置を占めるか」を認識しようとする。シュライエルマハーによれば、一般に学者が国家に取り込まれれば取り込まれるほど、学問共同体は国家の御用機関に堕し、学問共同体は純粋に学問的な思索を追究すればするほど、結果的に国家の質も高まる。

実用教育と峻別された学問研究の場たる大学は、人がなんらかの専門研究機関で本格的な研究を始める前に、その専門研究が他の学問領域とどのような関係にあるかを認識し、それを素人にも説明する能力を養う場と位置づけられる。従来のヨーロッパの大学は、法学、医学、神学を中心に編成されてきた。しかしそれらの学問は、そもそも国家の庇護のもとに営まれてきた学問であり、知の諸連関と包括的な体系を認識する学問とはなりえない。それに対し、国家から独立して発達した歴史的諸学問や自然的諸学問を統合し包括するような哲学こそ、大学での中心的役割を演じるにふさわしい学問である。それゆえ、それらの専門学部の教員も、哲学部のなんらかの分野に責任をもち授業を担当しなければならない。さもないと、それらの学部は、手工業的な伝承主義や視野の狭い専門主義に堕しがちだからである。

シュライエルマハーによれば、「諸学問を媒介する学問」としての哲学は、専門的諸学問とともに学ばれて初めて意義をもつ。したがって大学の教師は、哲学を純粋思弁としてではなく、個々の専門科目と連関させて教えるよう要求される。そのさい、教師は、つねに新鮮な対話能力をもって学生に働きかけなければならない。講義は、学生への一方通行だったり、毎年同じ内容の繰り返しであってはならず、学生からの質問にも触発されて年々豊かになっていかなければならない。

（山脇直司「シュライエルマハー」加藤尚武編著『哲学の歴史　第7巻　理性の劇場——18—19世紀　カントとドイツ観念論』中央公論新社、２００７年、５９８〜６００頁）

「国家にとって重要なのは、知や文化の質ではなく、実用的な情報や技術の量」であるというのは、近代国家の普遍的要請である。これに対して、大学が国家の狭い利害関心に従ってしまうと、中長期的に知の力が衰退してしまう。シュライエルマッハーのこの指摘は現在も生きていると思う。「国家から独立して発達した歴史的諸学問や自然的諸学問を統合し包括するような哲学こそ、大学での中心的役割を演じるにふさわしい学問である」という点についても、プロテスタント神学は、哲学の枠組みを用いて議論を展開する場合が多いので、同志社大学神学部で学ぶ学生は、今日でも「神学の思考」とともに「哲学の思考」を学んでいるのである。

「教師は、つねに新鮮な対話能力をもって学生に働きかけなければならない。講義は、学生への一方通行だったり、毎年同じ内容の繰り返しであってはならず、学生からの質問にも触発されて年々豊かになっていかなければならない」ということも、神学教師が教壇に立つ際の大前提だ。

2015年の春から夏にかけて、わたしは久しぶりに同志社の神学生を相手に集中講義をした。4月18日、5月16日、30日、6月6日、20日、7月4日の土曜の午後、京都市の同志社大学今出川キャンパスの良心館で、2講時連続講義をした。もっとも講義後も、わたしに他の用事がないときは、学生たちと、レストランに行って、午後11時頃まで話をしたので、かなり密度の高い集中講義だった。

同志社の創設者である新島襄《にいじまじょう》について、岩波文庫から出ている同志社編の『新島襄自伝』

『新島襄の手紙』『新島襄教育宗教論集』の3部作を手掛かりに、同志社のキリスト教主義の特徴をつかむことに講義の主眼を置いた。受講生は、神学部もしくは大学院神学研究科に在籍する人に限定した。また、講義を受けても単位にはならないことにした。他学部の学生で、教室の前に立って「聴講したい」と願い出てくる者が何人かいたが、「今回は神学を専門にしている学生だけを対象にしているので、申し訳ないけれど、遠慮してほしい。いずれこの講義の内容は本になるので、それを読んで欲しい」と言って断った。学部と大学院から12人の神学生が参加した。毎回、授業の初めに2つ小テストをした。1つは、神学史、近現代史の年号に関する知識を問うテスト、もう1つは神学術語について簡潔な説明を求めるテストだ。

現在、同志社の神学部は、9割がキリスト教徒ではない。それだから、神学に対する関心が薄いのではないかと心配していたが、杞憂に終わった。当初、あやふやだった知識が、基本書を指定し、自習を促すうちに、瞬《また》く間に定着し、当初、1割程度の正答率だったのが、最後の2回では9割以上に向上した。わたしが神学生だった頃と比較して、同志社の神学部は偏差値が10以上も上がっている。勉強の要領がよくかつガッツのある学生が多くなったと実感した。同時に、虚勢を張ることがなく、謙虚だ。明治期に書かれた新島襄の擬古文（近代文語文）がよくわからないと率直に認める。わたしが擬古文に特化した大学受験参考書を勧めると、次回の講義までにその練習問題をすべて消化してくる学生もいた。

受講生たちは異口同音に「佐藤先生の講義を通じて、わからないことをわかったふりをするのではなく、自分の知識の欠損がどこにあるのかを客観的に把握し、それを着実に埋めていくことが、神学的知識を身につけていくための早道だということがわかった」という感想を述べていた。わたしは、「知識の欠損を把握して埋める。テストで間違えた問題は、繰り返し解き、理解できていないことを放置しない習慣をつける。こういうことは、神学だけでなく、すべての勉強に通じる基本的技法だ。公務員試験や司法試験を受けるときにも役に立つ」と述べた。公務員や民間企業への就職を希望する学生も多いので、神学的な勉強法を就職活動につなげていくことにも配慮しながら、実用性の高い講義を行った。

最終回に、修了レポートとして、「新島襄への手紙を書け」という課題を出した。わたしも以下のレポートを書いた。同志社大学神学部がわたしの人生にどういう影響を与えたかが端的に示されているので、ここで紹介する。

新島襄先生への手紙

同志社大学神学部1979年度学籍番号37番

同志社大学大学院神学研究科博士課程（前期）
組織神学専攻1983年度学籍番号35番
1985年修了（神学修士）
佐藤優（作家・元外務省主任分析官）

尊敬する新島襄先生。

1960年1月18日生まれのわたしは、今年で55歳になりました。この歳になると人生の残り時間が気になります。自分がこれまでの人生で何をしてきたか、そして、これから何をしなくてはならないかについて、現在、わたしは真剣に考えています。

わたしの人生においては、いくつかの転換点がありました。そのときに同志社で学んだキリスト教主義に助けられました。特に新島先生が強調された「良心」は、わたしにとってきわめて重要な価値です。新島先生が説く良心は、人間の内面にとどまる心理作用ではありません。人間の行動を律する原理です。プロテスタンティズムの3原理の1つである「信仰のみ」が、人間の内面的信仰を指すのではなく、信仰即行為、行為即信仰であることに対応して、わたしたちは、良心を理解すべきと思います。カトリック的な「信仰と行為」という発想は、キリスト教徒の生活において、信仰と行為が分離しうるという了解の上で成立する原理です。2つの概念を分離した上で、「と」で繋ぐような神学をプロテスタントであるわたしたちは受け入れることができません。同志社の掲げる良心は、このようなプロテスタンティズムの原理を日本に土着化させようとする試みであるとわたしは考えています。

わたしは1985年3月に大学院を卒業した後、教会教職や研究職に進まず、外交官になりました。そもそもの動機は、チェコスロバキア（当時）に留学したいという単純なものでした。わたしは、神学部と大学院で、チェコのプロテスタント神学者ヨゼフ・ルクル・フロマートカ（J・L・ロマドカ、1889〜1969年）の研究をしました。野本真也教授（当時）から、この神学者の名前を聞いたのは、神学部の2回生、すなわち1980年のことでした。あれから35年が経《た》ちますが、わたしはフロマートカ神学の研究を現在も続けています。未《いま》だこの神学者の磁場から抜け出すことができていません。わたしは、無神論社会において、キリスト教徒として生きることを貫いたフロマートカについて学ぶためには、テキストだけでは不十分で、当時、社会主義国だったチェコスロバキアで生活しながら学ぶことが不可欠と思いました。社会的なコンテクスト抜きにフロマートカの神学的テキストを解釈することができないというわたしの着想は間違っていなかったと思います。

当時、プラハに留学する道は、日本とチェコスロバキアの政府間交換留学しかありませんでした。それも2〜3年に1人の枠しかありませんでした。プロテスタント神学を研究テーマとして、無神論を国家の公式ドクトリンとするチェコスロバキア政府の留学生に採用される可能性は皆無でした。指導教授の緒方純雄《おがたすみお》先生は、「スイス・ミッションの奨学金を得て、ジュネーブかバーゼルに留学し、そこからプラハを訪れるとよい」と勧めてくださいましたが、気乗りがしませんでした。スイスという外部からではなく、チェコスロバキアの内部からチェコ神学を参与観察したいと考えたからです。クラウス・シュペネマン先生は、東ドイツのライプチヒ大学（当時はカール・マルクス大学と呼ばれていた）のプロテスタント神学部に留学することを勧めてくださいました。わたしが望めば、シュペネマン先生の個人的ネットワークを用いて、ライプチヒ大学プロテスタント神学部から入学許可を取りつけるだけでなく、ジュネーブに本部があるＷＣＣ（世界教会協議会）に掛け合って、奨学金を確保してくださるという話でした。シュペネマン先生によると、当時、ＷＣＣには、「東西対話」というプログラムがあり、資本主義国の神学生を東ドイツの神学部に派遣する枠組みがあったそうです。魅力的な提案でしたが、遠慮しました。それは、わたしにはチェコへのこだわりがあったからです。

　チェコ人はスラブ民族に属します。チェコのキリスト教徒は、カトリック教徒が8割でプロテスタント教徒が2割です。歴史的に、チェコ人はドイツへの同化圧力が強くかかりました。19世紀半ばの時点では、近未来にチェコ人はドイツ人に吸収されて消滅するという見方が主流でした。このときプロテスタントが、15世紀のチェコ宗教改革との連続性を強調し、「われわれはフス派の末裔《まつえい》である。ドイツ人ではなくチェコ人である」という集合的な記憶を甦《よみがえ》らせることに成功しました。このようにして、チェコのプロテスタンティズムは、土着化に成功したのです。わたしはフロマートカ神学の研究を通じて、「日本人であってプロテスタント教徒であるとはどういうことか」というキリスト教の土着化の問題について考えたいと思いました。信仰の土着化ということも、新島先生が常に考えていたことと思います。そのためにも、プロテスタント信仰の土着化が自明の事柄とされている東ドイツではなく、チェコスロバキアに留学することを強く望みました。

あるとき、大学の就職部の掲示板で、外務省専門職員採用試験という公務員試験があることを知りました。この試験に合格すると、本給以外に25万円もの在外研修手当を受けながら、2年間、プラハのカレル大学に留学することができると言います。仮にその後、外務省を退職することになっても、留学にかかった費用を返還する必要はありません。試験科目は、一次試験が一般教養、憲法、国際法、経済学、邦語作文（実能は時事論文）、外国語和訳、和文外国語訳、二次試験が外国語会話、面接、健康診断で、それに通過すると家庭訪問が行われるということでした。過去に神学部出身者で外務省に就職した人はいません。外交官試験に合格するかどうか、不安でした。しかし、実際に受験勉強を始めてみると、憲法、国際法の勉強は聖書の釈義によく似ていました。経済学については、自習ではよくわからない難しい貨幣論について商学部の講義を聴講したら、期末試験とまったく同じ問題（貨幣数量説）が外交官試験に出題されました。

外交官試験に合格し、すっかりチェコ語の研修を命じられると思っていたら、１９８５年の３月半ばに外務省人事課から、「ロシア語を勉強してほしい」と言われました。既に大学院の後期課程試験は終了しているので、「ソ連とチェコスロバキアは隣国なので、モスクワに赴任すれば、ときどきプラハに資料集めに行くこともできるだろう。外務省の水が合わなければ、辞めて京都に戻ってくればよい」と思い、とりあえず就職することにしました。

外務省の仕事は、予想したよりもわたしの性格に合いました。研修先では、まずイギリスの陸軍語学学校でロシア語を研修することになり、その後、モスクワ国立大学で研修をしました。研修終了後は、モスクワの日本大使館政務班に勤務し、民族問題と内政を担当しました。モスクワには、１９８７年８月から95年３月までの７年８カ月間勤務することになりました。その間に１９９１年12月のソ連崩壊がありました。この期間に、同志社で学んだ神学の知識がとても役に立ちました。歴史の変動期には、神学のような、すぐに役に立たない学問が最も役に立つのだという逆説が、皮膚感覚としてわかりました。

わたしの仕事は、民族問題や内政の調査分析から、徐々に情報収集やロビー工作などのインテリジェンス活動にシフトしていきました。そして、1995年4月に日本に戻ってからは、2002年2月、鈴木宗男事件の嵐に巻き込まれるまでは、国際情報局分析第一課でインテリジェンス活動とともに北方領土交渉に深く関与するようになりました。インテリジェンスの仕事にわたしは適性があったと思います。しかし、それはわたしの好きな仕事ではありませんでした。「人は、できることと好きなことが異なる」という現実を、わたしは外交活動を通じて痛感しました。このときも、職業的良心に従って、「できること」を優先しました。2002年5月14日、わたしは当時の職場だった外務省外交史料館で、東京地方検察庁特別捜査部の検察官によって逮捕されました。率直に言いますが、このとき、わたしは、「これでもうインテリジェンス活動や外交の裏交渉から解放される。嫌な仕事をしないですむ」という解放感を覚えました。

その後、さまざまな巡り合わせがあり、わたしは職業作家になりました。今になって振り返っても、わたしは常に「イエス・キリストを信じることによって救われる」という原則に対して忠実に生きてきたのだと思います。

さて、外交官として10年、実務経験を積んだ頃に、わたしには外交の全体像が見えてきました。それと同様に、職業作家として10年を経て、これから自分がどの程度の仕事を残すことができるかが見えてきました。同志社で学んだキリスト教主義について、次世代に継承していくことが、わたしがやらなくてはならないいくつかの重要な仕事のひとつであるという認識を抱くようになりました。そこで、神学生を対象にあなたの著作を読み解くことにしました。

神学生たちは優秀です。ただし、中学校、高校の偏差値競争で少し疲れているようです。また、将来の就職が不安になり、大学時代に腰を落ち着けて、系統的な研究をする意欲がなかなか湧いてこないようです。わたしには、たとえて言えば巡回司祭の機能を果たすことが求められているのだと思います。キリスト教にそれほど関心を持っていない神学生に、どのような形でキリスト教に対する主体的コミットメント（関与）をしてもらうようにするかがわたしの課題と認識しています。岩波文庫3冊に収録されたあなたの論考や手紙を読み解くことによって、神学生たちは、知的刺激を受けたことと思います。これをキリスト教主義に対する認識と本格的な神学研究につなげる道筋を作ることがわたしの今後の課題と思っています。

（2015年7月3日、記）

この集中講義を通じて、わたしも同志社大学神学部／同大学院神学研究科の学生、院生、教師、事務職員から触発を受けた。この経験は、わたしの作家活動を広げることにもつながっている。

現在の偏差値偏重の教育に疲れている高校生、さらに子どもに本格的に考える力をつけ、国際基準での教養をつけることを考えている親たち、問題意識が先行していて地頭はよいのだが受験教育に馴染《なじ》まない生徒を抱えて悩んでいる高校教師に、同志社大学神学部への進学について考えてみることを勧める。この学校で学ぶと人生の可能性が確実に広がる。

本書の新書版を上梓するにあたっては、光文社の丸山弘順氏、三宅貴久氏にお世話になりました。また、『小説宝石』連載時に担当していただいた吉田由香氏の御厚情も忘れません。この場を借りて深く感謝申し上げます。

２０１５年9月13日、京王プラザホテル（東京都新宿区）にて、

佐藤　優

まえがき

2年前、50歳になった頃から、人生の残り時間が気になりはじめた。そこで現在抱えている仕事をもう一度見直して、若い世代への伝言となる作品を優先して出すことにした。その第一作が本書『同志社大学神学部』だ。

10年前の2002年に鈴木宗男事件に連座して東京地方検察庁特別捜査部に逮捕されなければ、わたしが職業作家になることはなかった。外交官としてわたしは情報収集や分析、それからロビー活動に従事することが多かった。仕事の関係で、公電（外務省が公務で用いる電報）、報告書、調書など文をつづることはよくあったが、わたしはこの仕事が好きでなかった。親しくなったロシア人とウオトカを酌《く》み交わして、腹を割った話をしても、常に日本政府にとって重要な情報があれば、それを公電にし、暗号をかけて、報告しなくてはならない。友情を徹底的に国益のために利用するインテリジェンスや外交の仕事は、わたしの性《しょう》にあわなかった。しかし、できることと好きなことは異なる。客観的に見ると、外務省の他の同僚と比較して、わたしには情報収集や人脈構築の適性があった。そのため、わたしは社交的な性格と思われているが、そうではない。もともと人見知りが激しく、知らない人と話をするのが苦手で、机に向かって本を読むことが好きだ。

好きでもない外交の仕事に熱中することができたことと、また鈴木宗男疑惑に関連してメディアバッシングに遭《あ》い、東京地検特捜部に逮捕され、独房に512日間閉じ込められていても平然としていたこととの間には、恐らく共通する「何か」がある。その「何か」は、わたしが若い頃にキリスト教神学と触れたことに関係している。

ヨーロッパで、総合大学（ユニバーシティ）と呼ばれるためには神学部を擁することが必要条件だ。法学、哲学、文学、経済学、理学、工学、医学など、神学以外の学問は、人間のために役立っている。一見、実用性がないように見える文学も、近代的な文章語を形成するという産業社会形成にとって不可欠な環境を整えた。「文章の技法」という点で文学は大きな実用性を持つ学問なのである。

これに対して、神学は、人間の役に立たない「虚学」だ。キリスト教では、人間は原罪を負っていると考える。従って、そのような人間に積極的な価値を見出すヒューマニズムを神学は拒否する。それだから、人間の知的営為を信頼した学問をキリスト教は拒否する。キリスト教は反知性的な宗教なのである。そして、神が罪を負った人間を救済するために、およそ2000年前にたった一度だけ地上に派遣した、真の神で真の人であるイエス・キリストに従うことを教える。人生の目的は、自己実現ではなく、自己を捨てて神の栄光のために働くことだ。もっともこのような表現をするのは、プロテスタントの（特に16世紀の宗教改革者ジャン・カルバンの影響を受けた）キリスト教徒なので、それを他の信仰を持つ人にも理解可能な言葉に言い換える必要がある。例えば、「人間は外部からの力によって、生かされている」という表現だ。また、仏教の絶対他力、物質の力、歴史的必然、絶対精神などは、キリスト教徒が神と呼ぶ外部性を人間が別の言葉で表現した例である。

虚学である神学を学ぶことによって、人間は自らの限界を知る。そして、その限界の外部に、目には見えないが、確実に存在する事柄があることに気づく。このような外部に存在する超越性のおかげで、人間は自らの狭い経験や知識の限界を突破し、自由になることができる。わたしは神学の勉強を通じて自由になることができた。この自由が、外交官になり、ソ連崩壊や新生ロシアの混乱を観察するときも、また鈴木宗男事件に連座して獄中生活を体験したときも、わたしが拠《よ》って立つ基盤になった。

わたしは1979年4月に同志社大学神学部に入学した。そのときには、深い考えがあって神学を学ぼうと思ったわけではない。進学校だった浦和高校の雰囲気（外務省に似ている）が体質に合わず、受験勉強が嫌いだったこと、それから高校時代に付き合っていた熱心なプロテスタントのキリスト教徒で、お茶の水女子大学に通う2歳年上のガールフレンドにふられたので、彼女に遭遇する可能性がある首都圏にいたくなかったことなど、年相応の少年らしい深刻な理由があった。しかし、神学を学びはじめて半年もしないうちに深刻な理由はどこかに吹き飛んでしまった。わたしはプロテスタント神学に魅了された。わたしが主体的に神学を学んだというよりも、イエス・キリストがわたしを掴んで放さなかったというのが真相だ。

わたしにとって同志社大学神学部は、小宇宙だった。神学部と大学院の6年間で経験したことの中に、その後の人生でわたしが経験することになる出来事の原型が、文字通りすべて埋め込まれていた。書物だけから神学を学ぶことはできない。また、教会に通い信者として生活することと神学の勉強は、まったく位相を異にする。同時に純粋な学問としての神学も存在しない。虚学であるが故に、危機的な状況で人間の役に立つ神学という不思議な知を、わたしは、同志社大学神学部で、全人格を賭《と》して教育に従事するすぐれた神学教師たちと、他者を自己よりもたいせつにする友人たちから学んだ。

現下の日本は危機的状況にある。この危機から脱するために、虚学である神学が役に立つとの思いを込めて本書を上梓する。

光文社の丸山弘順氏、吉田由香氏のていねいな御指導のおかげで、このような形で本書をまとめることができました。どうもありがとうございます。

２０１２年10月５日、東京都新宿区曙橋の自宅にて。

佐藤　優

目次

第2章　同志社大学 神学部

第3章　「フィールドはこの世界だ」

［凡　例］

・本稿における引用に際し、人名をのぞき旧漢字は新漢字に改め、旧仮名づかいはそのままとした。

・本文および引用箇所において、［］で挟んだ箇所は、著者が補足したものである。

・本書において（註＊〇〇）の形で挿入した註は著者が施したものである。

・本書全般において引用した『聖書』は「日本聖書協会の新共同訳」である。

第1章　時代遅れの酒場

◆時代遅れの酒場

京都の街は、観光客と学生に対して優しい。この部分的な優しさを勘違いして、京都人と結婚した友人や知人を何人か知っているが、文字になっていないしきたりに適応するのにみんな苦労していた。

学生時代の生活を振り返ってみても、目に見えない掟《おきて》がいくつかあった。現在はどうなっているかわからないが、当時（わたしが学生生活を送った1979年から1985年頃）、同志社、京大、立命館の学生は、定食屋や飲み屋に行く場合も、お互いに棲み分けを尊重していた。

賀茂川と高野川が合流して鴨川になる。この合流地点あたりが出町柳《でまちやなぎ》だ。叡山《えいざん》電車の八瀬《やせ》比叡山口《ひえいざんぐち》行き、鞍馬《くらま》行き電車の始発駅だ。このあたりから東側は、京大生の縄張りだ。京大がある百万遍《ひゃくまんべん》界隈《かいわい》には、おいしい定食屋や、学生でもカウンターに座ってお好み寿司を食べることができる格安寿司屋などがある。わたしも何回か行ったことがあるが、どうも居心地がよくない。店の人たちはていねいに接してくれるのだが、心の底からの温かさが感じられないのだ。店にいるのはほとんど京大生と思われるが、何となく視線が冷たい。

そこでどうしても烏丸今出川《からすまいまでがわ》界隈、つまり同志社周辺でわたしたちは食事をとるようになる。チェーン店のラーメン屋でも、同志社界隈の方が落ち着くし、ほんの少しだけど、おいしいと思うのだ。

百万遍界隈で感じた違和感を衣笠《きぬがさ》でも覚えた。ここには立命館大学がある。金閣寺、石庭で有名な龍安寺があるとても文化的な地域である。ときどき面白い演劇があると、わたしも同志社大学神学部の悪友たちと立命館大学に遠征したが、その帰りに一杯やるのは、烏丸今出川に戻ってくるか、あるいは河原町三条《かわらまちさんじょう》や四条縄手《しじょうなわて》あたりに下がっていった（京都では北に行くことを上《あが》ル、南に行くことを下《さが》ルという）。

河原町、木屋町《きやまち》あるいは鴨川を越えた縄手通りあたりの飲食店が密集した地域では、大学ごとの棲み分けはない。ただし、京都のスナックやショットバーは「会員制」の札が掛かっていなくても、誰かの紹介がないと入りづらい雰囲気なのである。明らかに京都の「一見《いちげん》さんお断り」の伝統がある。「一見さんお断り」というのは、「知らない人に対しては、十分なもてなしができないという意味で、お客さん本位の発想だ」と京都人は解説するが、確かにその要素もある。

わたしの学生時代には、まだ学生運動の影があった。同志社大学は新左翼系学生運動が強かった。ブント（共産主義者同盟）系の影響が強い全学学友会と、神学部自治会は毛色が異なっていた。神学生たちは、アナーキズムとキリスト教社会主義が混在した、奇妙な雰囲気の学生運動を展開していた。

わたしは、1979年度生であるが、1年先輩の1978年度生の大山修司君（現日本基督教団膳所《ぜぜ》教会牧師）、滝田敏幸君（現千葉県議会議員、自民党）、米岡啓司君（現民間会社役員）の4人で、よく遊び回っていた。自分で言うのもおかしいが、わたしは、あのころ実に真剣に本を読み、友人たちと議論をした。その後の人生で起きたことは、すべて神学生時代に原型があり、その反復のような感じがするのである。

最初、4人であちこちの飲み屋を開拓して歩いたが、その内に居心地のいい店が数軒にしぼられていった。居心地の良さといっても、さまざまな居心地がある。泥酔して、わけがわからなくなったときに限って訪れる、「治外法権」というロックバーがあった。ここでは、テーブルの上に立ち上がって、尻を出したこともあるが、つまみ出されたりはしなかった。

大山君はジャズが好きだったので、平安神宮の裏手、丸太町通りにある「ZAC-BARAN（ざっくばらん）」というジャズ居酒屋にもよく行った。ここでは、日本酒の剣菱にライムジュースを加えて氷を入れた、「酒ライム」がおいしく、4人で1升瓶を2本くらい空けることもよくあった。この店は、食べ物がおいしい。特に梅干しのたたき（梅肉と削り節を合わせて、軽く醤油をかける）とチーズポテト（小さなフライパンに、ゆでたじゃがいものスライス、クリーム、にんにくを入れ、チーズを山のようにかけてオーブンで焼く）がわたしのお気に入りメニューだった。ここでは大音響でジャズが朝４時の閉店時間まで流れている。話は耳許でしなくては聞こえない。

神学や哲学の話など、真面目なことを話すときは、四条縄手通上ルの鴨東ビル５階にあった「キエフ酒房」か、河原町三条下ル二筋目東入《い》ルの北側にあった「リラ亭」によく行った。加藤登紀子さんの「時代おくれの酒場」という曲があるが、「リラ亭」がこの歌のモデルである。「キエフ酒房」は、同じビルの６階の「レストラン・キエフ」と一体になって営業していた。その後、「キエフ酒房」はこのビルの２階に移ったが、現在はなくなっている。

「キエフ酒房」のマスターだった中西眞一郎さん（現「ウオッカバー・ナカニシ」店主）を慕って、わたしたち４人は、カネに余裕があるときは、いつも「キエフ酒房」に出かけた。

中西さんは立命館大学全共闘の学生運動活動家だったので、京都の学生運動の歴史や、学生運動活動家のその後の動向について、よく知っていた。中西さんには、学生運動経験者にありがちの虚勢を張るところや、あるいは妙にいじけて世の中を斜めから見たりするところがなかった。また、押しつけがましいところもなかった。

「うちは学割にならないよ。きっちり商売させてもらいます」と言いながら、「ボトルキープの期限が切れたウオトカがあるけれど、飲むかい」などと言って、ずいぶんただ酒を飲ませてもらった。それから、つまみでとるアラレやペリメニ（シベリア風水餃子）も超大盛りだった記憶がある。

「レストラン・キエフ」と「キエフ酒房」の店主は、満州国立大学ハルビン学院出身の加藤幸四郎氏だった。加藤氏の娘さんが歌手の加藤登紀子さんだ。登紀子さんが獄中結婚した藤本敏夫氏は同志社大学文学部を中退した学生運動活動家だった。

１９７０年頃に活躍し、その伝説が当時も神学部に残っていた元学生運動活動家も「キエフ酒房」によく出入りしていた。この先輩たちは、ビジネスにおいても才能があり、京都に語学専門学校をつくって、経営者としても成功していた。

「キエフ酒房」は、店全体に赤い絨毯《じゅうたん》を敷き詰めた高級店だ。客の大多数もサラリーマンか中小企業の経営者で、学生が出入りするような雰囲気の店ではない。ただし、ウオトカのボトルキープは３５００円から４０００円だったので、ボトルさえキープして、キャビアやステーキに手を出さず、ロシア風漬け物（キャベツと胡瓜の酢が弱いピクルスだがこれがなかなかおいしい）やペリメニなどの安いつまみで抑えておけば、ひとり当たり２０００円弱で一杯やることができたので、学生でも出入りできないことはなかった。もともとこの店に日常的に出入りしていた学生は、わたしたち同志社の神学生とその関係者だけだったと思う。

「キエフ酒房」では、ロシア語でロシア民謡かソビエト歌曲（後にモスクワで勤務するようになって知ったが、その多くが軍歌）がかかっているとき以外は、いつも加藤登紀子さんの曲が流れていた。

確かわたしが大山君とふたりで、ウオトカを相当飲んでいたときのことである。九州の門司《もじ》出身の大山君は酒が強いし、好きだ。もともと無口だが、酒を飲むと一層無口になる。わたしはもともと人見知りをするが、親しい友人と、とりとめのないお喋《しゃべ》りをすることは大好きだ。酔いが回ると、お喋りの量は、わたしが９割、大山君１割くらいになる。飲むウオトカの量は、ほぼ同じだ。店に曲が流れていた。

この街には
不似合な
時代おくれの
この酒場に
今夜も
やって来るのは
ちょっと疲れた
男たち
風の寒さをしのばせた

背広姿の
男たち
加藤登紀子さんの「時代おくれの酒場」だ。大山君が、「佐藤、いい歌だな」と言った。わたしも「そうだね」と答えた。

そうすると中西さんが「佐藤君、大山君は、『リラ亭』に行ったことはなかったかい」と問いかけた。わたしたちは、首を横に振って、「ありません」と答えた。

「『時代おくれの酒場』のモデルになったショットバーだ。8席しかないけども、親しいお客さんだったら、立ち飲みで入れてくれることもある。ときどき、お客さんがカウンターの中にも立って飲んでいるよ」

「だいぶ高いんですか」

「いや、水割りが、確か1杯400円っていう世界だから、学生でも安心して行くことができるよ。深夜の2時までやっている。神学部自治会の先輩たちもよく出入りしているよ。昔の話を聞くには、『リラ亭』に行くのがいちばんいい」

当時、京都は夜が早かった。中心部で24時間営業をしている喫茶店は、三条大橋西詰下ルの「からふね屋」だけだった。「キエフ酒房」をはじめ、ほとんどの飲食店の看板は、午後11時だった。遅くまで飲みにいくことができるバーがあると嬉しい。

「是非、紹介してください」

「これから行くかい」

「はい」

「今日は、仕事が残っているので、僕は一緒に行けないけれど、マスターに『キエフの中西から紹介された』と言えば、断られることはない」

　中西さんは、そう言って、紙に地図を書いてくれた。

「リラ亭」のマスターの木村勝次さんが、「リラ亭」を開いたのは、わたしが生まれる3年前、1957年のことだった。椅子席8つのショットバーだ。三楽オーシャンのウイスキー「ブラック・オーシャン」の水割りが基本形だった。店が狭いので、ビールは置かない。氷屋から買った大きな氷を木村さんがアイスピックで見事に砕く。

　つまみはピーナッツ、アラレとキスチョコが基本形だった。それから、ホワイトアスパラガスの缶詰にマヨネーズをかける、あるいはポン酢で食べる鮭缶、それからソーセージの缶詰を鍋に汁ごと移して温め、辛子《からし》をたっぷり塗ったつまみなどがあった。缶詰がこれほどおいしいものであることをわたしは「リラ亭」ではじめて知った。

　木村さんの魅力的な人柄で、常連客のネットワークができていた。わたしが大学4回生の1982年に「リラ亭」の25周年記念が、三条大橋西詰北の「がんこ寿司」で行われたが、50

0人近い人々が集まった。残念ながら、木村さんは１９９０年5月にガンで逝去された。享年59だった。

わたしの記憶では、大学2回生、１９８０年の秋のことだった。中西さんに描いてもらった地図を手掛かりに大山君と歩いたが、それらしい店が見あたらない。そのとき、キャバレーの「呼び込み」に声をかけられた。

「はい学生さん、特別サービスしていますよ。プリップリッの女の子をたくさんそろえています」

無視して、先を歩いていると、こんどは別の「呼び込み」がついてくる。

「個室でいいことしませんか」

どうもあまり柄のいい場所じゃない。店の上にかかっている看板を見ながらしばらく歩いた。白地に黒いペンキで書いた「リラ亭」という看板が目についた。焦げ茶色の扉に真鍮《しんちゅう》の取っ手がついている。だいぶすり減ってぴかぴかに光っている。わたしは、取っ手に手をかけた。

扉を開けると、店の中には客は誰もいなかった。カウンターの中にいる黒いズボンに白いワイシャツ、それに黒い蝶ネクタイをしたマスターと目があった。

「キエフの中西さんに紹介されてきました」

「ああそうですか。お入りなさい。中西さんは一緒じゃないの」

「今日は、まだ仕事があると言っていました」

「そうですか」

大山君とわたしは、カウンターに並んで座った。

「ブラックの水割りでいいですか」

「お願いします」

マスターが、帽子のつばのように周囲が飛び出したブラック・オーシャンのプラスチックの蓋を開け、ウイスキーをステンレスのメジャーカップで量って入れた。篭《かご》から、アイスピックで割ってきれいな形になっている氷を2、3かけら入れて、水道水を加える。水割りができあがった。そして、「水道水でもミネラルウオーターでも、ブラック・オーシャンクラスのウイスキーだと味は変わりませんよ」と言った。

口に含んでみる。シングルの水割りだが、氷が多いせいか、ダブルのような味がした。

「僕たちは、同志社大学神学部の学生です」と自己紹介した。そうすると木村さんは、ある先輩を知っているかと尋ねた。何度か耳にしたことのある名前だ。

◆1969年の公開大衆討論

リラ亭の木村マスターが名前を出した神学部自治会の先輩は、確かまだ大学院神学研究科に学籍があるはずだ。神学部1階の壁に大きな掲示板がある。3等分されていて、左から神学部自治会、神学部、大学院神学研究科となっている。神学研究科のところに大学院生の名前と修士論文の想定題、指導教授名が書かれている。確かこの先輩は組織神学を専攻していて、修士論文の想定題は、「フォイエルバッハの宗教批判に関する一考察」で、指導教授は石井裕二教授だった。この先輩について語るには、1960年代末、学園紛争の嵐が同志社大学神学部を襲った頃の事情について説明しておかなくてはならない。わたしは、あの時期に学生運動の世界で起きたことは、明確な政治的あるいは社会的目標をもった闘争ではなく、当事者にとっても何をやっているのかがよくわからない紛争だったと考えている。政治運動の枠組みに収まりきらないカオスを創り出す紛争であったが故に学園紛争にはとてもおおきな意味があったとわたしは考える。

わたしが同志社大学神学部に入学した頃は、1学年は約40名だった。これは1970年代半ばに、定員が大幅に増大された結果である。

1960年代末、学園紛争で神学部は大混乱に陥った。それまで、神学部の主な任務は日本基督教団（註＊日本におけるプロテスタントの最大教派）の認可神学校として牧師を養成する機関であると位置付けられていた。神学部に入学するためには、キリスト教の洗礼を受けていることと、所属教会牧師の推薦状が必要だった。神学部は、教会の延長にある信仰共同体で、教師と学生の間も親密だった。多くの神学生が、神学部寮に住み込み、濃密な人間関係をもっていた。

　大学紛争後、神学部は、大きく変化した。まず、洗礼条項や牧師の推薦状といった、入学資格をキリスト教徒に限定する条項が撤廃された。

　それから、神学部寮であった３つの寮、此春《ししゅん》寮（男子寮）、壮図《そうと》寮（男子寮）、ベタニア寮（女子寮）が一般寮になった。カリキュラムでは、１回生時の神学概論だけが必修科目で、神学専門科目に関する必修が一切なくなった。しかも卒業単位が、わずか１２４単位に削減された。他学部は１５０単位くらい必要とされる。頑張れば３年で全体を履修し、４年目は、リュックサックを背負って世界一周旅行をすることもできる。かつては、コイネー・ギリシア語（註＊コイネーとは〝共通の〟という意味で、1世紀に流通していたギリシア語。古典ギリシア語に較べ、文法が崩れ、単語の意味が変遷している。新約聖書はコイネー・ギリシア語で書かれている）、ヘブライ語が必修であったが、古典語を一切履修しなくても卒業できるようになった。もっともギリシア語やヘブライ語がまったくできない牧師だと、日曜日の説教で、日本語の翻訳にひきずられて聖書解釈を誤ることがある。更にキリスト教の教義に関する科目を履修しなくても神学部の卒業証書が得られる。数年経って、教会から、「同志社の神学部は滅茶苦茶になっている。神学部の教授陣は牧師を養成する教育を放棄している。それから、教授たちが学生運動に甘いので、マルクス主義の影響を受けて棄教する学生が増えている。「困ったものだ」という批判が強まった。

昔も今も、神学生は、神学館を中心に学生生活を送っている。神学専門科目の授業は基本的に神学館で行われ、神学部の図書室と読書室も神学館の2階にある。牧師になると賛美歌を歌わなくてはならない。そのとき、オルガンで伴奏することが多い。神学部の授業には、パイプオルガンの実習もある。神学館の3、4階が吹き抜けで、チャペル（礼拝堂）になっている。ここにパイプオルガンが置かれていて、教会音楽の授業はチャペルで行われる。

また、牧師になると、説教をはじめ人前で話をすることから逃れられない。そこで、どのようにして感動的な話をするか、レトリックによって説得力を増す技法などを説教学の演習で行う。これもチャペルで行われる。神学館のチャペルには十字架がない。その代わりに茨《いばら》の冠が天上から吊されている。イエスが処刑される前に茨の冠を被《かぶ》せられて侮辱された情景を、信仰の原点に据えているからだ。

それから、総督の兵士たちは、イエスを総督官邸に連れて行き、部隊の全員をイエスの周りに集めた。そして、イエスの着ている物をはぎ取り、赤い外套を着せ、茨で冠を編んで頭に載せ、また、右手に葦《あし》の棒を持たせて、その前にひざまずき、「ユダヤ人の王、万歳」と言って、侮辱した。また、唾を吐きかけ、葦の棒を取り上げて頭をたたき続けた。このようにイエスを侮辱したあげく、外套を脱がせて元の服を着せ、十字架につけるために引いて行った。

（「マタイによる福音書」第27章27〜31節）

この直前に、イエスは、法廷で死刑を言い渡されている。兵士たちは、イエスをエルサレム神殿の西北の「アントニオ砦」にあった、ポンテオ・ピラト総督官邸に連行した。ちょうどユダヤ教の過越祭《すぎこしのまつり》の時期で、ユダヤ人の暴動を恐れ、エルサレムにはいつもよりも多くの兵士が導入されていた。兵士の総数は６００〜１０００人と推定されている。兵士はすべてユダヤ人以外の民族により構成されていた。なぜなら、ユダヤ人は、ローマ帝国の兵役から免除されていたからである。非ユダヤ人の兵士たちからしてみれば、力のないイエスが「ユダヤ人の王」を自称したという容疑自体が滑稽である。そのようなつまらない話をすれば、政治犯として処刑されることが必至だったからだ。

権力の下働きをする下級官僚が、国家の暴力性を背景に、乱暴な行動をとるというのは普遍的な現象だ。この兵士たちは、イエスに王衣のかわりに赤い外套を着せ、王冠のかわりに茨冠を被せ、王杖のかわりに葦の棒を持たせた。そして、徹底して揶揄《やゆ》する。イエスの前でひざまずいて「ユダヤ人の王、万歳」と言う。更に兵士たちは、イエスに対して、唾を吐き、葦の棒で頭を叩いて侮辱する。このようなみじめな状況に置かれた、神の子であるイエスであるからこそ、人間を救うことができるという逆説をキリスト教は提示する。十字架も、本来、処刑台なので、イエスが死刑囚であったということを示すものだ。しかし、313年のミラノ勅令でキリスト教がローマ帝国によって公認された後、キリスト教は体制側の宗教となり、十字架も権力と権威のシンボルになった。そのような十字架ではなく、茨冠によって、同志社大学の神学教師たちは、キリスト教の原点を神学生に教えようとしたのである。

1969年1月の東京大学安田講堂の封鎖解除は、学園紛争が終息に向かう分水嶺となった。ただし、東京と京都の間には、時差がある。同志社は、同年6月3日から、「日帝（註＊日本帝国主義）打倒」「安保（註＊日米安全保障条約）粉砕」「大学立法＝中教審（註＊中央教育審議会）答申粉砕」「大同志社構想粉砕」などのスローガンで、今出川キャンパスを封鎖し、全学無期限バリケードストライキに突入した。今出川キャンパスの中にある神学館は、神学生たちによってバリケード封鎖された。このバリケードストライキは、同年12月3日、京都府警の機動隊によって封鎖が解除されるまで続いた。

神学生たちは、神学部の教授たちと公開の場での討論会を行った。その一部が記録になって残っている。神学部闘争委員会書記局編集委員会が作成した1969年6月13日の神学部大衆討論会の記録だ。ちなみに神学部の教授や助教授のほとんどは、神学生時代に学生運動の活動家だった。従って、学生運動活動家とは、先輩・後輩関係でもある。特に前出の石井裕二助教授（当時）は、フォイエルバッハ、マルクスの無神論とキリスト教神学の関係を専門としていた。神学生時代は、神学部自治会委員長とともに全日本学生自治会総連合（全学連）副委員長をつとめたこともある。当時の全学連委員長は香山健一《こうやまけんいち》氏だった。香山氏の指導下、全学連は左傾化し、日本共産党との対立を強めた。香山氏を含む全学連幹部は、共産主義者同盟（ブント）を創設した。香山氏は１９６０年の安保闘争後、左翼運動の世界から離れ、保守陣営の指導的な有識者になり、学習院大学教授となった。

石井氏をはじめとする元学生運動活動家で現在、神学部の教師となっている人々は、キリスト教徒としての信仰に揺らぎはないが、思考がもともとラジカルなので、官僚的な日本共産党よりも新左翼に共感をもっていた。神学部の教師たちは、政治的に同じ陣営に所属していると思っていた神学生たちからつるし上げられるとは、夢にも思っていなかったようだ。

石井　教授会というものは実体はなくても形骸は残るんです。その中でどういうふうに言おうと、学生諸君がそう言うのは簡単だ。しかし我々は責任をもって組織しているんだから（誰に対して責任をもっているのか［。］ヤジ）黙れ！　責任があるというのは君達は外から解体しろと言ってりゃいいが、僕等は本当に解体しなければならない。……（我々はバリケードをやっ［て］いるじゃないか。本当に解体する内実は何か、ごまかすな。ヤジ）……ごまかしか、ごまかしでないか事実が証明する。……（ひらきなおるな［。］ヤジ）……

学生　教授会として［大学立法反対のストライキを提起する声明文を］評議会に提出した

以上、先生は教授会に拘束されている。先生はさっき教授会として出すことは遺憾であると。では何故実力で阻止しなかったのか。ブルジョアナショナリズムに於《お》いて、全国例がないと評価される事実をどう見るか。あなた自身の歴史への方向として、自らの主体に於て提起しなければ、解体などという内実はないのではないか。

石井　正直言って、評議会に提出する確認を取らせたことは、僕自身にとって誠に誤りであった。それを阻止しなかったことは偽瞞《ぎまん》だったと思う。そういう偽瞞性が至る所にあるわけです、それをどういう形で、自分が否定してゆくかという作業。それが闘う過程の中で非常に遺憾であった。

学生　言葉に於て先取りして言っているが、今自分がおかれている立場がどういうところにあるのか。そして何をやってきたのか。一ヶ月間の事を何も明らかにしないで一体何をしていたのだ。

石井　一ヶ月一ヶ月と言うが、僕は僕なりの問題があり……。

学生　だから何をやったんですか。何をやって評議会に出した事が遺憾だったのか。実力的に阻止しえなかった事がどうして誤りと言えるのか。

石井　実力阻止というのは何も暴力を意味していない。ただはっきり反対しなかったと言うこと……。

学生　だから何をやっていたんだ。どこに隠れて。
石井　かなり日常的研究を通して、日常的姿勢で問題を追究してきました。
（同志社此春寮史編纂委員会編『プロテスト群像――此春寮三〇年史』同志社此春寮、１９７７年、２３６頁）

この記録から、かなりとげとげしいやりとりであるが、学生も教師も「何か」を求めていたことが浮き彫りになる。客観的に見ると、学生たちは、石井氏をはじめとする神学教師陣にかなり甘えている。神学部教授会は、大学立法に反対して、同志社大学がストライキをすべきであるという提案書を大学評議会に提出した。神学部の学生たちは、教授会とか大学評議会という機構を前提としていること自体がけしからんし、神学教育自体の解体についての立場を明確にしないで、このような表面上、急進的姿勢を教授会がとるのが許せないと考えている。突き放して見るならば、学生の主張は難癖のたぐいに過ぎない。しかし、当時の時代状況では、このような問題提起が難癖ではなく、神学的実存をかけた深刻な問題と受け止められた。

ところで、記録を公表するとき、その責任においては学生も教師も対等だ。それにもかかわらず、学生は、「学生」という普通名詞の中に逃げ込んでしまい、発話主体としての責任をとろうとしない。石井氏に、「何故実力で阻止しなかったのか」と言って詰め寄っていても、記録では匿名で自らの意見を外部に公表しているのでは、迫力に欠ける。

ここまでの部分は、他の大学でもよく見られた、大学解体、自己否定にかんするやりとりだ。

この先のやりとりを見てみよう。神学部の特徴がでてくる。

学生　日常的研究とは何の事なのか。どういう事をしてきたのか。

石井　この研究を通してかねがねできるだけ、自分の主張を理解してもらえる様に努力してきた。

学生　それは牧会的配慮でしかない。問題を学生の前でボヤかすだけの事だ。当局の動向を見極めないで提出している事が、一体同志社全体に於てどの様な作用［を］していると思うのか。結局は民主化路線にまき込まれているのではないか。

石井　全学でどの様なとられ方をしているのかという容貌的知識はありません。そういう事がありえるという事は、わかるがまだ現実的に触れていない。僕自身のとらえ方はスト提起で現在の評議会に提出する事自体が根本的におかしいと言っているので、その事を他の教授の方々も認められる事を希望します。

（同志社此春寮前掲書、２３６〜２３７頁）

ここで言う「牧会的配慮」とは、神学の業界用語で、牧師が信者の相談に乗ったり、面倒を見ることをいう。ドイツ語で、牧会をSeelsorge（ゼールゾルゲ）というが、直訳すると「魂に対する配慮」という意味である。牧会の本質を衝《つ》いた言葉だ。当時の神学部の学生運動活動家たちには、牧師や神学教師の牧会的配慮が、社会の矛盾から目をそらすまやかしのように見えたのであろう。先を続けよう。

学生　そこで先生の教授会解体路線というものを、僕等のバリケードとの関係で聞きたいと思うのですが。

学生　何故に解体しなければならないかを、単に機能的にすればよいというのではなく、現在的、帝国主義的再編に対してどういう視点をもって語っているかを明らかにせよ。

石井　先に、三つの点で言ったが、第一の特権的権益保護のギルドであると言ったその特権的権益として、教授としてもっている特権を全部否定しなければならない。今迄《まで》教授としてもっている制度的［に］保証されたものを全て否定しなければならない。そういう形でなければ解体ではない。それから第二の支配体制の一環に組み込まれた意味での教授会の解体、この機構をひとつひとつ調べあげ、権力の構造をひとつひとつしらみつぶしに、おさえねばならない。それがわかった上で教授会として否定してゆく側面、第三の学問的な点、学問、特に神学の閉鎖性として僕自身が長い間気がつかずもっているもの、今でも問題意識が充分だと決して思っていないその意味で口先だけの先取りと言われるが、むしろ僕も意識的に遅れている部分を考えなければならない。だから学生諸君と一緒に考えられる運動が出来るとうぬぼれていない。しかし、今までこれはまずかったと考えられる点、僕はクリスチャンとしての欠陥といってよいかと思うが万事キリスト教を美化していた。一般的に欺瞞的に清装化して来たことの客観的な問題提起を受けて、全面的に再検討するという形で、否定的に乗りこえる以外には閉鎖性を克服出来ない。僕の主にやってきた事は組織神学、教義学です。教義学の原点は啓示である。啓示認識の現在的情況について書いたが、啓示概念そのものより、それによってとらえられていた、例えば、啓示というものが啓示の事実として伝統的に受け入れられてきた教会の真理として語られ、それを形骸的に受け入れ、それに固着し、それを真理の基準として、無批判的に教義学を形成して来た。しかし、それが歴史的には体制の中心になり、教会の伝統そのものを受け入れる結果になった。そのことが、極《ご》く最近わかった。啓示として神学が前提としてきたこと、又、教会に於てそれが伝統的に受け入れられて来たことを徹底的批判的に問うために、方法論そのものを変えてゆかねばならない。ということは啓示を否定することではなくて、啓示として受け入れて来たことがらそのものを徹底的に批判しなければならない。教会史について言えば、教会史、教理史は、正統的教会史、教理史でその外にある思想とか異端とかいうものの折衝は一方的に教会的権威の方が正しいと認める。そういうやり方で教会史が成り立っていた。
（同志社此春寮前掲書、237頁）

ここで見る石井氏の発言は、ひとりのキリスト教徒、神学者、そして知識人として誠実なものだと思う。石井氏を追及する学生たちの心にも響く「何か」をもっていたと思う。ただし、この「何か」を発展させていくことが、教師にとっても学生にとっても難しいのだ。

大学紛争の過程で、神学部教授会は解体を宣言した。そして、当時、造反派と見られた教授たちが、学部長や学部執行部を占めた。更にこれらの教授たちは大学内でも大きな影響力をもつようになった。

これらの教授陣よりも１世代上の、戦時中、まだ神学部が文学部神学科の時代に学生生活を送った教授陣は、元造反教授たちの転身を冷ややかにみていた。いわゆる教授会内部の派閥競争や権力闘争とは異なる根源的人生観で、神学教師たちの間に深刻な亀裂が入っていた。

大山君をはじめとする神学部の学生運動活動家は、「転向者」である元造反教授たちに感情的に強い反発をもっていた。学生運動のシンパであるわたしもその感覚を共有していた。もっとも、数年後、元造反教授たちの行動原理が神学部に対する愛から生まれているということをわたしたちも心底納得し、自らの視野の狭さを反省するのであるが、それにはまだ紆余曲折《うよきょくせつ》と、乗り越えなくてはならない事件があった。

「リラ亭」のマスターが、神学部自治会の先輩の名前を出していった。

「神学部というと、あいつのことが思い浮かぶよ。すごい奴だ。頭もいいし、それに侠気《おとこぎ》がある」

「いまはどうしているのですか」

「家業を継がないとならないので姫路の実家に帰り、京都の専門学校（この先輩が創設者のひとりである）には、週２回くらい新幹線通勤をしているよ」

「リラ亭にもときどき来るのですか」

「最近は、忙しそうで、滅多に来ない。来たら、神学部の後輩の皆さんが訪ねてきたと伝えておくよ」

「よろしくお願いします」

わたしも、大山君も水割りのお代わりを頼んだ。

◆仲間たちとの出会い

ふたりで水割りを合計4杯飲んだ。会計は1600円だった。水割り1杯400円の明朗会計である。キエフ酒房の中西眞一郎マスターが言ったように、「学生でも安心して行くことができるよ」というのは、ほんとうの話だった。

わたしと大山君は、すっかりリラ亭が気に入った。それから、神学部自治会の活動家である滝田敏幸君や米岡啓司君を誘って、平均、週1、2回、多いときはそれこそ毎日、このショットバーに通い、いろいろな話をしたのである。当時、同志社大学神学部を卒業しても、民間企業に就職できる可能性はほとんどなかった。牧師やキリスト教関係の社会福祉団体に就職することが嫌ならば、大学を通じて就職先を見つけることは、ほぼ不可能だ。そこで、文学部や法学部の科目を聴講して、中学校、高校の教員免許を取得して、就職先を探す学生がときどきいた。

もっとも、民間企業への就職が難しいのは確かだが、学生運動で少々暴れて逮捕歴があるくらいでは、牧師になるうえでの支障にはならない。日本のキリスト教には、非体制的文化があるからだ。社会正義を追求し、官憲に逮捕されたが故に、教会が不利益な対応をしてはならないという雰囲気がある。そもそも明治期に日本でキリスト教に帰依した青年の多くが、佐幕派である。薩長土肥体制の明治政府において、個人としての能力がいくら高くても旧佐幕派の武士の系譜、あるいは武士の系譜ではなくてもそのような地域出身の青年たちは、官僚や軍人になっても、キャリアの上昇に制約があった。ただし、キリスト教と教育の場では、佐幕派の青年たちも十分に活躍できる場が保証されていた。キリスト教、特にプロテスタンティズムは国民国家と結びつきやすい、保守的な宗教である。それにもかかわらず、日本でプロテスタント教徒が国家や政府に対して批判的なのは、キリスト教が政治的に左翼的であるからではなく、佐幕派の心情が日本のプロテスタンティズムに継承されているからであるとわたしは考える。

もっとも神学部に入ってくる学生の全員が、キリスト教に関心をもっているわけではない。わたしが１９７９年に入学する５年くらい前に、これまで１学年十数人だった神学生の数が約四十人に拡大された。そのため、「とりあえず同志社大学に入ることができればよい」という動機で、入学試験の合格点がもっとも低い神学部に入ってくる学生が半数くらいいる。稀《まれ》に、この中から、キリスト教に初めて触れ、牧師になる者もいるが、大多数は、神学生としてではなく、普通の学生として大学生活を送る。

それ以外の学生で、特に親が牧師や熱心なクリスチャンで、当初は牧師になろうと考えていたが、神学部に入り、教会幹部の実態と、これまで慣れ親しんできた信仰と学問的神学の乖離《かいり》に衝撃を受けて、キリスト教から離れていく者もいる。大きな流れで見ると大山君もそのひとりだった。大山君は、九州門司の出身で、高校生時代は、ロック少年で、暴走族の準構成員だった。それと同時にファンダメンタリスト（イスラムの場合は原理主義者と訳すが、キリスト教の場合は、根本主義者と訳すことが多い）系のペンテコステ教会の信者だった。ペンテコステとは、「五旬祭」のことだ。ユダヤ教の祭りで、過越祭から50日目に「小麦の収穫の初穂」を捧げる祭りである。ユダヤ教の三大祭のひとつだ。新約聖書の使徒言行録によれば、この日に天から聖霊が降りてくるのである。

五旬祭の日が来て、一同が一つになって集まっていると、突然、激しい風が吹いて来るような音が天から聞こえ、彼らが座っていた家中に響いた。そして、炎のような舌が分かれ分かれに現れ、一人一人の上にとどまった。すると、一同は聖霊に満たされ、〝霊〟が語らせるままに、ほかの国々の言葉で話しだした。

さて、エルサレムには天下のあらゆる国から帰って来た、信心深いユダヤ人が住んでいたが、この物音に大勢の人が集まって来た。そして、だれもかれも、自分の故郷の言葉が話されているのを聞いて、あっけにとられてしまった。人々は驚き怪しんで言った。「話をしているこの人たちは、皆ガリラヤの人ではないか。どうしてわたしたちは、めいめいが生まれた故郷の言葉を聞くのだろうか。わたしたちの中には、パルティア、メディア、エラムからの者がおり、また、メソポタミア、ユダヤ、カパドキア、ポントス、アジア、フリギア、パンフィリア、エジプト、キレネに接するリビア地方などに住む者もいる。また、ローマから来て滞在中の者、ユダヤ人もいれば、ユダヤ教への改宗者もおり、クレタ、アラビアから来た者もいるのに、彼らがわたしたちの言葉で神の偉大な業を語っているのを聞こうとは。」人々は皆驚き、とまどい、「いったい、これはどういうことなのか」と互いに言った。しかし、「あの人たちは、新しいぶどう酒に酔っているのだ」と言って、あざける者もいた。

（「使徒言行録」第2章1〜13節）

霊による理解できない言葉を「異言《いげん》」といい、ファンダメンタリスト系の教会は、この「異言」をたいへんに重視する。異言を語る人の横には、必ずそれを解き明かす人がいなくてはならない。

わたしは異言を実際に聞いたことがある。ソ連時代のモスクワでのことだ。モスクワにひとつだけプロテスタント教会があった。「全連邦福音主義キリスト教徒・バプテスト教徒評議会」という名前の教会だ。19世紀にドイツやオランダから入ってきたファンダメンタリスト系の教派で、ソ連全体で500万人くらいの信者を擁していた。日本のキリスト教徒が、公称100万人（実態はその半分くらいであろう）、そのうちプロテスタント教徒が過半数である。無神論国家ソ連のプロテスタント教徒が日本の10倍以上いたのである。

教会は、中二階席も含め500人くらいが入るが、あっという間に信者で溢《あふ》れてしまう。日曜日には3回礼拝をするが、毎回の礼拝のときに教会に入りきれない人々が道路で、教会の中から漏れ聞こえてくる賛美歌を一緒に歌っている。

この教会には十字架がない。教会の正面の壁にロシア語で「神は愛なり」と書かれ、その横に鳩の絵が描いてある。鳩は平和とともに聖霊のシンボルである。伝承では、「聖霊は鳩のように降りてくる」という。

数百人が密集し、聖書を朗読し、賛美歌を一緒に歌うと、だんだん精神が高揚してくる。そこで牧師が、人間の罪深さと、それを償う神の愛の大きさについて説教する。話のうまい牧師がでてくると教会内が興奮状態になる。そこで牧師が言う。

「聖霊が降りてきたと思われる方は、前にでてください」

毎回ではないが、2〜3回に1回は、聖霊が降りてきたと申告する信者が4〜5人いる。だいたい高齢の女性で、服から判断すると、あまり豊かな生活をしているとは思えない人たちだ。だいたい、「神は愛なり。あなたのひとり子、イエス・キリスト様を送ってくださったことに感謝いたします」というたぐいの祈りをする。ただし、ときどき、「うぐぐぐ、わひひひひ」などという、意味不明の音を発する人がいる。それを聞くと牧師が、「これは異言です。この愛する妹の口を通じて、神様が『神は愛である』というメッセージを伝えてきました」と解き明かしをする。教会内は、興奮を通り越し、恍惚《こうこつ》状態になる。

確かにこの状態は、酒で酔っぱらったときによく似ている。使徒言行録の「あの人たちは、新しいぶどう酒に酔っているのだ」という雰囲気がよくわかる。ファンダメンタリスト系の教会では、飲酒、喫煙を禁止している。信仰の力で酩酊《めいてい》することができるから、アルコールの力を借りる必要がないのであろう。

リラ亭には、大山君、滝田敏幸君、米岡啓司君とわたしの4人で飲みに行くことが多かった。大山君とわたしは、体質的に酒が結構身体に入る。水割りならば、7〜8杯飲まないと、ほろ酔い加減にならない。滝田君、米岡君は、それほど酒に強くないので水割り3杯くらいで、かなり酔っぱらう。つまみなしで、水割りばかりを飲んでいると、ある瞬間に「ガタッ」と酔いが回り、立ち上がれなくなることがある。そこで、ほろ酔い加減になるとわたしたちは、必ずつまみを頼んだ。ナッツ、チョコレート、アラレ、チーズといった乾き物を除くと、リラ亭のつまみは、すべて缶詰だ。ソーセージ缶、ホワイトアスパラ缶、鮭缶、それに厳密に言うと缶詰ではないが、キャビアの瓶詰がある。もっともこれは本物のキャビアではなく、ランプフィッシュの卵に着色したものだ。

つまみもいずれも適正価格だ。確か、乾き物は1品300円、ソーセージ缶とアスパラ缶が500円、鮭缶が700円、キャビアだけは少し高く1200円だったと記憶している。

木村マスターは、「こういった缶詰でも、ちょっと工夫をするだけで、おいしくなりますよ」と言って、簡単な調理をしてくれる。ソーセージ缶を小鍋にあけて、汁ごと加熱する。それと同時に粉の洋辛子をとく。小さなコップで勢いよく辛子をといて、コップをひっくり返す。「3分くらい経つといい辛さになります」とマスターは言う。皿を熱湯で温めて、その上に4センチくらいのウインナー・ソーセージを並べる。辛子をつけて食べると、ウインナーの皮がプチッとはねて、そこから肉汁がでてくる。缶詰のソーセージがこれほどおいしいとは思わなかった。これをつまみにして、大山君とわたしは水割りを2〜3杯くらい追加して飲む。「いい調子で酔っぱらったな。幸せだ」と大山君が言う。

滝田君が、「大山はほんとうにいいよな。悩みがなくて」と茶々を入れる。

大山君は、「そうだ。こうやって酔っぱらっていると何の悩みもない。一生、この状態が続けばいい」と受け答える。

米岡君が、「いや、酒よりも神に酔ったほうがいい。僕はスピノザが好きなんだけれど、スピノザはいつも神に酔っていた」と言う。

「いや、俺も昔は神に酔っていたんだ」と大山君が言ったので、わたしは、「大山は異言を話していたのか」と尋ねた。

「そうだな。ときどき口にしていた」

「ほんとうに聖霊が降りてきたと思っていたのか」

「佐藤、そういう話は、あんまり詰めて聞くことじゃない」

「いや、大山がほんとうに聖霊を感じたことがあるのかどうか、僕は知りたいんだ」

「あのころは、聖霊を感じていた。佐藤は、聖霊が降りてきたと感じたことがあるか」

「ない」

「そうか」と大山君は淋《さび》しそうに答えた。

日本のキリスト教にはふたつの潮流がある。ひとつは、人間の個人的回心を重視する潮流だ。自らの罪を自覚し、そこからの悔い改めを重視する。清く正しく生活することによって、救済に近づこうとする。大山君は、このような信仰を母体とするキリスト教に接して洗礼を受けた。そして、牧師になるかどうかは決心がつかないが、同志社の神学部で神についてもっと深く勉強しようとした。しかし、神学部の授業は、ギリシア語やヘブライ語の原典にあたった聖書テキストの批判的分析や、ドイツ観念論の難解な術語を用いた組織神学など、学問的にはそれなりに面白いが、これらの授業を聞いていても「救い」を感じることがなかった。神学教師たちは、「信仰と神学は別だ」というが、大山君にはそのような議論が納得できない。また、神学部には日本基督教団幹部の有名な牧師の子女がいるが、どうもこういった2世、3世の牧師候補者を見ていると、家業として牧師を継ごうとしているのか、キリスト教を伝えたいという強い使命感（神学用語では召命感という）に基づくのかがよくわからない。

大山君は神学の勉強よりもロックバンドを中心に学生生活を送ろうと考えているときに、ちょっとした偶然で、大学の寮に入った。京都市北部、比叡山にかなり近いところにある壮図寮で暮らすようになった。この寮は、もともと神学部寮であったが、大学紛争の時期に学生が自主管理するようになり、神学部以外の学生も入寮できるようになった。寮は学生運動の拠点である。この縁で大山君は神学部自治会の常任委員になった。

大学院の神学研究科から韓国の大韓神学大学に留学した先輩が、北朝鮮のスパイという容疑で逮捕され、最初、死刑を言い渡され、その後、禁固刑に減刑され、光州《クアンジュ》の矯導所（政治犯刑務所）に収容されていた。この先輩を救い出すことに、神学部の教授会も自治会も努力していた。大山君は、先輩の救援活動に取り組む過程で、日韓関係に強い関心をもつようになった。「俺は門司に住んでいて、周囲に在日韓国人がたくさんいるにもかかわらず、過去に日本が韓国に対する植民地支配で行っていたことの犯罪性をまったく認識していなかった。韓国のキリスト教徒や学生たちは、朴正熙《パクチヨンヒ》独裁政権による弾圧にもひるまず、民主化のために闘っている。ここから学ぶべきことは大きい」と大山君は考えた。

わたしは、子供の頃に大山君とは別の潮流、カルバン派（長老派）のキリスト教に触れた。天国には、神様のノートがある。そのノートに救われる者の名前は、生まれる前から書いてある。この世の中で起きることは、全て天上の神の意思を反映しているのである。人間の知恵や回心などというのは、救済と何の関係もない。ただひたすら、自分が選ばれていることを信じ、神の栄光のために生きるのである。

一見、人間の努力や意思を一切放棄しているドクトリンのように見えるがそうではない。むしろ逆に、神に選ばれているという確信を得るためには、この世の生活で成功することが重要になる。また、神学においても、神の意思を知るために、学術的成果を徹底的に取り入れて思索をするようになる。例えば、新約聖書の本文批判（テキスト・クリティーク）を行って、学問的に紀元1世紀のパレスチナにイエス・キリストという男がいたということは実証できないという聖書学の結果が出ても、それは信仰に影響を与えない。イエス・キリストの史実性が証明されないということが、神のどのような意思を反映しているのかと考えるからだ。それだから、後に東京地方検察庁特別捜査部に逮捕されるような事態に遭遇しても、落胆したり、過去の行動について反省するのではなく、「神はこの試練を私に与えて、どのようなメッセージを伝えようとしているのか」と考える。そして、所与の条件下、どうやれば神の栄光をたたえることができるのかと考える。カルバン派のキリスト教徒は、よく言えば信念が強く、動じないが、日本人の標準的基準で言えば、神懸かりで、本質的なところで世間の基準に従わない変わった人たちなのである。

わたしは、高校生時代にマルクス主義と本格的に出会い、自分の中にあるキリスト教の残滓《さんし》を洗い流すために無神論を勉強しようと思って神学部に入った。同志社大学神学部は、無神論研究も歓迎したのである。もっとも真面目にキリスト教を研究対象とするならば、キリスト教徒でなくても受け入れるというのは、ヨーロッパの大学神学部ではごく標準的なことだ。ただし、神学の勉強をするうちに、大山君とは逆に、わたしの場合、マルクス主義からキリスト教に関心が移動し始めた。

わたしが「時代おくれの酒場」（リラ亭）に通い始めた頃、わたしのベクトルと、キリスト教から無神論的社会主義に向かう大山君のベクトルがちょうど交差し始めていたのである。

◆『蒼ざめた馬』の衝撃

大山君は、前に述べたようにペンテコステ派の教会で洗礼を受けた。信仰体験を重視するペンテコステ派は学問的神学に関心がない。むしろ近代神学の影響を受けることで、信仰が弱まることを恐れている。

リラ亭で、水割りを飲みながら、大山君は、どうして教会に行かなくなったかについて説明した。

「それで、大山は神様を信じているのか」とわたしは尋ねた。

大山君は、「よくわからない。しかし、イエスという男にはいまも共感をもっている」と答えた。

わたしは、当時、日本基督教団ではなく、日本キリスト教会という、太平洋戦争後、日本基督教団から分かれた長老派（カルバン派）の教会に所属していた。日本基督教団は、１９４１年に戦時体制に協力する目的で、当時あったプロテスタント教派三十数派が合同して成立した。戦後、聖公会（英国国教会）、ルーテル教会（ルター派）、バプテスト連盟、救世軍などが離脱した。それから少し後に、長老派の旧日本基督教会が離脱しようという動きがあったが、過半数は教団に残り、離脱した少数派は日本キリスト教会を組織した。なぜ、長老派の過半数の教会が残ったかというと、プロテスタント合同教会の創設については、当時の政府からの圧力があったにせよ、プロテスタント教会の底流に合同の動きがあったことと、戦後、世界的規模で、教派間の合同を進めるエキュメニカル（教会再一致）運動の動きがあったからだ。

日本キリスト教会に属する教会は、京都にふたつあった。わたしは神学部1回生のクリスマスにそのうちのひとつである吉田教会で洗礼を受けた。

わたしは、母がカルバン派のキリスト教徒であり、子供の頃から母に連れられて教会に通っていたので、キリスト教は「地の宗教」である。

母は、14歳のとき、日本軍の軍属になり、沖縄戦を戦った。1945年6月22日（一般に23日となっているが、大田昌秀琉球大学名誉教授〔元沖縄県知事〕の実証研究で22日が正しいことが明らかにされた）、第32軍司令官の牛島満《うしじまみつる》中将と参謀長の長勇《ちょういさむ》中将が自決し、日本軍は組織的戦闘をやめたが、母は米軍に投降することを潔しとせず、摩文仁《まぶに》の海岸の洞窟で数週間、潜伏生活を送った。同じ洞窟に隠れていた兵士が外で用を足して帰るところを米兵に発見された。壕の前で、日系2世の米兵が英語訛《なま》りの日本語で、「でてきなさい」と投降を勧告した。母は自決用に渡された手榴弾のピンを抜いた。信管を洞窟の岩に叩きつければ、数秒で手榴弾は破裂する。一瞬、母はためらった。そのときに、母の隣にいた北海道出身でアヤメという姓のひげ面の伍長が「死ぬのは、捕虜になった後でもできる。みんな、投降しよう」と言って、静かに手を上げた。母はそれで命拾いをした。母は、戦争の体験を経て、キリスト教の洗礼を受けた。沖縄で嘉手納《かでな》基地の建設に従事していた父と知り合い、結婚するために内地にでてきた。わたしの物心がつく頃に、母は反戦平和、憲法９条擁護を掲げる日本社会党の熱心な支持者になっていた。母は社会党の熱心な支持者だが、社会党員にはならなかった。また、母はなぜかキリスト教の洗礼を受けたことを周囲はもとよりわたしにも言わなかった。母から洗礼を受けていたということを聞くのは、わたしが洗礼を受けてからしばらく経ってからのことである。なぜ母は洗礼を受けていることについて、黙ったまま教会に通っていたのだろうか。母から具体的な説明を聞いたことはないが、戦争の修羅場をくぐり抜けて母がたどりついた信仰と、中産階級の上品な人々から構成された、貧しい人々や、苦しんでいる人々に、上の方から同情するような、日本のキリスト教徒の体質が合わなかったためと思う。

わたしは、高校生時代にマルクス主義に触れ、一時期、社会党の青年組織である日本社会主義青年同盟（社青同）のメンバーになった。当時、社青同はいくつかの派に分かれていたが、わたしが所属していたのは向坂逸郎《さきさかいつろう》氏が代表をつとめる社会主義協会に近い社青同だった。社青同協会派とか社青同向坂派と呼ばれていた。労働運動においては、社青同協会派の影響力は強いが、学生運動ではほとんど影響力がなかった。同志社に社青同協会派の同盟員は、わたし以外には、文学部にひとりいただけだった。学生運動では、社青同解放派と呼ばれる革命的労働者協会（革労協）の影響が強かった。新左翼系のほとんどの党派は、もとをたどれば日本共産党に行き着くのに対し、社青同解放派は、日本社会党から生まれた非共産党系の新左翼である。社青同協会派と社青同解放派は、激しい内ゲバを展開した。その過程で、社青同協会派には、新左翼アレルギーが強く出るようになった。あるとき、わたしは、東北大学経済学部の5回生か6回生だったと記憶しているが、社青同学生班協議会のオルグに呼び出され、「神学部自治会の連中と付き合うのをやめろ。あいつらはブント（共産主義者同盟）だ」と忠告された。その忠告を聞いて、「このような硬直したセクト的発想の奴らとは付き合えない」と思って、わたしは社青同を脱退した。

この過程と同時並行的に、わたしは神学を一生懸命勉強した。そもそも同志社大学神学部に入学したのはフォイエルバッハの無神論を勉強したかったからだ。高校生時代にマルクス主義関連の本を読んでいるうちに、自分の中にあるキリスト教の残滓を洗い流しておく必要があると感じた。そこで、あるとき偶然、日本キリスト教会の関係者から、「同志社の神学部は滅茶苦茶なところなので、あそこならば無神論の勉強をすることができる」という話を聞いて、募集要項を取り寄せてみた。関西《かんせい》学院大学神学部や東京神学大学が、洗礼を受け、かつ牧師の推薦状を受験資格に加えているのに対して、同志社大学神学部にはそのような制約がなく、キリスト教に関心をもつ者ならば、誰でも受験できることになっている。受験の際の面接でも、大学に入った後も、教授たちには「無神論を勉強したい」と率直に言ったが、嫌な顔はされず、神学部図書室にあるフォイエルバッハやヘーゲル左派関係資料の探し方をていねいに教えてもらった。

シュトラウス、フォイエルバッハ、シュティルナーなどのヘーゲル左派の無神論関係の文献を読みあさっていたが、２カ月も経たないうちにつまらなくなってしまった。それよりも、組織神学を担当する緒方純雄教授を通じて知ったフリードリヒ・シュライエルマッハー、エルンスト・トレルチなどの自由主義神学者、さらにカール・バルト、フリードリヒ・ゴーガルテン、エミール・ブルンナーなどの弁証法神学者の神学書の方が面白くなってきた。そして、フォイエルバッハなどのヘーゲル左派、またマルクスが批判している神は、キリスト教神学が想定している神とはまったく異質な、人間が創りだした偶像であるということをわたしは知った。それで、わたしは洗礼を受けることにした。自分が罪人であると自覚するとともに救われたいと思ったのが洗礼の動機である。そして、わたしは洗礼を受けた後、自らのキリスト教信仰が揺らいだことは一度もない。

神学部図書室にこもって、もっぱらドイツ語の神学書を読み解く日々が続いた。そして、何か新しい神学的知識を仕入れると、それを他者に話してみたくなる。大山君、滝田君、米岡君にはよく議論をふっかけた。

「僕は、どうも大山とは逆のベクトルなんだよな。マルクス主義とか、学生運動だけでなく、政治的行為そのものに固有の悪があると思う」とわたしが言う。

「『固有の悪』って、もっと具体的に何を意味するんだ」と滝田君が尋ねる。

「自己絶対化の誘惑のことだ。結局、政治とは、カール・シュミットやレーニンが言っているように敵と味方を分けて、その間では一切妥協を排するということだと思う。自己絶対化をしないとやっていけないというのが政治だ。だから政治は必ず内ゲバをもたらす」とわたしが答える。

「俺もそう思う。政治は結局、暴力なのだと思う。しかし、ブルジョアジーの暴力に対してプロレタリアートの暴力を対峙《たいじ》させるという図式で、ひとたび暴力を是認すると、こんどはそれが党派闘争に転化する。東京の学生運動が退潮してしまったのも、内ゲバのせいだ。俺だって東京の大学に通っていたならば、学生運動には近寄らなかったと思う」と滝田君が言う。

「京大や立命館では、結構激しい内ゲバがあるけどな。同志社はのんびりしている。せいぜい民青（日本民主青年同盟）か原理（世界基督教統一神霊協会）とぶつかるくらいだもんな」と大山君が言う。

当時、新左翼系の学生運動の「常識」では、日本共産党系の民青と反共系の統一教会は、新左翼ではないので、これらの政治団体との抗争は「外ゲバ」と位置付けられていた。新左翼間の内ゲバに公安警察が介入してくることもときどきあったが、対立する一方のグループが相手側を告訴することはまずない。これに対して、民青や統一教会と衝突すると、相手は警察に告訴する可能性があるので、新左翼側も細心の注意を払った。要するに極端な暴力沙汰にはならないようにしたのである。これに対して、新左翼間の内ゲバは陰惨なことになる。わたしの在学中に、同志社では殺人こそなかったが、敵対する学生がいる寮を襲撃し、活動家を針金で縛り、一晩中、殴りつけるとか、バールで両脚を叩き折るなどという暴力沙汰があった。内ゲバの重苦しい雰囲気が、いつも学生運動の周辺に流れていた。

大山君が、「政治を廃止するための、最後の政治というのがいいな」と言う。

これはアナーキズムの発想だ。

当時、わたしたち４人は、神学館２階の「アザーワールド」研究室で、よく読書会を行った。「アザーワールド」はもともと大学院神学研究科の院生用研究室であったが、１９６０年代末の大学紛争期に神学部の学生運動活動家たちが不法占拠し、そのまま神学部自治会のボックスになっていた。

通常、新左翼系の学生運動活動家は、マルクス、エンゲルス、レーニン、トロツキー、毛沢東、ローザ・ルクセンブルグ、宇野弘蔵《うのこうぞう》、岩田弘などを学習会で読んでいたが、神学部自治会で読む本は異なっていた。もちろん、これらのマルクス主義関連の書物も読む。それに加え、スターリン、金日成《キムイルソン》など、新左翼系の活動家が嫌がるスターリン主義者の著作も読んだ。スターリンはグルジア正教の神学校出身で、金日成の両親は熱心なキリスト教徒である。スターリニズム、金日成のチュチェ（主体）思想の中にあるキリスト教的要素にわたしたちはつよい関心をもったので、他の新左翼系学生運動活動家がまったく関心を示さないこれらのテキストにも真面目に取り組んだのである。その結果、わたしたち4人の間では、スターリニズムにも金日成思想にも、人間が神になろうとする「人神思想」があるという共通認識に至った。

その他、バクーニン、ネチャーエフ、クロポトキンなどの無政府主義系、サビンコフ（ロープシン）のようなロシア社会革命党のテロ思想の本をとりあげた。それ以外にも、ヘーゲルの初期神学論考、また、マルクス主義から宗教哲学に転向したニコライ・ベルジャーエフやセルゲイ・ブルガーコフの論文も注意深く読んだ。人間の生き死にの原理となる思想の琴線に触れてみたかったのである。それから、スペインの哲学者オルテガの『大衆の反逆』も熱中して読んだ。オルテガが説くファシズムと共産主義の共通性が鋭いところを衝いていると思ったからだ。

大山君が、「政治を廃止するための政治」について述べたのは、その頃、4人でロープシンの『蒼ざめた馬』を読んだからだ。20世紀初頭のロシアで、テロ活動に従事する社会革命党の地下活動家たちの思想と行動を日記形式で記した小説だ。主人公のジョージは、いかなる価値も認めないニヒリストである。革命によって、新しい社会を建設するというユートピアももっていない。ただ壊したいから壊すのである。ジョージは、地下革命家としてテロ活動に従事しているが、同じ時期に貴族の夫人エレーナと不倫を続ける。革命家としては、一切の既成の価値を認めないジョージだが、恋愛においては、エレーナを夫から独占したいという欲望を抑えられなくなる。

実際の要人テロは、ジョージではなく熱心なキリスト教徒のワーニャが行った。「汝《なんじ》、殺すことなかれ」というキリスト教の原理にテロが反することをワーニャは深く自覚している。このような行為に従事した者の魂は、決して救われないと考える。要人テロに従事すれば死刑にされる。それで命を失うこと自体は、死後の復活と永遠の命を信じるキリスト教徒にとって、恐ろしいことではない。しかし、魂を失ってしまうならば、もはや復活や永遠の命を得ることができなくなる。ワーニャは、隣人愛の実践とは、このような命だけでなく、魂も捨てる活動であると考える。

ジョージは、エレーナの夫に決闘を申し込む。ふたりは決闘をし、ジョージは夫を射殺する。その瞬間にジョージのエレーナに対する愛もどこかに消え去ってしまった。この小説は、「拳銃は私とともにある」という不気味な言葉で終わっている。これからジョージが自殺する可能性と無差別テロに走る可能性を暗示した形だ。

『蒼ざめた馬』はわたしたちに強い衝撃を与えた。ジョージにせよ、ワーニャにせよ、あらゆる暴力を暴力によって根絶しようとしているのである。そして、あらゆる政治を廃止するために政治行動に従事しているのだ。ロープシンの思想は、アナーキズムと親和的であるが、ワーニャのような自己犠牲の発想は、キリスト教の異端においてときどきでてくる。自分個人のためではなく、人類全体、あるいは社会の多数派のために救済を実現しようとすると、結果としてテロへの回路を開いてしまうのである。

「しかし、政治を廃止するための政治を目指しても、政治は死に絶えないよ。必ず形を変えて現れる。ちょうど宗教をいくら根絶しようとしてもできないのに似ているよ」とわたしは言った。

この種の観念的な話をリラ亭の木村マスターも忍耐強く聞いている。

「みなさんの話を聞いていて、昔、この店に出入りしてたアナーキスト連盟の人たちのことを思い出しました。便所に落書きが残っているでしょう」

そう言われれば、大学名のあとに「アナーキスト連盟」というマジックインキでの大きな落書きが便所の壁に書いてある。

「あの人たちは、ほんとうに賑《にぎ》やかでしたよ。ここでもいつも大騒ぎをしていた。革命だ、破壊だと、楽しそうにしていました」

「実際に危ない行動に従事していたのですか」と滝田君が尋ねた。

「いや、心優しい人たちなので、実際の行動では乱暴なことはしなかったと思う。とにかく愉快な人たちでしたよ」と木村マスターは言う。

「それで、アナーキストの人たちはいまは何をしているんでしょうか」とわたしが尋ねた。

木村マスターは、少し考えてから、「もう何年もうちの店には来ていないので、最近のことはわからないのですが、会社員になったと思います」と答えた。

「当時は学生運動活動家で、１、２回逮捕されたことがあっても、起訴されなければ、民間企業に就職することは問題なくできました。ただ、あいつみたく起訴されると……」と木村マスターは言って、神学部の先輩の学生運動活動家のことについて話した。

「指導者としての能力が卓越していたからでしょう。公安（警察）に睨《にら》まれていたのでしょう。騒擾《そうじょう》を煽動したということで、逮捕、起訴された。幸い実刑にはならなかったけれど、最高裁まで争ったんで、まだ執行猶予期間中だと思う」

わたしたちは、その先輩にとても会いたくなった。

そして、それから半年くらい経ったある晩、わたしと大山君は、この先輩と偶然、リラ亭で出会うのである。

リラ亭には、モノラルのレコードプレーヤーが一台あった。その横に45回転のドーナツ盤の50センチくらいの山がふたつ積み重ねられていた。客があまり多くないときは、木村マスターの許可を得て、このレコードをかけた。いしだあゆみ「ブルー・ライト・ヨコハマ」や西田佐知子「アカシアの雨がやむとき」などの古い歌が大多数だった。客が、聴きたい曲のレコードをもってきて置いていくのだ。しかし、もっともよくかかるのは加藤登紀子さんの「時代おくれの酒場」だった。この歌ができた経緯について加藤さんは新聞の取材に答えている。

は、32年前。丸い顔に白いワイシャツ、チョウネクタイを結び、いつもにこやかに応対した。（1990年）3月3日朝呼吸不全のため死去した木村さんが「リラ亭」をオープンしたの

正月の三が日以外は年中無休で、早朝3時、4時まで店を開いた。

60年安保、70年安保、大学紛争……学生たちは疲れた体と心をいやしに立ち寄った。大学教授や文化人、会社員らも「ふるさとの酒場」のように集まった。常連は約500人にものぼったという。

加藤さんもそのひとりだった。異色の歌手としてスタートして間もないころ、この店を知った。東大卒業の年の1968年だった。当時、学生運動の闘士で同志社大生だった藤本敏夫さんとよく訪れた。加藤さんはマスターや「時代おくれの酒場」のことを、こんなふうに語る。

「実は（後に結婚する）藤本と私のあいびきの店でした。でも、彼がいなくてもひとりで出掛けたものです。マスターがあったかい人でしたから。『時代おくれの酒場』は、学生運動

の盛んな時代が過ぎて間もない77年に作りました。窮屈で身動きも出来ない世界に生きる男たちが、リラ亭では自分の本音をさらけだす様子を念頭に置いて、都会人の孤独を歌ってみました。でも、マスターが亡くなり、まるでひとつの時代が終わったみたいですね」

（１９９０年４月28日「朝日新聞」大阪本社版夕刊）

わたしの記憶では、１９８１年の１月か２月、京都の街が底冷えする日の夜のことだった。わたしは大山君とふたりで、水割りを４、５杯飲んでいい気持ちになって、レコードを何曲もかけていた。寒いせいか、店にはふたり以外の客はいなかった。

そこで店の扉が開いた。マスターが、客の顔を見るなり、うれしそうに、「（京都に）来ていたの」と言った。

◆先輩活動家がかけた電話

木村マスターは、店に入ってきたお客さんに、「ほら、このふたりが、以前話したあなたの後輩だよ」と言った。

お客さんは、伝説になっていた神学部自治会の先輩だった。もっと大柄で痩《や》せた人物を想定していたのだが、違った。わたしと大山君は、身長はともに１６８センチメートルくらいであるが、先輩はわたしたちよりも、背は少しだけ高いくらいで、太っているわけではないが、学生運動活動家に多い極端に瘠せた人物ではなかった。

わたしたちは、先輩にあいさつをした。先輩は、「何年度生だ」と尋ねた。

大山君は「1978年度生です」、わたしが「1979年度生です」と答えると、先輩は目を少し細めて、「僕よりも10年以上後輩なのか。時間が経つのは早いな」と言った。

わたしたちは、伝説の先輩と会うことができて、とてもうれしかった。

わたしは、先輩に同志社大学の学生運動が抱えている問題を率直に話した。要旨は以下のようなことだ。

田辺町への移転を大学は本気で実行しようとしている。大学当局が学生の声に耳を傾ける気持ちはないようだ。神学部教授会は、もっとも政治的に立ち回っていて、移転を推進するにあたって中心的役割を果たしている。神学部は、先輩がいたころの1学年10人くらいの状況とは異なり、1学年40人も学生がいるが、キリスト教に関心をもっている者はそのうち半分もいない。ひとりひとりがばらばらで神学部共同体という雰囲気はまったくない。神学部の必修科目は、神学概論4単位だけで、あとは勝手に勉強して、文部省が義務づける最低限の124単位を取得すれば卒業できるという体制になっている。教授たちは、自分の学問的関心に応じた授業だけをしている。牧師養成についても、まじめにやっているとは思えない。本気で学生に神学を教えようとする気迫もない。何となくふにゃふにゃしている感じだ。

神学部では、民青（日本民主青年同盟）に加盟しているのはひとりだけだが、学部では目立った活動をしていない。シンパもいないようだ。統一教会（世界基督教統一神霊協会）は、神学部に入り込もうと必死になっているが、教授会と神学部自治会が一体になってブロックしている。キャンパスで原理研究会（統一教会系の学生が組織するサークル）の学生たちとは、ときどき衝突する。向こうにはボクシング部に入っている奴がいるが、こいつはなかなか手強《てごわ》い。それ以外にもテコンドーで鍛えている連中もいるが、こちらも剣道や柔道の有段者がいるので、いまのところ「戦争」では、神学部自治会が優勢を維持している。学友会中央常任委員会との関係は緊張している。

現在の学友会の体制は１９７７年５月19日の同志社大学全学学生大会で旧中央常任委員会を追放してできあがったが、神学部自治会は、そのとき優柔不断な態度をとったので、旧執行部、すなわち「全学闘（全学闘争委員会）」系と見られている。学友会から自治会予算は配られているが、他学部と比較して額も少ない。また、学友会組織の意思決定を行う会議にも呼ばれない。もっとも連中の観念的な話に付き合っているよりは、神学館２階の「アザーワールド」で好き勝手なことをしている方が楽しい。

神学部自治会は、活動家が10人程度、シンパを入れれば30人くらい、神学部に日常的に通ってくる学生の7割くらいを占めているので、教授会としても無視できない存在である。自治会の旗は、赤旗ではなく、昔から引き継がれた黒旗だ。

こんなことを、わたしは、水割りを2、3杯飲みながら、早口で話した。

先輩は、わたしの話をときどき笑いながら聞いていた。そして、「いま、神学部長は誰だい」と尋ねた。

わたしは、「組織神学の石井裕二教授です」と答えた。

先輩は、「石井か。悪い奴じゃないよ」と言った後、「マスター、電話を貸して」と言った。マスターは、旧式の黒電話を棚から取り出して、カウンターの上に置いた。先輩は、手帳を開いて、電話番号を回した。

「石井先生ですか。お久しぶりです」と言って、先輩は名前を名乗った。どうなるのか、わたしたちは、緊張して様子をみつめていた。石井教授のちょっと甲高《かんだか》い声が聞こえるが、話の内容まではわからない。

「石井先生、学部長になられたそうで、おめでとうございます。僕は、仕事が変わったりしたもんで、神学部にも年に1回（大学院の登録のとき）しか行っていませんが、今度、ゆっくりお話をしにうかがいたいと思います」

石井教授がいろいろ話をしているようだ。先輩は、「ええ」とか「そうですか」などと合の手を入れている。

「ところで、先生、学生たちの言うことをよく聞いてやっていますか。学部長になられて、お忙しいことと思いますが、よろしくお願いします」と先輩は言った。それから少しして、「それじゃまた」と言って、先輩は受話器を置いた。

「これでちょっと石井の対応もまともになると思うよ。石井は勘がいいから、あなたたちとこっちが連絡をとっていることには気づいているはずだ」と言った。

先輩は、「お腹《なか》がすいているだろう。遠慮なくつまみをとれ」と言った。わたしたちは「遠慮していません」と言ったが、先輩は、マスターに「アスパラ、鮭缶、ソーセージを出して」と言った。大山君は、「マスター、ロックにしてください」と言って、ウイスキーを水割りからオン・ザ・ロックに切り替えた。わたしは、ウイスキーはストレートで飲む方が好きなので、「ダブルのストレート」とお願いした。ダブルのウイスキーを飲み干すと、胃から食道を通り、口に向けて熱が逆流する。この感じが何とも表現できないほど、心地よいのである。わたしはマスターに「レーズンバターをください」と言った。リラ亭には自家製のレーズンバターがある。これがウイスキーをストレートで飲むときはとても合う。わたしは、はじめて会ったにもかかわらず、この先輩に、「マルクスが『資本論』で言っていることはだいたい正しいと思うし、初期マルクスの疎外論にも共感するのだ。それだけども、マルクスの無神論にはどうしても抵抗がある。宗教批判の重要性はわかるのだが、いくら宗教批判を展開しても、それで神がいなくなるとは、どうしても思えない」というような話をした。

先輩は大学院でフォイエルバッハの宗教批判をテーマに研究している。先輩がわたしを手厳しく批判することを期待してこういう話をしたのだ。しかし、予想に反して先輩は、「そういう問題意識を持ち続けることはたいせつだと思うよ。マルクスの無神論に無理して自分の考えを合わせる必要はない。要は、よく考えることだ」と言った。それに続けて、先輩はこう言った。

「街頭で暴れて、逮捕されることが運動だと思ったらいけない。とにかく、自分の頭でよく考えることだ。行動は完全に納得してから行えばよい。学生時代は、とにかく自分が関心をもっていることについて、よく本を読み、友だちと話をすることだ」

この先輩は、京都の学生運動を牽引《けんいん》した勇気がある活動家で、確か、逮捕、起訴されて、現在も執行猶予期間中のはずだ。それなのに言っていることは、穏当で、大学教師のような感じだ。もっと過激な思想をもっている人物を思い浮かべていたので、意外な感じがした。この先輩が神学部に教師として残っていたならば、今頃、専任講師か助教授になっていたはずだ。それならば、頼もしい。神学部の授業ももっと楽しくなったろうにと思った。わたしと大山君は、歴史神学の藤代泰三《ふじしろたいぞう》教授や、組織神学の緒方純雄教授のような、戦時中に同志社大学文学部神学科を卒業した、現在、定年間近の教授たちの講義やゼミの方が、楽しいという話をすると、先輩は、「確かにそうかもしれない。ただ、僕が神学部で尊敬しているのは、飯峯明《いいみねはる》先生だ」と言った。

飯峯明教授は、組織神学を担当しているが、ときどき授業が休講になる。翌週、「いや、済みません。先週は、少し飲み過ぎてしまって、起きることができませんでした」と言う。授業にはほとんど力が入っていなかった。わたしは、１科目だけ飯教授の授業をとったが、江戸時代に転《ころ》び伴天連《バテレン》が書いた「排耶書《はいやしょ》」というキリスト教排撃に関する古文を読むという奇妙な授業だった。10分遅れで始まって、20分前に終わる授業で、先生がぼそぼそと話しているだけで、学生を指して、テキストを読ませるようなこともしない。試験もせず、出席もまったくとらない。学年末に「講義に関するテーマについて自由に論ぜよ」という４００字詰め原稿用紙５枚以内のレポートを提出することだけが課題だった。何を書いても80点以上（優）をつけてくれるので、学生には人気のある科目だったが、授業に常時出てくる学生は５人もいなかった。

飯先生は、ドイツ語が抜群にできて、マルティン・ハイデッガーの存在論の影響を受けたドイツのルター派神学者ゲーアハルト・エーベリングの教えを受け、翻訳もしていた。しかし、神学部では飯教授の影は薄かった。

飯先生は、神学生との付き合いでも、大学の研究者を志望する成績のよい学生よりも、将来、牧師になることを望んでいる学生たちを自宅に招き、先生自身の手料理で、酒盛りをすることがよくあるという噂を聞いていた。学生運動の先輩が飯教授に全幅の信頼を寄せていることがわたしには意外に思えた。

「飯先生が、学生運動に対して理解があるとは、夢にも思いませんでした」とわたしが言うと、先輩は、「あの人は疲れてしまったんだ。信頼できるいい人だよ」と言った。

それに続けて、先輩はこう言った。

「君たちは、向こう側で誰が中心にいるのか、わかっているのか」

「石井（裕二）神学部長ですか」と大山君が答えた。

「違う」

「樋口（和彦）前神学部長ですか」とわたしが答えた。

「違う。いったいあなたたちは何を見ているんだ。全てを動かしているのは、野本（真也教授）だよ。あいつは抜群に頭がいい。すべてを操《あやつ》っている」と言った後、「マスター、また電話を借りるよ」と言って、受話器を手に取り、手帳をあけて、ダイヤルを回した。

「野本先生ですか。お久しぶりです。いまリラ亭で飲んでいるんです」と先輩は言った。しばらく、近況について、先輩は話した後、付け足すように「最近の神学部の学生たちはどうしていますか。いろいろ暴れる奴もいるでしょうが、よく話を聞いてやってください」と言って、電話を切った。

先輩は、わたしと大山君の顔を交互に見て、「これで向こうも気づいていると思うから、あなたたちが思うことを野本に率直にぶつけたらいいよ」と言った。

「いったい、野本っていうのはどういう人なんですか」とわたしは先輩に尋ねた。

先輩は、「人物評を他人に聞くようではだめだ。自分の頭で判断することだ」とわたしをたしなめた。そして、「アザーワールドに昔の資料は残っているか。当時の教授会との団交（団体交渉）の記録があるだろう。あれをよく読めば、それぞれの教授の人柄がわかるよ」と言った。

先輩は、「これから大阪に行かないといけない」と言って、リラ亭をでた。わたしと大山君は、伝説の先輩と会うことができたので、興奮し、その日は、午前2時頃までリラ亭で大量のウイスキーを飲んだ。

野本教授は、身長170センチメートル台後半で、ハンサムだ。長髪で、人当たりもソフトである。女子学生のファンも多い。授業はヘブライ語と旧約聖書神学を担当しているが、当時、神学にも導入されはじめた脱構築の手法によって聖書のテキストをどう解釈していくかについて取り組んでいる。授業も面白いと評判である。他方、野本氏は人当たりは柔らかいのだが、他者を内側に入れないある一線を引いている。ちょっととらえどころのないところがある。

神学者としてだけではなく、日本基督教団の賀茂教会で牧師もつとめている。神学部の教授は一部の例外を除いて、みな牧師資格をもっているが、実際に教会で牧師に従事している人は少ない。

木村マスターは、「野本先生だったら、昔、神学部共闘会議の学生たちとなんどかうちの店に来たこともありますよ」と言った。わたしは、野本氏が助教授時代に神学部の学生運動活動家と飲み歩いていたという話を聞いて意外な感じがした。

翌日、アザーワールドで、書類束を探していると、1969年6月13日に行われた「神学部大衆討論会記録（抄）」という資料がでてきた。作成者は、神学部闘争委員会書記局編集委員会となっている。そこに神学部の学生運動活動家たちと数名の神学教師のやりとりが記録されていた。そのなかで、当時の野本助教授の発言は実に興味深い。

野本　僕自身がこの二年前に教師としてここに来た。その時において、それから数年間、話して来た中で、自分自身はやっぱり完全に同志社、特に一九六〇年以降の高度成長社会の中で、資本主義体制の中にがっちり組み込まれている中で教師であり神学をするという中で犯罪性というものを見抜くことが出来なかった。そのことが、まさにバリケードという形でつきつけられることにおいてしか認識することが出来なかった。そういうことを自分自身としては本当に今、思い知らされているわけです。そういうことは私自身その中で神学を商品化し知識化し、知識の範囲でしか神学を出来なかった。もちろんそのことに於て自分自身は満足出来ないし、又そういうことをやっている中での教師としての疎外感というものもあったわけです。そういう中から、自分の苦しみというものをどういうふうに突破していいのか自分自身今に至るまでその方向というのはつかめていない訳です。しかしながら、あの声明文というものを評議会に持っていったというような犯罪的なことをやったのは僕でして、その時はなぜああいう形で提起したかということは、正に今までの教授会というものが、その中で自分自身がやって来たということが、全く破算しているというか、誤っていたということを徹底的に自らにつきつけて行くということを、僕自身にとっては、もはや、教授会というものの解体宣言という形でしか提起できなかった訳です。ですから、そこでは提起そのものは受け入れられないだろうし、この資本主義社会の中では受け入れられないであろうしストライキをやればこれはやっぱり首がかかっているわけですからやめさせられるであろう。というこういう近代化されている同志社というものをそこにおいても、また自分自身完全に見抜くことができなくて、ああいう形でマスコミにとりあげられていったという、そこに於てもまた尚自分自身が甘いということを僕自身感じているわけです。もう色々諸教会で沈黙をずっと続けて、またその間に総括するように言われてきたわけですけれども、その間に僕自身は諸教会というものに幻想をもっていたわけです。で、何とか解体というものが自分自身でできるんではないかという甘さを持っていたわけですけれども僕自身は今、バリケードによって提起され諸君によってしか解体されることはないのではないだろうかというふうにそこまで思っているわけです、そしてそういう形であのストライキというものを具体的にどういう形で取り組むことになるかも知れないわけですけれどもとにかく、何とかしてそういう自己変革の視点というものを発見していきたい。そういう願いがあるわけですけれども、それがどういう形で出てくるかは全く自分自身としては展望もない状況です。

（同志社此春寮前掲書、２４１～２４２頁）

学園紛争の過程で、野本氏は、学生運動活動家に共鳴し、教授会解体を宣言している。また、それは野本氏自身の自己解体を伴うという認識をも示している。

◆神学部教授たちが見ていた光

神学部の学生運動活動家たちと野本真也教授の大衆討論会の記録を読みながら、作家で京都大学文学部助教授だった高橋和巳《たかはしかずみ》のことをわたしは思い出した。高橋和巳が『わが解体』で展開したのと同じ構造の出来事が同志社大学神学部でも展開されていたのである。

学生たちは野本教授に厳しく迫っていく。

学生　教授が自ら出来ない、つまり学生、私達のバリケードによってのみ外からの解体に迫られて教授というものがあるという聞き方をしてくるわけですが。

学生　いや、こういったわけですよ。教授会を野本先生が解体出来るんじゃないかという私は幻想をもっていたと、しかしながら現在的には、君達のバリケードによってしか、教授会というものは解体出来ないということを私は考えています。ということをいったわけでしょ。

野本　というのはね。何というのかな形骸化した形で教授会は残るわけですね。それを突破する為にいわばストライキという方向しかないわけだ。解体ということを実質化される為には、（──ヤジ──それじゃ、それは無期限ストじゃないのか）え、だから僕自身は無期限ストというような形で提案したわけです。勿論、だけれども、……ヤジ（じゃ、無期限ではないというのは、例えばその人は教授会解体を考えていないということでしょう。）

野本　何がですか。

ヤジ（無期限ストライキに対して、反対される先生もおられるわけでしょ？　その人は教授会解体を言ってないでしょ。）

野本　だから、そういう面で僕自身はあの教授会の他の先生とは意見が違うわけです。だけれども違うということの中で、体制内的な形で、今まで努力をすることに於て、そういう幻想性に於て、むしろ、やっぱり誤っていたのではないかというふうに考える訳です。

（同志社此春寮前掲書、２４２頁）

学生たちが提起している問題は、きわめてキリスト教的だ。キリスト教は愛を説いているといっても、現実の資本主義社会にはさまざまな矛盾がある。社会構造の矛盾に目をつぶったまま神学を営むのはおかしいと言っているのだ。それから神学も商品化されている。カネを対価に神に関する学問を教えるのはおかしいと神学生たちは抗議するのである。こういった問題は、学生運動活動家のはねあがりといって済ませてしまうことはできず、正面から受け止めるべきであると野本氏をはじめとする神学教師たちは考えた。それだから、他の学部と比べると熱心に、「吊し上げ」の場である大衆討論会や団体交渉の場に神学教師たちは出てきたのである。

特に当時の野本助教授の場合、このような環境で、神学を営むことで、神学教師が疎外されているという認識をもつようになった。そして、神学部教授会の側から、現行制度の中での知的営為を拒否する無期限ストライキを提起し、大学の評議会がそれを認めず、神学部の教授会を解体するような状況を生じさせるという自己解体の戦略を提起した。神学部自体が、大学解体に突き進んでいこうとするのだ。

１９６９年、神学教師たちを追及していた学生運動活動家たちにも、１９８１年時点でのわたしたちにもわからなかったことだが、こういった野本氏の自己解体の発言の背後には、仮に大学という制度がなくなっても、神学は残るという強い信念があったのだ。数年後にわたしたちは、野本氏の信念を正確に認識することになる。それでは、当時の学生運動用語で書かれた難解なテキストを読み進めていこう。

学生　じゃあ、こういう事実は先生はどう見られるわけですか？　たしかに神学部なんてのは、これは赤字経営の学部ですよ。当局からみたらこんなものはいつでも解体できるわけですよ。四千万円からの赤字があるというような学部てのはね、これは学部を解体したらいいじゃないのかというようなことが、例えば、関学（註＊関西学院大学）や関東学院とかいう形の神学部におけるところの問題がそういうような方向性の中において当局の手によって解体がすすめられていくというような形に於てさ、神学部or教授会の解体というのは違う解体ですよ。そういうふうなことに関してはどのように考えるわけですか、どのように対応されるべきですか。

野本　そういう動きが出て来たらですね。恐らくそれは出てくるだろうし、すぐに出てこなくても一〇年、二〇年先という形で出てくるかも知れないわけだけれども、そういった時点ではたして僕ら自身がどういう形で対応していくかというその視点そのものは僕自身は確立していません。さっぱりわからない。

学生　しかしながら現在的に問われているのは単にそういう制度的な内容がどちらの手に

よって神学部は解体されるのかというようなことを外から傍視者的に私はどちらからやられるのかというそういう所の問題性じゃなくてね。むしろ現実的にはどういうところが内容的にはあるかといったらやっぱり同志社神学とか、同志社大学神学部 or 同志社大学の九〇年間の設立の理念とかそういう所の問題が根底的に問われて、その中に於ける精神的支柱としての神学部の使命が現在的に大学内でどうなんだという所の問題が根底的に問われているわけでしょう。僕ら自身はそれに対して、この間、一定の声明文なり又は理事会団交なり、そして田辺町移転という問題に関して、決してそういうような現在的な神学部にかけられている問題性を神学部ナショナリズムというような形、あるいは同信会（註＊同志社大学神学部を卒業した牧師を中心とする団体）又は、組合教会派という形の中で問題を一切処理し、教団におけるところの関係の中でもそういうような形において問題の内容性をすりかえていってはいかんのだ。というような問題性を常に踏んで来ているわけですよ。その所の確認がなし得ずして神学部の解体という、極めて現実主義的な課題なんだけれども、そのことを問う問いでもってしか私は、今の所見ていませんとか、展望はありませんということは言えないはずなんですよ。そのことを先生は、どう考えておられるのですか。

野本　まあ、同志社大学が、又は当局がどういう形で、例えばこの解体というようなことに関して、又はそれに対して対応してくれるだろうか。ということは、今の時点では僕はやっぱり、どうしても言えない。ただ、それがなくてもやらなくてはいけないということというのは、やはり今までの歴史的過程の中で誤った形でしか存在することの出来なかった神学部教授会というようなものを、徹底的に自己批判していくと、そういう意味での解体をやってみるよりしょうがないんじゃないですか。そのプロセスの中で、今度は逆にどういう抵抗しうるこの主体が出来るかどうか、僕は今の所、そういうことを言うことが出来ない。

（同志社此春寮前掲書、242〜243頁）

経済合理性から考えると、神学部を維持することは同志社にとって負担である。学園紛争期に青山学院大学文学部神学科、関東学院大学神学部においても、神学部（科）の神学生たちは手がつけられないほど暴れた。大学当局は経営合理化を口実に神学部（科）を廃止してしまった。大学解体を唱えながら、経営合理化という口実で神学部が潰されてしまうことを神学部の学生運動活動家たちも心配しているのである。「神学部ナショナリズム」で問題を処理してはいけないと言いながら、神学生には「神学部ナショナリズム」が染みついているのだ。

学生たちは焦っている。世の中の矛盾をいまここで全面的に解決する処方箋を望んでいる。ただし、そこで神学という知の形態を放棄してしまおうと考えているのではない。大学という制度が解体されたのちも、神学は残るという了解が神学生たちにもある。

学生　現在的にはどういう所の状況であるかと言ったら、明確に教授会が、例えばカリキュラム、個別神学部内における問題性それひとつにしても、そのカリキュラムをあくまでも現在のカリキュラムを保持して、それに対応する一定の見解というものを、神学部の中に於て、未だ出してないじゃないですか。そういう所の個別神学部の中における所の、先《ま》ずもって教授会がやらなければならない所の様々の問題を度外視して、客観的な学内における神学部と当局との関係とか、又は、どちらが神学部を解体させるのかというようなことを案じていてもしょうがないってことです。

それを教授会の中では、この間、何をやってきたかということなんですよ。先生は、この間、どういうような形で討論に加わって行ったかということなんですよ…。資本の論理とか、又は、田辺移転の問題とか、そういうような形の中で、同志社体制を、これは帝国主義的再編過程の中における同志社の延命の道なんだというような形の中で、客観的規定の中に於て、その同志社体制を一定に分析し、それを解釈して自分たちの立場を述べるのはいいですよ。しかしながら、そこに於て、極めて形骸化し、実体なしと言いながらも、例えば総長というのはキリスト者でなければいかんのだが、制度的な＝礼拝的な口の中では誰でも述べる新島襄の精神とか、神学部の、又は、キリスト教の理念とか精神とかいうことが形骸化されつつも、それが言葉の遊びとしてしか、ということで、僕らが判断するにもかかわらず、それが学内に於て、又はキリスト教会に於て、ずっとのさばってきている。そういうことが、決定的に問われているにもかかわらず、実は何か決定的な核心をつかない問題、極めて宗教性というわけのわからんどこに実体があるのかわからんような問題として、しかしながら、歴史の過程の中では制度として、正しく現在しているというようなことの問題を、先生はこの間どのようにして教授会の中に於て捉えて来たのか。僕ら自身が宗教性の問題だとか、神学部に於ける様々な問題だとか、そういうことを論じた時に、神学部とかあるいは神学部教授会とかが形骸化したんだ、実体がないんだ、と言いながら、一方では教授会の徹底的に権力機構に組み込まれた、そういう体制を糾弾する二面作戦を僕ら自身が徹底的にやらなければ僕ら自身の闘争の方向性は出て来ないんだ、ということを確認したのはその点なんです。その点を踏まえず、教授会に於て、いかなる討論を踏まえて教授会解体という考え方が出て来ているのか。それが僕自身が一番聞きたい点なんです。

野本　実はその点が神学部の解体というのは、そういう形で問題を提起したことがらが果してひとつの資本主義社会体制、大学のひとつの置かれている中での神学が果している役割を見抜くという視点と、それから僕自身の主体的な神学への関わりということと、どういう形でふたつの視点が切り結ぶのかという所が僕自身には問題であったし、その点が切り結んだ型で論理化されなければ、どうにもならないという問題意識はあった訳です。

そういう観点から僕自身は教授会での研究会では、ずっとそのことの問題を投げかけて行った訳ですが、それ自身外側から見るということが今まで余りにも出来ていなかった為にどうにもそっちの方に流れて行ってしまう。そういう大状況での分析ということの中で自分自身の主体の確立というものが全くむずかしくなっていくということを、痛感させられて来た訳です。それを突破する道がどこにあるのか、そのことを僕自身は痛切に問うているわけですけれども、まあそれがどういう形で出てくるか、これはやっぱり分かりません。

（同志社此春寮前掲書、２４３〜２４４頁）

大学移転問題を、日本の帝国主義的再編過程と結びつけることには、論理の飛躍がある。しかし、当時においては、「帝国主義的再編過程」という言葉が、一種の魔術的な力をもったのであろう。

全共闘運動は、あれだけ日本の社会を揺るがしたのである。団塊の世代で、大学に進学した人々で、全共闘運動と完全に無縁だった人はまずいないであろう。全共闘運動に共感したか、反発したか、運動に積極的に参加したか、運動には参加したけれど、途中で怖くなって、あるいはバカバカしくなって逃げ出したかは、本質的な問題ではない。あのとき、ある世代の日本人の魂を激しく揺さぶる「何か」が全共闘運動にあったということが重要なのである。

団塊の世代の人々は、その後、日本の高度成長世界を完成させる中心的役割を果たした。そのことと全共闘運動で揺さぶられた魂との間には、どこかで関係があるのだと思う。そして、その当時の学生たちが提起した、表現は乱暴で、未熟であったかもしれないが、そこにあった「何か」にやはり魂を震わせた教師たちがいた。わたしや、大山君、滝田君、米岡君は、全共闘運動より10年遅れてきた世代である。大学は無気力だった。しかし、その中にあの時代の燃えかすは残っていた。

燃えかすというよりも、光という言い方が正しいかもしれない。ユダヤ教のカバラー思想では、光をたいせつにする。壷の中に光は閉じこめられていく。時代の変遷とともに、壷にはひび割れが生じ、あるいは壷が完全に壊れてしまうこともある。しかし、重要なことはこの壷の中にある光をつかみ、新しい壷に入れることなのだ。

ここで重要なのが、16世紀にユダヤ人世界に大きな影響を与えた特にイツハク・ルーリア（１５３４～72年）のカバラー思想だ。カバラー（kaballah）とはヘブライ語で「伝統」の意味だ。ケンブリッジ大学のニコラス・デ・ラーンジュ教授が、難解なルーリアのカバラー解釈をわかりやすく説明している。

シナゴーグでの締めくくりの祈りのひとつは、神が全世界の王になり、みなが彼の名を呼ぶ日を願って祈る。これは、「シャダイ（神）の王権のもとに、世界を正しい場所におくこと」という文句をつかっているが、このティクン、修復という観念は、ルーリアのカバラーにおいて非常に重要なものとなる。

ルーリアのシステムでは、この言葉は、容器が壊れることによっておこる破壊の修復にあてられている。修復は、パルツーフ、すなわち相対的配置によって実現されるが、これは十のスフィロット（註＊人智を超えた神性が具体的な形をとってあらわれたもの）のたがいに異なる配列である。おなじ過程が、流出の世界、創造の世界、形成の世界、行動の世界という、互いに結びついた四つの世界にも応用されなくてはならない。最初の容器の崩壊は、世界が創造されるずっと以前に、（いわば）神の中で起こった宇宙的出来事であり、全人類の先祖であるアダムは、神聖な光を再生させ、世界に調和をとりもどすことを課せられていた。しかし、アダムは、その反抗によって、この義務をはたすことに失敗しただけでなく、さらなる不幸、つまり第二の容器の崩壊を引き起こした。アダムの魂は、閉じ込められ、その光は彼の子孫の各々《おのおの》の中に閉じ込められている。三度目の惨事は、シナイ山でのトーラーの授与のときに起きた。これは、人々が反抗して、金の子牛（出エジプト記32―33章）を崇《あが》めたときであるが、これは、潜在的にはスフィロットの領域を正しい位置におく、さらなる好機だったのだ。この新たな崩壊の後、一度の行為によって調和を回復するほかの機会はなかった。しかし、ティクンは、ひとつひとつ段階的に行われるものであって、メシアの時代にしか完成しない。

今や、すべてのユダヤ人は、悪を避け、善を行うことによって、宇宙的調和を回復させ、ケリポットという悪魔的領域から聖なる光を解放し、それが上にむけて飛び立ち、スフィロットの領域の修復を分かちもてるように努めるという、個人的義務をもっている。これに加えて、二度目の崩壊後、個々の人間は、アダムの魂のかけらである自分の魂をもっているが、これは完全なものとされ改められるべきものである。したがって、行動を起こす責任の重荷は、個々人に課せられている。

（ニコラス・デ・ラーンジュ『ユダヤ教入門』柄谷凜訳、岩波書店、２００２年、２９０〜２９１頁）

ここで紹介している神学部の学生運動活動家と神学教師たちの大衆討論も、壷が壊れるような状況において光を守るための秘儀なのである。

◆神学部教授会の亀裂

神学部の学生運動活動家たちは、野本教授をつるしあげることにより、光をつかみたいと思っている。神学生として、もっと自らのキリスト教信仰に根ざした言葉で、それを率直に語ればいいのに、マルクス主義イデオロギーがそれを阻害している。マルクスは、「宗教は人民の阿片である」と言った。革命はマルクス主義に基づいてしか実現できない。マルクス主義は無神論的世界観だ。神学生でありながら、この世に対する愛を、革命という形で実現するためには、神を捨て去らねばならない。

しかし、神学生たちは、神について知りたくて、いや、もっと正確には神に導かれて神学部の扉をたたいたのだ。そう簡単に神を捨てることはできない。あるいは、神を捨てたつもりになっても、その神が神学生をとらえて放さない。神学生たちは、このような中途半端な状態に我慢できない。それだから、神学部の教授たちと徹底的に対決することによって、神を捨て去ろうとしているのである。

大衆討論集会で行われているのは、少し形を変えた、神をめぐる闘いなのである。

樋口和彦神学部教授（元京都文教大学学長）は、京都大学の河合隼雄《はやお》教授（後の文化庁長官、故人）の盟友で、ユング派の夢の臨床研究家だ。樋口教授は、学園紛争の中で、帝国主義的な大学再編に抗するには、サボルことが重要だという。闘争は結局、相手の土俵に乗ることだ。従って、位相を替えることが、敵にとって最大の打撃になる。弱者が敵と効果的に闘うためには非対称的な闘いにもちこまなくてはならないということを樋口教授はサボリと表現したのだが、神学生たちはその意味を読み取ることができなかったようだ。

学生　いろいろ問題があるということはわかるんですがね。しかしながら、教授会の中に於て、そういう基本的な視点っていうのが、この間の討論の過程の中で真に確認されて討論されて来たのか、例えば、樋口先生がサボリの論理というようなことを口に出した時に、そういうようなことが確認されて出して来たのか、どうなんですか？

野本　少くとも、さっき言ったような形での問題提起ということは、自分はしようと思ったし、又、自分自身問いかけて来たわけです。それがはたして研究会の中で今まで出来たかと言えば、僕自身はわからないといったような形でやはりそういう形での討論というものがはたして出来るんだろうか。そういう意味で総括というものが出来るんだろうか。そういう疑問、さっきで言えば、幻想というものが破れていくという感じを持たざるを得なかったわけです。だから僕はそれが結果的に出来て来たのかどうかということに関しては、イエスともノーとも答えられません。

学生　だったら、具体的にああいうストライキとか、ああいうことはどのように進められるのですか。当日の集会をどのような形に於てもって行ってどのような方針のもとで、さっきのビラのようなデモ行進はなされるわけですか。どういう意志結果のもとでされるわけですか。

野本　教授会全体としてですか。

ヤジ（いや、討論会とか一六日の会を一定に提起して、それを提唱しようとした先生達がその会をどのような形で位置づけながら、どのような形で運動実体をやっていくのか、それを僕達に教えて下さいよ。）

野本　僕自身は、教授会の研究会という形で、あの様な総括を出そうとの努力が恐らくどの辺まで出来るかという事は、疑問に思っているわけです。疑問に思っているけれどもそれを断ち切らないところに逆に問題性を内にとらわれているわけです。しかし、そういう時点でもやっぱり僕は、僕自身の行動に於てしか、教授会解体とか、教師であるというところの問題性を表現してゆくことが出来ないじゃないだろうか、という位置付けなんです。だから、それでどういう形で展開されていくかorできるのか。

学生　その点に関しては、僕ら自身の考え方があるわけですよ。安保粉砕、大学立法反対だれだって言えるんですよ。例えばさっき小西君がいったように、理事会だって云えるんですよ。行動をもって誰だって「反対だ」っていって行動できるんですよ。ところが現在的に問われているのは何かと云うと、そういうような大学人がそろって提起したら大学立法が粉砕できるんだとか、あるいは安保粉砕できるんだとかいうような形の中での行動形態では現在的には決定的に駄目なんだという六〇年以降の現在的な語られる所の日常の動向であるし、僕ら自身の運動方針の内容であるわけでしょ。そういうことがもっと肉づけされた内容としては、昨年末の全学園闘争がそれが意味したところの内容じゃないですか。そういう所を何も踏まえないで、しかもこの間のさっきからの数時間にわたる所の話し合いでも明らかな如《ごと》く、自分が教授としてその学業内容、教学内容、教授として何をやっているのかということを何ら自分の中で整理されないままに何で行動提起という所に於て一致ができるのか。何でそこに於て結びついていくのか。その事が決定的に問われているということでしょう。だとすればああいうようなひとつの行動提起に於てデモ行進に於て教授会というものが解体する。そういうような方向性がでてくるんだという先生の判断というものは余りにも甘いもんだ！この間に於ける学園闘争とかor六〇年以後の動向ということ［を］先生はいかなる形に於て総括して現在的なことを提起しているわけですか？……そういうことでもって解体ができるんだとしたら六二年の大管法の時でもできたわけでしょう？安保の時だって、私達はデモに行きました。あの時に於て教授会は解体できたわけじゃないですか！

野本　そういう甘さが教授自身の中に残っていることを認めます。

（同志社此春寮前掲書、２４４〜２４５頁）

学生運動活動家特有の業界用語で議論を展開しているので、わかりにくいが、「自分が教授としてその学業内容、教学内容、教授として何をやっているのかということを何ら自分の中で整理されないままに何で行動提起という所に於て一致ができるのか。何でそこに於て結びついていくのか。その事が決定的に問われているということでしょう」という学生の問いかけは、日本の神学がかかえる問題の本質を衝いている。

明治以降、同志社の神学は、徹底した詰め込み教育だった。英語、ドイツ語、コイネー（新約聖書）・ギリシア語、古典ギリシア語、ヘブライ語、ラテン語が必修で、聖書の原文を暗誦するまで読まされる。教会史、教義学も教科書と参考書を徹底的に覚えさせられる。成績優秀者には、ミッション（宣教団）の奨学金でアメリカ、ドイツ、スイスに留学する道が開かれている。

同志社には神学生専用の寮があり、また他学部と比べ、奨学金制度もととのっている。戦前、戦中、文学部神学科（神学部の前身）で学ぶと決断することで、親から勘当された学生もいた。従って、両親からの支援がなくても、勉学を続ける体制がととのっているのだ。

しかし、見方を変えると、これは欧米帝国主義国のキリスト教宣教団が、植民地に作った神学校の形態を踏襲しているにすぎない。「同志社は、キリスト教主義大学で、外国の宣教団（ミッション）の指導下にあるミッション・スクールではない」というのが神学部の教授、学生に共通した認識で、誇りだった。確かに外国宣教団が同志社に対して影響力を行使することはできない。しかし、カリキュラムや神学教育の内容は、まるで植民地の神学校ではないか。ここから抜け出していき、日本にキリスト教を土着化させたいという思いが、神学生が神学部解体に向けて突き進む当初の原動力だったのであるとわたしは考える。

制度化された神学カリキュラムは解体されても、その後で、ほんものの神学が生まれることを神学生たちは信じていた。この神学生たちの根源的な真面目さが、神学教師の琴線に触れたのである。それだから、神学部では、他学部では考えられないほど、教師たちが学生に接近したのである。
学生　具体的に声明文の問題として、質問するといわゆる大学立法粉砕の視点が先生自身はどういうものであるかということと、この教職員ストライキというものを提起した内容がそういう所の形で展開されていく運動の方向性がどういうふうに行われていくかということを具体的におはなしして頂きたい。
野本　やっぱり、今後は教授会解体という事を明確化していくことです。
学生　同志社を解体していくという時は同志社大学に於ける管理機構自体を解体していくという事ですね。という事は、同志社コンツェルンを解体していくという事でしょ。そういうプロセスというものは――
野本　そういう運動を少くとも提起していきたいと思います。
（同志社此春寮前掲書、２４６頁）
それから数年経って、学園紛争の波は去った。同志社大学も、同志社系の幼稚園、中高校、女子大学などによる同志社コンツェルンも残った。神学部教授会は解体を宣言したが、神学部は残ったので、教授会も存続した。しかし、神学部教授会はかつての解体宣言を撤回しなかった。
神学部教授会の中に、深刻な亀裂が生じた。それは派閥抗争といった次元の問題ではない。

神学部の教授たちは、表面上、和気藹々《あいあい》としており、酒が入った席でも他の教授の悪口を言うようなことはない。しかし、誰もが孤独感をもち、信仰や神学研究について、神学教師同士が根源的な話をしないようになった。

神学部のカリキュラムは抜本的に改革された。入学時の学部紹介（オリエンテーション）に相当する神学概論の4単位（週1時限で通年）以外、神学関係の必修科目はひとつもなくなった。そして、これまで義務づけられていた神学部入学時点で、キリスト教徒であること（原則として洗礼を受けていること）、牧師からの推薦状という条件が撤廃された。

東京神学大学も激しい学園紛争を経験した。東京神学大学は、全共闘系、新左翼系の学生を排除し、「教会の神学」を教育の中心に据えるようになった。もちろん、洗礼条項、牧師の推薦状が受験資格から撤廃されることはなかった。

同志社大学神学部の卒業者で、ギリシア語がまったく読めない、教義学の基本知識があやしい者もでてくるようになった。ときには新約聖書を通読したことがないということを自慢げに語る神学生もでてきた。神学部の教授たちは、それはそれで仕方がないことと考え、キリスト教文化学という講座を設け、欧米文化としてのキリスト教に触れる美術や音楽の講義、あるいはユング派心理学の臨床研究、フィールドワークであいりん地区や被差別部落での社会活動の実習などに力を入れるようになり、神学部自体が文科系の総合学部のような雰囲気になってきた。試験はほとんど行われない。評価は学期末のレポートだけで行われるが、よほどひどい内容でない限り、単位はもらえた。

もっとも神学教師は、学生の能力と適性に応じて課題を与え、指導したので、「やる気」さえあれば、本格的に神学の知識を身につけることができた。わたしの指導教授は、組織神学（教義学）の緒方純雄教授で、授業やゼミとは別にいつも英語やドイツ語の神学書を読み、それについて報告せよという課題を与えられ、神学部と大学院の6年間でそうとう厳しい神学的訓練をうけた。それはその後の外交官生活、そして現在の作家生活において役に立っている。

学生運動活動家だった先輩の勧めで、わたしと大山君は、『プロテスト群像』に収録された神学部の学園紛争に関係する記録を読んだ。滝田君、米岡君もこの記録を読んだ。そして、何とも表現できない悲しさと羨《うらや》ましさを感じた。

そして4人で「リラ亭」に飲みに行った。

滝田君が、「あの頃は、学生と教師が本気でぶつかりあう根源的な信頼関係があったんだよな。いまの神学部では考えられない。何かふにゃふにゃしている」と言った。

米岡君がそれを受けて、「言葉が通じへんのや」と言った。

大山君は、「そうだな。教授たちも、俺たちも言葉を失っているよな。それに学生運動活動家たちの間でも、言葉が通じないもんなぁ」とためいきをついた。

しばらく4人はだまったままカウンターにとまっていた。

その話を聞いていた木村マスターが、「昔は神学部自治会の人たちと神学部の先生がよく一緒にここ(カウンター)にすわって議論していましたよ。そういえば、京大でも同志社でも、あのころ頑張っていた人で、大学に残った人たちはほとんど来なくなりましたね」と言った。

わたしが「なんでなんでしょう」と尋ねると、木村マスターは、「きっと居心地がよくないからなのでしょう」と答えた。

わたしは、「居心地」とはうまい表現だと思った。わたしが、「アザーワールド」に出入りするのも、それは居心地がいいからだ。しかし、コンクリートの壁のあの部屋の居心地がよいからではない。そこに集う大山君、滝田君、米岡君たちととりとめのない話をしたり、本を読んだり、酒を飲んだりするのが楽しいのだ。

わたしは、お喋りだが、みんなが沈黙しているときにそれを破る最初のひと言を発する勇気に欠ける。それが得意なのが滝田君だ。滝田君が、「おい佐藤、高橋和巳が同志社の神学部について、何か書いていたよな。あれについてどう思う」と言った。わたしは、「ああ、確か丸太町教会で神学生たちが造反を起こしたときの話だよね」と答えた。

高橋和巳は、青年信徒の造反について、「宗教・平和・革命」(『波』新潮社、1969年9・10合併号)という表題でのエッセイを書いた。書き出しはこうだ。

七月の末、新聞を通じて京都丸太町教会における青年信徒による〈造反〉が伝えられた。朝日新聞七月二十八日夕刊は、「教会にも造反の嵐」と題しておおむね次のように報じている。

二十七日の日曜礼拝の終り近く、約百人の信徒のうちの五、六人が「礼拝を討論集会に切替えよう」と呼びかけ、同教会牧師青野清氏以下約五十人が居残って討論を行った。問題提起者は「いまの教会には礼拝していればこと足りるという姿勢しかない。反安保の姿勢をはっきり示して教会は立上がるべきだ。イエス・キリストに本当に従うということがどういうことなのか、いってみなさい」と説教台のマイクをとり牧師を指さして自己批判を迫った。耳を傾けていた高校教師は「君たちのいうことは理解に苦しむ」と反撥し、中年の会社員は「十一年間、この教会に通っているが、説教を通して得たものはない。職場で反安保を主張すればたちまちのけ者にされる。私に力を与えてくれるのが教会ではないのか」といい返したりして、三時間に及ぶ熱っぽい討論が行われ、次の日曜礼拝のまえに団交を開くべく要求して解散した、と。なお同教会の門柱には「財団法人教会解体」と赤ペンキで大書した跡が消えやらず残っているという。

この事件は、いまのところは、日本の一地方の、一教会の紛糾にすぎないが、やがて全国的に、そして理念的には全世界のキリスト教教会に波及すべき問題性を孕《はら》んでいる。

高橋は、青年信徒の反乱に「全世界のキリスト教教会に波及すべき」どのような問題があると考えたのだろうか。

（『高橋和巳全集 第十一巻』河出書房新社、1978年、196～197頁）

◆高橋和巳が語った「祈願の体系」としての宗教

ひとつひとつの教会は、それ自体が小宇宙を形成する。京都の小さな教会の紛糾であっても、そこで提起された問題が人間の実存に触れるものならば「理念的には全世界のキリスト教教会に波及」するのだ。高橋和巳の洞察は正しい。

新聞の記事は、教会の祈祷《きとう》のうちに当然含まれる平和の祈願と反安保運動とを矛盾の焦点としてきわ立たせようとしすぎているという印象をあたえるが、しかし、その事が重大な争点の一つだったろうことには違いない。私は、のちにもしるすように反安保運動のこと以外からでも、〈造反〉は当然起るべきであったと考えるが、もう少し新聞にこだわれば、数日後の朝日新聞投書欄には、「〈造反〉は信仰の退廃」と題して投書が掲載され、「京都のキリスト教会の〈造反〉は、詩と信仰と神学を考える者にとって少なからぬショックであった。そして痛感することは、信仰の退廃もここまできたかということである」と慨歎している。

その人の論旨は、祈りこそ信仰の神髄であり、教会ないしは宗教的集会と国会とを混同してはならないということにある。もっとも肝要なこと、それは十字架に磔《はりつ》けられたキリストをのみ信ずる決断力である、と。（高橋前掲書、１９７頁）

祈りは確かに信仰の神髄だ。教会の礼拝と政治を混同してはならないという指摘は正しい。政治などという「小さな出来事」を超克する力を信仰はもっているからだ。しかし、「十字架に磔けられたキリストをのみ信ずる決断力である」についての投書者の認識は間違っている。キリスト教信仰は、人間の力で獲得するものではない。神によって一方的に与えられるものである。造反の中に神の意思が働いているか否かを考えることが信仰的良心から求められている。キリスト教を小市民的な文化として受け入れている人には、イエス・キリストの根源的破壊性が見えないのだ。人間によって作られた偶像（それには観念も含まれる）を破壊することが、信仰的良心によって、キリスト教徒に対して常に求められるのである。

高橋はキリスト教徒ではない。しかし、キリスト教信仰の本質を正確に理解している。それは、高橋の母親が天理教の熱心な信者で、宗教に帰依する者の内在的論理を高橋が皮膚感覚でとらえることができるからだ。

キリストをのみ信ずる決断力といったものが如何《いか》なるものか、私はその実態をつまびらかにしないが、少くとも若い世代の信徒から素朴にして本質的な質問がまさに礼拝時に提出されるということに関してアレルギー反応を起すべき理由はなにもないと感ぜられる。いやむしろ、こうした事件が起りうること自体が、キリスト教精神というものが、現代の思想や社会との不適応に身もだえしながらも、なお完全には死滅していない証拠であって、他の教団に先立って青年信徒の造反があったことを以《もっ》てむしろ名誉とすべきだと私は考える。

むろんこの事件は、いま全国の大学を席捲《せっけん》している学園闘争と関係がある。というのは単に問題提起者が、この教会と同じ系列に属するミッション・スクール同志社大学の神学部の学生であったということにあるのではない。学園闘争がそのうちに含む秀《すぐ》れて意識変革的な側面、つまりは建て前と実質、仮装と欺瞞の二面性の上に築かれてきた戦後の精神とその代表的な担当者およびその機関への本質的疑義提出という点で、その根を同じくするということである。私はつとにこのことを予想した。単に大学の教授層だけではない、病院の医者や教会の牧師、裁判所の判事や弁護士、そして新聞、雑誌、ラジオ、テレビなどに拠るジャーナリスト、更には芸術家にいたるまで、これまで世間より敬意を払われてほとんど批判されることのなかった知的階層全体に、必ずや同じ問いがかけられねばならず、でなければ学園闘争はその精神的な変革運動としての意味の大半を失う、と。また若い世代が群を成して牙をむき出すのを待つまでもなく、それぞれの分野で各人が、すすんで自らに設問するのでなければ、いま大学人が、自らの地位は守りえても、社会の信用を失墜し、学生から人間とし

て見はなされつつあるのと同じ憂目にあうこととなるだろう。（高橋前掲書、197〜198頁）

丸太町教会は、組合教会（会衆派）という同志社大学神学部の系統の教会だ。牧師見習いの含みももって常に何人か神学生がこの教会にいる。もちろん京都大学や立命館大学などからも教会に通っている大学生はいる。一般の学生でなく神学生から造反したところに意味がある。造反は、たとえ本人はキリスト教から離反したと思っていても、信仰的良心によってなされたことなのだ。

コペルニクス、ガリレオ以降の世界で、天上の神を想定することは、もはや無理である。そこで18世紀末から19世紀初頭に活躍したプロテスタント神学者フリードリヒ・シュライエルマッハー（1768〜1834）が、『宗教論』（1799年）で、「宗教の本質は、思惟でも行為でもなく、直観と感情である」（シュライエルマッヘル（シュライエルマッハー）『宗教論』佐野勝也・石井次郎訳、岩波文庫、1949年、49頁）という言説を展開し、神の場所を移動した。宗教の本質が直観と感情であるならば、神は天上ではなく心の中にいることになる。これで近代的世界像と神の場所の矛盾はなくなった。しかし、目に見えない心の中に神の場所を移してしまったため、人間の心理作用と神の境界線があいまいになってしまった。人間の願望についての表象を神と勘違いしてしまう危険が生じたのである。

神は、人間とは異質な存在だ。イエス・キリストを媒介項とする以外に、神と人間の間には具体的接点がない。神は人間にとって外部の存在なのである。この外部性は、この社会に、善意の人間がいくら努力してもふきだしてくる社会問題に直面するときに、逆説的な形で認識される。人間と人間の関係からつくりだされたにもかかわらず、ある種の問題は、人間の力によってては解決されない。この境界線に至ったときに、信仰に向けた「命がけの飛躍」が求められる。言い換えるならば、この境界線に至るまでは、人間的な努力によって解決を図るのだ。祈りによる飛躍をはじめにもってくるのはキリスト教の誤使用である。

高橋は、丸太町教会で起きた造反を、「戦後の精神とその代表的な担当者およびその機関への本質的疑義提出」ととらえる。

1980年代に入って、同志社大学神学部でわたし、大山君、滝田君、米岡君が感じたポスト・モダンの台頭による「大きな物語」の解体は、1960年代末の学園紛争期に起源をもつのだ。明確な目的意識をもった闘争ではなく、自己解体を追求した紛争であったからこそ大きな歴史的意味をもつ。この紛争によって、大学人、すなわち教師、学生、そして大学事務職員が、アトム（原子）的個体に解体され、やがて到来する新自由主義の受け皿をつくったのだ。

権威の解体について、高橋の見解をもう少し見てみよう。

考えてみれば、人間の存在とその内面の悪を極限まで追究しようとしたフォークナーすら、その作品の中では弁護士や医者は意外と贖罪《しょくざい》をもつ善玉の位置を占めていて、そしてそれが不思議ではなかったことを思い合せれば、こうした予想自体が、文学的にも驚くべきことといえる。懐疑をそこにまで伸長させて、はたして、心的な価値軸という意味での、究極的秩序は残るのかと懸念されもしよう。しかし、破壊即創造というバクーニンの信念は、むしろ知的な領域においてこそ訂正の要なく妥当する真実であって、それゆえに、これまで贖罪者や洞察者として崇敬されてきた存在も一たびは根こそぎの批判にさらすべきであり、そうすることによってのみ、行き詰っている人間の文明の活路もまたひらけるはずである。ところで、裁判官やジャーナリストなど他の領域の者のことはまた別に論ずるとして、今は京都丸太町教会でおこった事件にもう少しこだわり、その意味を考えてみたい。

礼拝という祈願の表現をとるとらないは別にして、人々が自らの内にかくありたい自己、こうあってほしい人間関係、その総和としてありうべき社会のイメージを持つことは意味的存在としての人間にとっては必須のことである。ただそれはそれ自体としては幻想にすぎないけれども、個人的な生甲斐《いきがい》から共同の倫理意識にいたるまでが、実はその夢想との相関によって形成される心的状態なのであって、それがなければ苦悩も存在せぬかわり、社会や歴史に参与しようとする気持も起りえないし、物ごとの善悪を判断する基盤もなくなってしまう。宗教はいわば、民族や個人がその苦難の歴史のうちに積みあげてきたそうした祈願の体系であり、その純粋な抽出体であるといってよい。

（高橋前掲書、１９８〜１９９頁）

高橋は、無政府主義者バクーニンの「破壊即創造」が正しいとする。解体ではなく、脱構築で、その後、時代に適応した新しい秩序が、内発的に生まれると考えている。従って、大学が解体された後も、知を取り扱う場所は残り、そこには独自の秩序があると考える。この可能性は決して幻想ではない。しかし、ひとたび解体され、アトム化した個体が、問題の解決をすべて市場における競争に委《ゆだ》ねると、そこにはどのような共同体も生まれない。

自己解体を行う場合、解体の力をはるかに凌駕《りようが》する構想力、平たい言葉でいうならば夢が必要なのだ。その夢は祈りから生まれるのである。高橋は歴史の根底を動かす「祈願の体系」の意味を正確に理解している。

高橋は祈願と価値判断を結びつける。

ところで、祈願がなければいかなる価値判断もありえないのだが、その祈願を礼拝という形式で表出し、祈願の最大公約数を教会という場で相互に確認しあい、幻想の共有からくる慰めや浄化意識を抱いて帰ってくることだけで、意味があるかというと、問題はまた異なってくる。いやそれだけでも、制約多く苦しみ多いこの世界においては充分の意味はあるけれども、そうした期待を懐いて集まってくる人々の前に立ち、苦悩の先駆者たる教祖の伝記や言説を解説し、礼拝の音頭をとることが聖職者の役目であるか、ということになると、なおさら不充分といわざるをえない。

なぜか。それは、あらゆる宗教はその教祖の精神において強烈な世直しの精神を孕んでいたはずのものであって、教会とは建物や目に見える空間のことではなく、その運動体を意味したはずであり、礼拝はいわば障害を打破する運動のその時々における誓約行為であったはずだからである。信仰というものが、たとえばキルケゴールの言うように、教会への喜捨や戒律の遵守であるよりもまず、キリストとの実存的な対面であるならば、キリスト者の任務はその歴史的時間を超える対面からえた啓示を、生き愛し死ぬそれぞれの限られた人生、歴史的時間と社会的空間の中に位置づけられた各個の存在にとってどういう意味をもつかを自ら問うことであったはずである。（高橋：前掲書、199頁）

教会は、いわば軍隊の作戦本部なのである。キリスト教徒は、イエス・キリストの戦士なので、教会外の戦いについて、毎週日曜日に集まって戦果報告と今後の作戦を行うのだ。礼拝によって、キリスト教徒の共通目標を再確認するのである。「教会とは建物や目に見える空間のことではなく、その運動体を意味したはずであり、礼拝はいわば障害を打破する運動のその時々における誓約行為であったはずだ」という高橋の指摘は、キリスト教に関する限り完全に正しい。

ただし、高橋が「祈願の体系」を平和に結びつけようとするときに、微妙な思考停止が起きる。

であるとすれば、たとえば平和ということも、正常時における大多数の正常な人々の祈願であるゆえに、何ら疑うことなく安堵《あんど》してそれを礼拝のうちに織込むだけでは不充分だということになる。ちょうど愛は、忍ぶ思いの胸のうちにあるとともに愛する人の為に尽した行為と思い遣りの総計であるごとく、平和もまた祈願であるとともに反戦ないしは平和維持のためになされた人々の具体的行為の総計としてある。

だからもし平和を求め追究することが、現存体制のあり方や意向と衝突するならば、その体制のあり方を改変することが、その追究の真実性を保証する。戦後の一時期、平和と革命は相互補完する概念であると人人に意識された。それまでの日本が、明治維新いらい、ひたすら富国強兵のために国家の体制をととのえ、あらゆる価値がその政治目標に従属させられ、あらゆる社会機構もその目的遂行を効率よくするために組織された。敗戦によって、否応なしに方向を転じなければならなくなったとき、それまでの富国強兵とは対立する平和がいわば自動的に新たな目標となったわけだが、目標がかわった以上、そのために形成されていた社会体制から人間の意識にいたるまでを大はばに変更せねばならなかったから、平和と革命はいわば同義語だった。新しい目標としての平和国家建設と、社会体制の改変とは、事柄としては同じことの両面だったからである。だが、いつしか平和と革命は乖離するものと意識されるようになった。その理由はいろいろに考えられるが、一つは国の経済的復興や再整備が、戦後変革の中でも生き残った変革を欲しない勢力によって推進されてしまったこと。そしてその立ちなおりの際に援助を乞うた嘗《かつ》ての戦勝国家に国民全体の関知せぬままに多くの足枷《あしかせ》をはめられてしまっていたこと。いま一つは、戦後平和運動を推進した政治的には左派に属する勢力に、検証し尽されたわけではない一つの神話があって、その神話が途中でくずれたこと、である。その神話とは簡単に言ってしまえば、社会主義体制にもとづく国家は、みずから立って戦争を他国にしかけることはないという信仰である。

（高橋前掲書、１９９～２００頁）

日本における平和の追求と追究に関する考察は、高橋なりの真摯《しんし》な思索の結果だ。特にその批判の射程がスターリン主義にまで伸びていることが重要だ。

◆宗教と文学の欺瞞性

ソ連が平和を愛好するというのは嘘だ。１９５６年のハンガリー動乱、１９６８年の「プラハの春」に対するソ連軍の軍事介入を見れば、そのことはわかる。しかし、日本のキリスト教徒はソ連の危険な本質を正面から見ようとしなかった。キリスト教にも平和運動があった。突き放して見るならば、この平和運動はソ連の世界戦略を補完する役割しか果たしていなかった。

わたしが研究しているヨゼフ・ルクル・フロマートカは、「キリスト者平和会議（ＣＰＣ：Christian Peace Conference）」の議長をつとめていた。そして、フロマートカの腹心のヤロスラフ・オンドラ（Jaroslav Ondra）が書記長をつとめていた。ふたりは１９６８年８月のソ連をはじめとするワルシャワ条約機構５カ国軍のチェコスロバキア侵攻に抵抗した。その結果、「キリスト者平和会議」は、侵攻反対派と賛成派に分裂した。フロマートカとオンドラは、「キリスト者平和会議」の活動から手を引いた。

この出来事は、日本のキリスト教平和運動にも影響を与えた。日本のキリスト教徒で、ソ連のチェコスロバキア侵攻を公然と支持する人はいなかった。しかし、アメリカ帝国主義と対峙する関係においてはソ連は平和愛好勢力なので、チェコスロバキアに対するソ連軍の侵攻には目をつぶるという少数派と、もはやソ連のひも付き平和運動から手を引くべきであるという多数派に分かれた。少数派は、ロシア正教会やキリスト者平和会議のプラハ本部から支援を受け、日本のキリスト教徒代表団をソ連、東欧に派遣したが、それは徐々に観光旅行団のようになっていった。多数派は、国際的規模での活動をやめ、国内の活動も消極的になっていき、わたしが神学生だった頃には、キリスト教平和運動は見る影もなかった。

同志社大学の学友会にも、「キリスト者平和の会」という団体があったが、キリスト教徒はひとりもおらず、この団体の予算に目をつけた新左翼運動の周辺にいる学生が、ときどき読書会をやっているというのが実態だった。１９６０年代にキリスト教平和運動に取り組んでいた青年キリスト教徒の情熱は、新左翼運動に吸収された。そして、新左翼運動が退潮するとともにどこかに消えてしまったのだ。

高橋和巳は、キリスト教平和運動の転換についてこう述べる。

苦しい戦中体験と敗戦体験にもとづく素朴な平和主義は、双方からのはさみ撃ちにあってその領域をせばめられ、しかも、その双方の虚偽によって腐蝕作用をうけ、いまや、それが祈願の体系であるだけでは何ら意味をもたなくなりはじめている。

多数の祈願に安住する代議的平和主義から、少数の覚醒にもとづく直接行動的な反戦運動へと、平和を追究するあり方は大きく転換せねばならなかったのは、当然であるといえる。そしてかつて人々が幻想した平和と変革の相補性を、そのどちらがよりよく担うかによって、単なる運動形態の状況的推移を超える正当性が賦与《ふよ》される、と私は考える。

京都の一教会における若年信徒の、討議提案や牧師追及は、ことを平和問題に限ってだけでも、こうした状況変化と問題意識の鮮明化がその背後に介在するのであって、ただ従来の、和気藹々《あいあい》とした礼拝の形式を破られたということで周章し怒るのは、およそことの本質からはずれた反応といわねばならない。「反安保の姿勢を」というやや性急な言葉にこだわれば一般信徒にとっては、宗教に範疇《はんちゅう》のことなる政治を、花園に土足で踏み込むように持ち込むものと印象されるかもしれない。しかし、教会の共同体的な祈願のなかに、個々の人の幸福や神の栄えとともに、この世の平和への希求が当然含まれている以上は、その教団の理念と存在理由の問題として、若い人々の問いは受けとられねばならないはずなのである。

（高橋前掲書、２００〜２０１頁）

もっとも平和を実現するための反戦闘争という問題設定は、「戦争を廃絶するための戦争」すなわち聖戦という結論を導きかねない。当時の急進的なキリスト教徒も高橋もこの危険に気づいているはずなのに、あえて目をつぶっている。

少し突き放して言うと、すべての問題を政治化するというあの時代の病理を、本来はきわめて非政治的であった青年キリスト教徒たちと高橋和巳は背負ってしまったのだ。高橋は、内面世界を政治化する必要についてこう述べる。

あるいは、宗教はつねに人間の内面を問題にしてきたのであり、外的にあらわれる諸行動は長い宗教史の過程においてむしろ副次的なものとなったと考える人もいるかもしれない。

そうであっていいと、私も思うが、であるならばまた、キリスト教教団に限らず、宗教がいまこそ為さねばならない緊急の課題があるといえる。というのは、敢えて大胆に言えば、徹底的な人間性の追究と認識の上に立った運動の組みかえである。たとえば、従来の平和運動は、ある錯覚の上に立っていた。人々はただ平穏無事であることに安息するという錯覚である。広島、長崎の被爆記念日における行事も、再びあやまちを繰返さずと誓い、永久の平和を我らにと合唱するわけだが、そもそも、人間には、内面にそれぞれのドラマがあって、人はそれぞれ希求する葛藤の中で自らを試し、あるいは闘うことによって生甲斐を感ずるものなのである。平穏無事、天国のような無風状態など人は本当は望んではいない。

（高橋前掲書、201頁）

キリスト教は、人間の内面的救済を説くものだという常識が、いかにキリスト教の本質から離れているかということを、神学生は、同志社に入って神学を半年くらい学んだところで理解するようになる。イエス・キリストは、人間の生活を内面と外面に分けたりしない。ひとりの人間の全体的変容と、これらの人間が作り出す社会の総体的変容を要求しているのである。従って、内面化した信仰を、政治を含む外面の行動でも明らかにするのは当然のことだ。同時に、忘れてならないのは、外面の行動から生まれる疎外をきちんと受け止めて、信仰的良心の問題として、内面でとらえ直すことである。ひとりのキリスト教徒の魂が、内部と外部をたえず移動することが信仰的良心の故に求められているのである。

高橋の母は天理教徒だ。その環境の中で育っているので、高橋は皮膚感覚で信仰の本質をとらえることができる。高橋は、キリスト教信仰の中心が十字架にあると考える。ルターに近い信仰理解だ。

キリストの十字架がなぜ人々の心をうつのか。それはキリスト教的精神のふくむドラマツルギーの集約的表現だからである。人々は、〈義〉のための闘いをむしろ欲しており、そこである役割を果しえたことの確認こそが至福なのである。平和ということの大切さは、その〈義〉のための闘いを、権力者に押しつけられるのではなく、各人が自ら選ぶことのできる必須の条件だからであり、且《か》つ〈義〉のための闘いに、いかなる観念よりも優先する各人の存在性を、毀傷《きしょう》したり抹殺しあったりせずにすむ条件だからでもある。

明治維新いらい、国家価値が先行し、権力のおしつけによって戦うことに慣らされてきた日本人の心性を、平和の中での義務に向けて生甲斐を感ずべく再構成せねばならない。平和は退屈な日常でも、絶対の目標でもなく、それ自体を壮大な人間のドラマと化すべき素材であり、手段であり、同時にまた条件である。そして、宗教——宗教にかぎらず人間の祈願に比重をおく精神的作業に果すべき固有の役割があるとすれば、その〈義〉のための闘いの雛《ひな》型《がた》を、あるいは感動を伴う表現を通じて、あるいは連帯感を生む運動を通じて模索することである。それを忘れては、教会には、単なる会議場としての意味しかない。

そういう意味では、デモ行進をしている群集の動き自体の中に、かえって無形の教会がその本来のかたちであることだってありうる。静かな祈祷の声を典雅なパイプ・オルガンの響きにではなく、喧騒をきわめる怒号や町街のギターの音の中に、かえって本来の教義が具現され、目に見えぬしかも動く伽藍《がらん》が築かれることもありうる。なぜなら、そこに、本来葛藤的存在である人間各人のドラマと、集団的存在としての人間のドラマツルギーとが、未整理、未分化のかたちながらそなわっているからである。そして、それが備わってさえいれば、次々と上程される法案に対する息せききった単純な政治的反対的行為であることを超えて、その運動が自立してゆく可能性がある。

（高橋前掲書、２０１～２０２頁）

キリスト教という「物語（ドラマツルギー）」が十字架におけるイエスの死に集約されているというのは、キリスト教を読み解く際のひとつの切り口だ。十字架に神の死、苦しみの全てが集約されている。十字架から「物語」を構成するならば、ルターが説いたように、悔い改めを中心とする信仰義認論に行き着く。実をいうとここから真の社会性はでてこない。デモに参加することも、物語の中で内面の救済を得るためになる。

キリスト教を十字架とは別の物語として読むことも可能だ。神が神の栄光を回復していく物語としてである。人間は、神によって「神の像」に似せてつくられた。しかし、人間は罪によって神の像を破壊した。この神の像を再創造するために神はイエス・キリストを派遣したのである。イエス・キリストは十字架につけられて死んだが、それは復活のために必要だったのだ。復活によって死と罪に対する神の勝利が明らかになった。それだからわれわれは、神の勝利を基礎に、神の栄光のために生きるのである。天国には神様のノートがある。そこで神はあらかじめ義とされる者を選んでいる。選ばれているという自覚のもとで積極的に、神の栄光のために人生を送るのだ。ここでは内面の救済などという人間の実存の問題は吹き飛ばされてしまう。わたしが考えるキリスト教は後者の方だ。もっとも十字架の解釈でも、神の栄光の解釈でも、首尾一貫した物語としてキリスト教を組み立てることができる。ここでどちらが正しいかという設問は意味をもたない。

高橋は、文学とキリスト教の関係について考察を進める。

私は宗教的人間ではなくて、文学の徒ではあるけれども、人間の祈願の、礼拝という表現形態のみならず、もろもろの事象を観想し認識することに比重をかける人間のあり方とその認識の言語表現という形式も深い疑問の投げかけられているこの困難な時代において、問いを投げかけられ、また自ら追究すべき課題において、牧師のそれと似通ったものを分有していると自覚する。

文学にも、またこれまで深く疑われることのなかった約定がある。教会に相当する文壇や、人々がその労働から解放される日曜日にのみ高鳴らす鐘の響きに相応するある性質もまた芸術という名において存在した。人々が、なんとなく認めている善男善女性によりかかることは、居心地のいいことであるように、芸術の本来的平和性という観念によりかかっていることとも気楽ではある。だがはたして本当にそうなのか。

知的欺瞞の暴露と、一たびの解体による再生。私はただ現代の意識変革運動が、大学のキャンパスを超えて拡まることを慶賀するのみではなく、その拡まりの一端として教会に問題が波及する際に避けえない牧師たちの苦渋を、その痛みを共有するものとして、慶賀する。

（高橋前掲書、２０２〜２０３頁）


高橋は、丸太町教会の牧師と、京都大学助教授である自らの存在を類比的にとらえている。「知的欺瞞の暴露と、一たびの解体による再生。私はただ現代の意識変革運動」をやり遂げる内在的な力が大学教師と牧師にあるのかを自問自答しているのだ。

わたしは水割りを一気に飲みほしてから、滝田君の方を振り向いてこう答えた。

「高橋和巳の『宗教・平和・革命』は読んだよ。まじめな考察だと思うけれど、どこかピンとこない」

「実は俺もそうなんだ。運動が思考を停止させることに高橋和巳は気づいているはずだ。それなのにあえてそこを見ないようにしている」と滝田君は言った。

「運動をすれば、未整理、未分化の形のドラマツルギーが形をあらわすというのは希望的観測に過ぎないと思う。むしろ運動をすればするほど混沌とし、その面倒くささを思考停止で誤魔化すことになる危険性の方が高いんじゃないだろうか」

大山君が、「俺も佐藤の言うとおりだと思う。運動をすることで、考えることから逃げてしまったらだめだ」と言った。

米岡君が、「それにしても、あのころの神学生たちは、真面目に人生を考えていたんやな。それが羨ましいわ」と言う。

確かにあれだけ激しいやりとりが神学生と神学教師の間であった。そこでは、神学教育とは何かが根源から問われた。また教会では、人間の救済とは何か、キリスト教信仰とは何かについて、青年信徒と牧師の間で激しいやりとりがあった。高橋和巳の魂を揺り動かす「何か」を1960年代末の神学生たちはもっていたのである。あれから10年しか経っていないのに、あの「何か」はどこに消えていってしまったのだろうかとその日は深夜の2時過ぎまで、ブラック・オーシャンの水割りを飲みながら4人で話をした。

第2章　同志社大学　神学部

◆野本教授の「愛のリアリティ」

わたしたちは、学生運動や青年キリスト教徒の異議申し立て運動を、そのまま十字架のドラマツルギーとしてとらえる高橋和巳の解釈に強い違和感を覚えた。高橋和巳は、新左翼系の学生運動に対して好意的だ。しかし、その好意にわたしたちは居心地が悪い感じがした。むしろ高橋和巳に、「政治言語では、人間の本質をとらえることができない」とか「学生運動の中にある思考停止に注意しろ」という神学生たちの学生運動に対する批判をわたしたちは期待していたのだ。

それとともに、わたしたちの間に、何とも表現できない苛立《いらだ》ちがつのってきた。10年前、1970年前後には、神学部の教授たちも団体交渉（大衆討論集会）であれだけ神学生に対して真剣に向かい合っていた。また、この前、「リラ亭」で会った神学部自治会の先輩の話を聞いても、神学教師たちと元学生運動活動家の間には、いまだに人間的な信頼関係がある。それが現在の神学部にはない。わたしたちの苛立ちは、かつて神学部教授会解体を唱えた造反教師である野本真也教授に対して向けられていった。

野本教授は、旧約聖書神学の分野で日本の第一人者と目されている人物だ。しかし、神学部、大学院を卒業した後、すぐに大学教師にはならず、牧師になった。その後、ドイツに留学して新約聖書神学で博士号をとった。ドイツの大学で神学の博士学位をとることは難しい。同志社の神学部でも、アメリカで博士学位を得た教授は何人もいたが、ドイツで博士学位をとったのは、野本氏がはじめてだった。その後、同志社大学神学部に旧約聖書担当の助教授として野本氏は招聘《しょうへい》された。もっとも野本氏の専門は、新約聖書の「ヘブライ人への手紙」であり、ヘブライ語や旧約聖書の知識は十分体得しているので、旧約聖書神学を教える力は十分にある。

それとともに野本教授は、賀茂教会の牧師をつとめていた。もっとも立派な教会堂があるわけではない。幼稚園の施設を用いて日曜日ごとに礼拝が行われるのだ。しかも幼稚園が夏休みの間は、教会も夏休みになる。神様に夏休みはないので、教会は年中無休のはずなのだが、この教会だけは例外だった。

神学部の教師は、基本的に牧師の資格をもっている。ただし、牧師の仕事は、礼拝だけでなく、信者の相談をきめ細かく聞いて適切なアドバイスを与えなくてはならないので、片手間にできることではない。従って、教会には専任の牧師がいて、神学教師はときどき教会で説教をするという事例が一般的だ。しかし、賀茂教会では野本氏がひとりで牧師をしている。神学教師は同時に牧師でなくてはならないという信念を強くもっているからだ。

野本氏の授業も評判がよかった。前に述べたように、神学部では、１回生のときの神学概論

1コマ（4単位）だけが必修だった。この担当が野本教授だった。こんな調子で授業が始まった。

「みなさんの中で、神様と会ったことがある人がいますか」

何人かが手を挙げた。わたしは挙げなかった。

「神様と会ったり、神様を見たという人で、ほんとうにそういう経験をした人は神学部ではなく、病院に行った方がいいです。精神科医の治療をきちんと受けないといけません。キリスト教の神は、人間の目に見えるような存在ではありません。われわれが神だと思ってイメージでとらえているものは、すべて、キリスト教がいう神ではありません。われわれ人間がとらえた偶像です。偶像崇拝はキリスト教で厳しく禁止されています」

こんな調子で、普通のキリスト教徒の常識を壊す形で授業を始めた。

野本教授の授業では、神という言葉がほとんどでてこない。そのかわりに「愛のリアリティ」という言葉がよくでてきた。愛を現実に感じることが、神を知るための道だというのである。そして、神の名前をむやみやたらに唱えてはならないと誡《いまし》めてこう言った。

「かつてのイスラエルでは、ヤーウェという神の名を唱えることは、原則として禁止されていました。1年に1回、エルサレムの神殿で大祭司が1回だけヤーウェと唱えるのです」

この話はとても印象に残った。神であれ革命であれ、その人間にとってほんとうに重要な事柄は、そう軽々に口に出すことはできない。野本教授のこの話を聞いてから、わたしには、ドストエフスキーの『罪と罰』や『カラマーゾフの兄弟』が胡散《うさん》臭く感じられるようになった。神とかキリストに対する信仰が過剰に表現されているからだ。信仰に対する過剰な表現は、逆に神やキリストに対する不信をあらわしている。

神学部に入って1カ月くらいのことだ。4月末から5月の大型連休が終わったくらいのところで、当時は毎年、数名の学生が「神学部の水が合わない」といって退学する。わたしも、神学部の水が合わなければ、埼玉の実家にもどってもう1年浪人生活を送ろうとおもっていた。しかし、そういうことにはならなかった。神学部の授業は実に面白かった。また、神学館2階の図書室に神学書、哲学書、歴史書が数十万冊も所蔵されているので、大型連休明けから、わたしは毎日、朝9時から午後4時まで、図書室に篭《こ》もって本を読むようになった。図書室が閉じた後は、大学の西門の向かい側にある喫茶店「わびすけ」で本を読む。「わびすけ」は、戦前、戦中は外食券食堂で、戦後すぐに喫茶店になったレトロな雰囲気の店だ。机も大きく、本とノートを広げ、閉店の午後9時までコーヒー1杯で居座っても文句を言われない。わたしにとってこの喫茶店が第2の読書室になった。

神学書の大部分は閉架図書だ。司書に頼めば書庫から本を取り出してくれる。本を図書室の外に持ち出すときは神学教師のサインが必要とされる。当時、わたしはアメリカのプロテスタント神学者ラインホルド・ニーバーの著作を読みあさっていた。その中に英文で『マルクス、エンゲルスの宗教について』(Karl Marx and Friedrich Engels; introduction by Reinhold Niebuhr, *On Religion*, New York : Schocken Books, 1964) という本があった。ニーバーの解説を読むと、この本のオリジナルは、モスクワのプログレス出版所から出た英文書ということだった。ソ連の宗教批判書が、アメリカの出版社から出て、一級の神学者が序文を付しているのが面白いと思い、「わびすけ」で読もうと思った。貸出票に記入したところに野本教授が入ってきた。わたしは、「サインが欲しいんです」といって貸出票を渡した。野本氏はボールペンでサインをしながら、「ニーバーがこんな本に序文を寄せているんですか」と言った。

わたしは、「モスクワ版の英書はもっているんですが、ニーバーの序文が読みたいのです」と答えた。

「佐藤君はニーバーに関心があるのですか」

「ニーバーよりもマルクス主義の無神論に関心があります」

「それならば、フォイエルバッハを読んだらいい。ここにフォイエルバッハの資料はかなり揃っています」

「フォイエルバッハの無神論は、マルクスによって超克されているのではないでしょうか」

「そうとも言えません。あなたは(フォイエルバッハの)『キリスト教の本質』を読みましたか」

「岩波文庫版を買いましたが、まだ読んでいません」

「あの本は是非読んでおいた方がいい。あそこで書かれている宗教批判はまさにその通りです」

「神学的にもそう考えていいのでしょうか」

「そうです。あそこでフォイエルバッハが批判している神は、キリスト教の神様ではありません。むしろ、フォイエルバッハが主張する人間の中に、神の伝統が含まれています。無神論や宗教批判に関心があるならば、フォイエルバッハをきちんと読むことです」

わたしは、野本教授の薦めに従って、岩波文庫の『キリスト教の本質』を読んだが、翻訳が古いためか、あまりピンとこなかった。

後で、野本教授にそのことを伝えた。野本教授からは次の返事が返ってきた。

「面白くないならば、無理をして読み進める必要はありません。いまのうちは、乱読、多読をすることが重要です。系統立てて本を読むことは、まだこの段階では考えない方がいいと思います。いまから専門分野を絞り込むと視野が狭くなってしまう。とにかく気になる本はすべて目を通しておくことです」

プロテスタント神学は、聖書神学、歴史神学、組織神学、実践神学の４分野によって成り立つ。わたしは、そのうち組織神学に関心をもった。組織神学は、教義学とキリスト教倫理にわかれる。わたしは、特に教義学に興味があった。教義学の担当は、緒方純雄教授だった。緒方教授は、わたしをとてもきめ細かく指導してくれた。当時の日本のプロテスタント神学界は、カール・バルトの弁証法神学の影響下で、教義学が営まれていた。しかし、緒方教授はバルトに対してきわめて批判的で、教科書は19世紀の初めにでたフリードリヒ・シュライエルマッハーの『神学通論』(Friedrich Schleiermacher, *Zur Darstellung des theologischen Studiums: zum Behuf einleitender Vorlesungen*, Halle, 1830) だった。緒方教授は、戦前にドイツ語を学んだ人々の特徴で、-erを「エル」とはっきり発音する。従って、原発音に近いシュライアマハーではなく、シュライエルマッヘルと言う。現代神学についてもドイツ系ではなく、スコットランドの神学を重視していた。組織神学はエコロジー問題と正面から取り組まなくてはならないというのが先生の考えだった。1980年代初頭は、まだ高度成長経済の残滓があったので、神学でも哲学でもエコロジーが本格的に取り扱われる状況ではなかった。

緒方教授は、1920年生まれだが、戦争には行かなかった。同志社に来るまでに紆余曲折があり、熊本の中学では、漢文の教師を殴って退学になっている。もっとも緒方教授の弁によれば、「漢文の教師がそばに寄ってきて、あまりに理不尽なことを言うので、もうやめてくれと、右腕を少し動かしただけだ」ということだ。退学になった後、一時期は、上海あたりを拳銃をもって遊び歩いていたこともあるそうだ。戦争に行かなかった理由について、緒方教授は「虚弱体質だったからだ」と言っていたが、当時は虚弱体質でも強く志願すれば、召集された。

キリスト教徒の良心として、極力、戦争に参加すべきではないという気持ちが強かったのだと思う。太平洋戦争が終わると、すぐに長崎の教会に牧師として赴任した。そして、そこで結婚した。緒方先生の奥様は被爆者だ。緒方先生夫妻は反核運動に積極的に取り組んでいた。

　緒方教授が弁証法神学を嫌っている理由はどこにあるのだろうと思い、同志社大学神学部の紀要『基督教研究』をみてみると、助教授時代にはバルトに関する論文を多数書いている。もちろんバルトに対して好意的だ。どこで、緒方教授のバルト観は変わってしまったのか。2回生の夏休みに緒方先生に三条河原町のビアホールで、ビールを奢《おご》ってもらったときに勇気を出して聞いたことがある。

「僕自身でも、よく整理できていないんですよ」と緒方教授は言った。

「しかし、先生、現代の教義学はバルトの影響下にあるんじゃないでしょうか。プロテスタント神学だけでなく、カトリック神学にしてもそうです。第二バチカン公会議をはじめたローマ教皇ヨハネス23世もバルトの影響を受けているのではないでしょうか」

「それはそうです。それだから、バルトには危険があるのです。佐藤君は、バルトが『神学はもっとも美しい学問だ』と言ったことについてどう思いますか」

「……」

「僕は、神学を美学と結びつけることには危険があると思います。神学は、もっと人間的で、ドロドロしたものじゃないといけない」

「どういう意味でしょうか。よくわかりません」

「バルト神学は、あまりにもよくできすぎているのです。神学とは、バルトのように整合性がとれた学問であってはならないのです。それに教義学という発想自体が間違っている」

「どういうことですか」

「教義、つまりドグマ（Dogma）とは、教会が定めた絶対に正しい真理のことです。カトリック教会にはこのような教義がある。それに対して、プロテスタント教会は、絶対に正しい教義などは存在しないというところから出発しなくてはならないと僕は思うんです」

「それでは、プロテスタント神学には、教義ではなくて、何があるんですか」

「教理です。ドグマの複数形のドグメン（Dogmen）です。それぞれの教会や神学者が、時代的、地理的、能力的制約の中で、正しいと信じた教理が複数存在するのが、プロテスタント神学の特徴です。僕は教義学を担当しているけれど、教義学という表現は正しくなく、ほんとうは教理学と言い換えるべきだと思うのです」

「しかし、バルトがいう教義も、そのような多元性を含んでいるのではないでしょうか。少なくともバルト自身はそのような説明をしています」

「佐藤君は（バルトの主著である）『教会教義学』をどこまで読みましたか」

「第四巻創造論第三部の倫理の部分しか読んでいません」

「『教会教義学』は、全体をきちんと読んでおく必要があります。特に僕は、あなたが読んでいる倫理より前の創造論第一部、第二部を読んで違和感を覚えました。神の啓示一本だけで、自然の意味をまったく認めないのは、おかしいというよりも危険です。バルトがいう多元性にしても、『実は自分が絶対に正しいが、お前もいつかはわかるだろうから、間違えた考えをもっていてもとりあえず見逃してやる』という傲慢な考えに基づいているのではないでしょうか。どうもそんな気がして仕方がないのです」

そこから緒方教授の20世紀の弁証法神学から19世紀の自由主義神学への回帰が始まったのである。

◆緒方教授の「政治における固有の悪」

緒方純雄教授の研究室は、神学館４階の北側にある。一応、セントラルヒーティングがなされているが、北側の研究室は寒いので、ガスストーブが入っている。ストーブを囲んで、緒方教授の指導を何回か受けたことがある。

「新しい神学館ができて、研究室の割り当てがあったとき、僕は北側を希望したのです」

「どうしてですか。冬、寒いじゃないですか」

「寒いのは平気です。ここから北山が見えるでしょう。僕は山が好きなんです。若い頃は神学生や教会の青年たちと一緒によく山に登ったが、いまはそういうこともなくなりました」と緒方教授は淋しそうに言った。

緒方教授は物静かで、激しい言葉で他人を非難したりしない。神学部の現状に対しては、何か淋しさを感じているようだった。ただし、学問的には厳しかった。大学の授業では組織神学の概論を習ったが、教科書は前に述べたフリードリヒ・シュライエルマッハーの『神学通論』だった。カントやヘーゲルを消化していないと理解できない難しい書物である。19世紀前半のドイツ語圏におけるプロテスタント神学部の標準的教科書だが、150年前の神学生たちはこんな難しい教育を受けていたのかと驚いた。

緒方教授からは、「大学院の演習に参加しませんか」と誘われ、2回生のときからは、学部だけでなく大学院にも顔を出すようになった。カトリック神学者、ハンス・キュンクの講読を中心に、現代カトリック神学について、緒方教授が詳しい解説をした。

1978年にポーランド人のローマ教皇（法王）ヨハネ・パウロ2世が生まれた。東欧社会主義国から初の教皇が生まれたということは世界的な話題になった。ヨハネ・パウロ2世は、全体主義に対して批判的なリベラルな教皇であるというのが、マスメディアでの受け止めだったが、緒方先生の見方は違った。

「佐藤君、カトリック教会の内部でたいへんな変動が起きています。教理的な締め付けが厳しくなっている。去年（１９７９年）テュービンゲン大学カトリック神学部のハンス・キュンク教授がバチカンの教理聖省に呼び出され、聴聞を受けました」

「教理聖省とは何ですか。初めて聞きました」

「昔の異端審問所です。明らかにヨハネ・パウロ２世の意向を反映しています」

「バチカン（ローマ教皇庁）は、キュンク教授の学説の何を問題にしたのですか」

「教皇無謬《むびゅう》説に、キュンク教授が疑義を呈したことです」

教皇無謬説とは、ローマ教皇が、教皇の立場で表明した教義と倫理に関する言説は絶対に正しいというカトリック教会の公式の立場である。しかし、この教義が定められたのは１８６９～１８７０年の第一バチカン公会議のときなので比較的遅い。カトリック教会でも、公言はしないものの教皇無謬説に対する批判をもつ神父や神学者はかなりいる。キュンクはカトリック教会内部で、プロテスタント、正教、さらにユダヤ教、仏教などとの対話を積極的に推進するエキュメニカル（教会再一致）派の神学者と見られていた。聡明で慎重なので、カトリック教会のドグマ（教義）の枠組みは踏み外さないで神学的活動を行っていた。

教理聖省における聴聞の結果は、「有罪」だった。ローマ教皇庁は、「ハンス・キュンク教授の学説は、カトリック教会の規範的教えに則していない」という声明を発表した。平たく言えば、「キュンクがカトリック神学部で教鞭をとることは認められない」という意味だ。キュンクは、教会の決定に従ってテューービンゲン大学カトリック神学部の教授職を辞した。もっとも同大学のプロテスタント神学部で講義を行うようになった。ドイツではカトリック神学部とプロテスタント神学部の交流が進んでおり、単位の互換制度もあるので、キュンクを慕うカトリックの神学生たちは、プロテスタント神学部で続けて講義を聴くようになった。

日本の神学者は、カトリック教会で内紛が起きていることには気づいていたが、それが大きな意味をもつものとは考えなかった。しかし、緒方教授は違った。

「バチカンの大きな戦略があるように思えます。共産圏におけるカトリック教会の巻き返しを図っているのだと思います。そのためには、カトリック教会の指揮命令系統を明確にしておかなくてはならない。それだから教皇の無謬性に疑念を唱える潮流をいまのうちに潰しておかなくてはならないと考えているのでしょう」

「しかし、緒方先生、キュンクの主張はカトリック教会のヒエラルキー（位階制）を破壊するような性格を帯びていません。ベルギーのシーレベック教授の主張と変わらない。無謬性でカトリック神学が硬直し、他の宗派や社会に対して閉ざされた姿勢を取ると教会の力が弱くなるという観点からの批判です。1962〜1965年の第二バチカン公会議の路線にキュンクは立っています」

「まさにポイントはそこでしょう。ヨハネス23世がはじめた改革路線の軌道修正をヨハネ・パウロ2世は考えているのだと思います。それだから第二バチカン公会議の神学者であるハンス・キュンクを叩き潰しておく必要がある。同様な神学的論理を展開しているシーレベックについては、教理聖省が聴聞だけをし、放置しておく。この方が教会の権威を高めることができます」

「どういうことですか。よくわかりません」

「『この線を越えれば処罰される』という教理聖省のガイドラインが明確になれば、神学者はその線のぎりぎりのところでいろいろな知恵を働かせて、教皇庁の権威に対して挑みます。これに対して、同じことを主張してもキュンクは処分され、シーレベックはお咎《とが》めなしということになると、神学者たちは教皇庁上層部の恣意《しい》を恐れることになります。この恐れの感覚をもたせることが重要です」

「というと、これは単なる神学論争ではないのですね」

「そうです。これは政治です。もっとも深刻な神学論争はつねに政治と絡みます」と緒方教授は答えた。

カトリック神学には幅がある。ヨハネ・パウロ2世の神学的立場はかなり保守的だ。もっともこれは、ソ連・東欧で社会主義政権と緊張関係にあるカトリック教会においては、自然な現象である。これに対して、中南米では、社会主義革命を志向する「解放の神学」が存在する。どうして単一の教会にこれだけ異なった思想潮流が存在するのだろうか。緒方教授は、「カトリック教会は組織が強いから、個々の神学者の自由を保障することができるのです」という。わたしは、「カトリック教会の強さの源泉は、ローマ教皇を頂点とするヒエラルキーになるのでしょうか」と尋ねた。緒方教授は、「ヒエラルキーはひとつの要素です。しかし、それだけではない。カトリック教会の自然観が重要です」と答えた。

「自然ですか」とわたしは問い返した。

緒方教授は、「現代のプロテスタント神学は、バルトの影響で自然を軽視している。これは間違いだと思います。ただし、イングランドやスコットランドでは、常に自然を重視する神学が営まれていました。そこからもっと学ぶ必要があると僕は考えるのです」と答えた。

キリスト教は、神による啓示を重視する。啓示は、神からの絶対的な命令で、人間の実存を破壊する力がある。啓示によって神が上から人間に介入した場合、人間はそれに服従するか、反抗するか、いずれかの選択しかできない。啓示の重要性については、カトリック、プロテスタント、正教のいずれもが認める。

それと同時に、キリスト教の理解では、神がこの世界を創った。そうすると神が創った自然には、神の意思が働いていると考えることができる。従って、神の意思を人間が自然から読み取ることができるという考え方ができる。このような考え方から自然神学が生まれる。カトリック神学、正教神学において自然神学は大きな位置を占める。

プロテスタント神学において、自然神学の位置づけはさまざまだ。例えば、エミール・ブルンナーは自然神学に積極的意義を付与する。これに対して、バルトやフロマートカは自然神学を拒否する。自然の中に神の意思を読み込むということで、人間が恣意的に自らの願望を自然の中で読み込んでしまい、偶像崇拝に陥ってしまう危険があると考えたからだ。わたしは、バルトの考え方に惹《ひ》かれていたので、「自然神学に積極的意義を見出《みいだ》すとナチス流の血と土地の神話にキリスト教を解消する危険があるのではないか」と尋ねた。

緒方教授は、「必ずしもそうではありません。要は自然の内容をどのようにとらえるかということです。自然に、血と土地を読み込んでいくと確かにナチズムになる。逆に、自然法思想に基づいた人権を読み込むと、ナチズムに対する抵抗の思想となります。ドイツのカトリック教徒のナチスに対する抵抗運動は、カトリックの自然神学に基づいたものです」と述べた。

わたしは、「カール・バルトは、ナチス・ドイツに対抗する告白教会の中心となったので、弁証法神学による啓示中心の発想が抵抗運動の基本になったという理解は間違っているのでしょうか」と尋ねた。

緒方教授は、少し考えてからこう言った。

「確かに、(教会のナチズムに抵抗する)ドイツ教会闘争におけるバルトの役割は大きい。しかし、弁証法神学自体は、バルトのような反ナチスの傾向をとったものだけではないことを忘れてはなりません」

「どういうことですか」

「フリードリヒ・ゴーガルテンの神学が重要です。戦前、日本でもゴーガルテンの『我は三一の神を信ず』の邦訳がでています。ゴーガルテンは、弁証法神学の内容を、バルトよりも的確に表すことに成功した神学者です。1930年代にナチスに接近し、キリスト教会からユダヤ人を排斥する『ドイツ・キリスト者』運動の中心的神学者になりました。戦後は、世俗化による無神論的傾向を神学は積極的に評価すべきであるという急進的立場をとった。ゴーガルテンの軌跡に、弁証法神学の危険さが現れていると思います」

「緒方先生は、バルトにもゴーガルテンと同じような危険性があると思うのですか」

「そういうことではありません。しかし、バルトのナチズムに対する姿勢は、そもそもバルトが社会民主主義者であることから生じているので、弁証法神学と直接結びつけて考えることは適当でないかもしれません」

「どういうことですか」

「神学から、政治的に具体的指針を導き出すことはできないような気がするのです。政治には根源的な悪がある。それは悪魔的なものといってよいと思うのです。ナチズムのような政治だけでなく、それに抵抗する政治運動にも固有の悪がある。神学の課題は、この固有の悪を見つめていくことだと思うのです」

緒方先生は、遠くの方を見つめながらそう言った。

わたしには、緒方教授が言う「政治における固有の悪」という言葉は、何となく心に引っかかったが、それがもつ深い意味を理解するまでにはもう少し時間がかかった。

神学部の教授の中で、「政治における固有の悪」を強調するもうひとりの先生がいた。歴史神学を担当する藤代泰三教授だ。藤代教授は、緒方教授より少し年上で、戦時中は予備士官として、九十九里《くじゅうくり》浜で本土決戦に備えていたという。ちょうど19世紀のプロテスタンティズムが、18世紀の啓蒙主義の影響をどう克服したかについての演習を行っており、滝田敏幸君が、初期ヘーゲルのキリスト教理解について説明したときのことだった。滝田君はヘーゲルの初期の著作『キリスト教精神とその運命』において、ヘーゲルの思想がカントから離れて弁証法的になったという発表をした。藤代教授は、滝田君の発表自体は「よく調べています」と肯定的に評価したが、それに続いて、こう言った。

「みなさんは弁証法という考え方についてどう思いますか」

「……」

「僕は弁証法という考え方は、とても気をつけなくてはならないと思うんです。特に弁証法と政治や国家を結びつけると面倒なことになる」

「それはマルクス主義のことを指しているのでしょうか」とわたしが尋ねた。

「いや、マルクス主義のことではありません。もっと根源的にヘーゲルの弁証法について考えなくてはなりません。弁証法という考え方の中に、人間の思考を停止させる恐ろしいものがある。ですから、神学と弁証法を結合させることについては、慎重でなくてはなりません」

この授業には、わたし、滝田君の他、神学部の学生運動活動家である大山修司君、米岡啓司君、その他1～2名が出席していた。藤代教授は、わたしたち学生運動活動家に伝えたいことがあるようだった。

「皆さんは田邊元《たなべはじめ》という哲学者の名前を聞いたことがありますか」

「京都大学の哲学の先生ですね。西田幾多郎の弟子だった」

「そうです。田邊元の『歴史的現実』という本を読んだことがありますか」と藤代先生は尋ねた。

◆田邊元『歴史的現実』

神学部の教師たちから、読書の作法について教えられたことがある。背伸びをしてもよいが、読んだことのない本について「読んだ」と嘘をついてはいけないという作法だ。神学や哲学の知識が欠如していたり、神学生として、当然読んでいるはずの本を読んでいないと、確かに恥ずかしい。しかし、それを隠さず、正直に「知りません」「まだ読んでいません」と答えるところから、新たに学習する必然性を感じるようになる。

藤代泰三先生から、田邊元の『歴史的現実』を読んだことがあるかと聞かれ、講義にでていた学生は全員「いいえ」と答えた。藤代先生は、「佐藤君も読んだことがありませんか」と尋ねたので、わたしは、「田邊元の名前だけは知っています。西田幾多郎と並ぶ京都学派の代表的哲学者ですよね」と答えた。

藤代先生は、目を少し細めてから、こう言った。

「そうそう。ああいう本が人気をもたなくなっただけでも、いまの時代はよいのだと思います」

「どういう本なのですか」と滝田君が尋ねた。

「田邊さんは、戦争が始まる直前に『歴史的現実』という本を出しています。京大で学生を相手に行った連続講演の記録です。個々人の生命は有限だが、悠久の大義に殉ずるならば、個々人の生命は国家の中で永遠に生きることになると説きました」

「要するに、『国のために死ね』ということですね」とわたしが茶々を入れた。

「そうそう。佐藤君の言うとおりです。そして、学徒出陣で出征した兵士たちは『歴史的現実』をポケットに入れて、何度も読み返し、死に備えたのです」

「特攻隊に志願した学徒兵たちもこの本を読んだのですか」と滝田君が尋ねた。

藤代先生は、「そうです」と言って、少し沈黙した後に、こう続けた。

「この田邊さんは、戦後、『よく考えてみたら、私は間違っていた。日本には懺悔という素晴らしい伝統がある』といって、今度は『懺悔道としての哲学』という本を書いて、これも大ベストセラーになりました」

「汚ねえな」と大山君が吐き捨てるように言った。

「田邊元は弁証法を実に巧みに使いました。田邊哲学はヘーゲル弁証法の延長線上にあります。しかし、物事はそう簡単に総合されるものではありません。ヘーゲルの弁証法はまやかしです。皆さんには、カントの『純粋理性批判』をきちんと読んだ後にヘーゲルと取り組むことを勧めます。カントを抜きにしたヘーゲルは危険です」

神学生には、カント・ファンとヘーゲル・ファンがいる。わたしは、カントよりもヘーゲルに圧倒的に惹かれているので、反論したいと思ったが、『歴史的現実』を読んでいないので、何も言うことができなかった。

授業が終わると、早速、河原町今出川の交差点にある古本屋に行って、『歴史的現実』を探した。この古本屋は、神学書や哲学書が揃っているが、値段が高い。特に戦前に出て、戦後は絶版となっている書籍の値段が高い。京都学派の本が集まっている書棚に、

田邊元『歴史的現実』岩波書店

と書いた小冊子を見つけた。本文はわずか１０９頁だ。だいぶ大きな活字で組まれている。藤代先生から連続講演の記録と聞いて、もっと厚い本を想定していたので意外だった。

奥付を見ると、「昭和十五年六月十日印刷、昭和十五年六月十五日第一刷発行、昭和十五年十一月五日第四刷発行」と記されている。５カ月弱で４回も版を重ねているので、ベストセラーだったことは間違いない。

鉛筆で２０００円と書き込まれている。高いと思ったが、どうしても読みたいので買った。わたしは、鞄にこの本を入れ、この古本屋から3分くらいの寺町今出川の喫茶店「ワールドコーヒー」に入った。普段、本を読む喫茶店は、下宿のそばの「グッドマン・ハギタ」か、同志社大学西門向かいにある「わびすけ」だが、そのときは急いで『歴史的現実』を読みたくなったので、「ワールドコーヒー」に入った。この店のブレンドコーヒーは、ブラジルとモカを混ぜてつくっているので、適度の酸味とこくがある。コーヒーを飲みながら『歴史的現実』の頁をめくった。

はしがきに京都帝国大学学生課の名で、「本書の印税は挙げて先生の御意思に副《そ》ふやう奨学資金にあてる事になつて居る。／なほ岩波書店は前記の趣旨に賛意を表し、並々ならぬ援助を与へられた。／学生課は田邊先生に、教学局に、又岩波書店に対し、茲《ここ》に厚き感謝を捧げるものである。」（田邊元『歴史的現実』岩波書店、1940年、1～2頁）と書かれている。

藤代先生の話を聞いて、田邊元については嫌な印象を抱いたが、ベストセラー本の印税を全額、学生のための奨学金に提供していることを知り、印象が変わった。

本を読み進めていくうちに、ヘーゲルというよりもハイデガーの存在論と近いことを田邊元は考えているという印象をわたしは受けた。特に過去のしがらみと、未来の理念の双方からのベクトルがぶつかる緊張の中に現在があるという時間理解はその通りだと思った。

喫茶店には3時間くらいいたであろうか。『歴史的現実』を読了した。読後感はあまりよくなかった。最後に、藤代先生が指摘した「悠久の大義」、田邊元の言葉では、「歴史に於て永遠に参与する立場」がでてきたからだ。田邊元はこう強調する。

兎《と》に角《かく》先にも述べました様に、歴史は時間が永遠に触れる所に成り立つのであり我々個人はそれぞれの時代に永遠と触れて居る。個人は国家を通して人類の文化の建設に参与する事によつて永遠に繋《つな》がる事が出来るのである。今日我々の置かれて居る非常時に於ては、多くの人が平生忘れてゐた死の問題にどうしても現実に直面しなければならぬ。皆さんのやうに一朝召される時は銃をとつて戦場に立たねばならぬ若い人々はもとより、私共のやうな銃後の非戦闘民と雖《いえど》も、今日の戦争に於ては生命の危険を免かれる事が出来ない。死は考へまいとしても考へざるを得ない真剣な問題となる。そこで生死の問題を、歴史に於て永遠に参与する立場から考へる事がどうしても必要である。併《しか》しこの問題の解決は時間及び歴史の構造に就いて御話した事から既に暗示されてゐると云《い》へる。即ち我々が生きてゐる事が死につつある事なのである。善悪と同じく生死は離れてゐるものでない。我々は唯《ただ》生きて居ると考へるから死を恐れるのであるが、死は始終実は生にくつついてゐるのである。生の中に少しも死がはひらず、その生の流れが途切れて死に来るのならば死は問題にならない筈《はず》である。死が問題になるのは死に於て生きつつあると共に、生に於て死に関係してゐるからである。私は明日死ぬかも来年死ぬかも分らない。私が死ぬ事は決つてゐる。唯何時《いつ》死ぬかは不定である。永生といふ事が単に死なないといふことならば、それは我々に問題となる事が出来ない。ところで我々が死に対して自由になる即ち永遠に触れる事によつて生死を超越するといふのはどういふ事かといふと、それは自己が自ら進んで人間は死に於て生きるのであるといふ事を真実として体認し、自らの意志を以て死に於ける生を遂行する事に外ならない。その事は決して死なない事ではなく、却《かえっ》て死を媒介にして生きることにより生死の対立を超え、生死に拘《こだわ》らない立場に立つといふ事である。具体的にいへば歴史に於て個人が国家を通して人類的な立場に永遠なるものを建設すべく身を捧げる事が生死を越える事である。自ら進んで自由に死ぬ事によつて死を超越する事の外に、死を越える道は考へられない。

（田邊前掲書、107〜109頁）

確かに、藤代先生が言うとおり、田邊元の言説の実践的帰結は「国のために死ね」ということになる。同時に、田邊元の論理には、キリスト教の死生観にもつながる魅力がある。田邊元は、「死に対して自由になる即ち永遠に触れる事によつて生死を超越する」という。キリスト教も、神のひとり子であるイエス・キリストと出会うことにより、永遠に触れ、キリスト教徒は生死を超越することになると説いているのではないだろうか。イエス・キリストのために殉教することは肯定的に評価されるのに、国家のために命を捧げてはいけないのはなぜなのだろうか。わたしはよくわからなくなってきた。

田邊元の『歴史的現実』は、大山君、滝田君、米岡君にも強い衝撃を与えたようだ。藤代先生の講義からしばらくの間、わたしたちは「リラ亭」やアザーワールドで飲んでいるときも、『歴史的現実』の話ばかりした。

大山君が、「田邊元の話は、どこか根本的なところで、間違っていると思う。しかし、それがどこかうまく説明できない。ぼんやりとした印象論になってしまうが、本質的なところで田邊元は自分が置かれている状況について考えていないのだと思う。田邊元がこの講演をしたとき、日本は、朝鮮や満州を植民地として支配していた。また、中国に対して侵略戦争を行っていた。そういう自分の客観的な状況をあえて見ていないような気がする」と言った。

滝田君がその話を受けて、「大山の指摘は重要だし、正しいと思う。それとともに田邊元は少しずつ議論をすり替えているところがある。召集されて、現地で銃をもって直接戦う将兵と、後方の日本にいて空襲による大学教授の死は、本質的に異なる話だよ。それをあえて混同して、死のインフレーションを起こしているような気がする」と言った。わたしは、「死のインフレーションというのは面白い着眼だ」と応答した。

米岡君が、「俺は、大山とも滝田とも違った印象をもっている。このオッサンは、『生死を超える』とか『生死を超越する』とか言っているけれど、ほんとうにそのことを信じているのだろうか。本心では超越的な存在を信じておらず、死んだらそれですべてが終わりになると考えているんじゃないだろうか。何か本質的なところで胡散臭い感じがするんだ」と言った。

わたしは、「とにかく問題は、僕たちが弁証法をどうとらえるかということだ。きちんとヘーゲルを読んでみようと思うが、どうだろうか」と3人の意見を聞いた。3人ともヘーゲルを勉強することには賛成した。大山君が、「佐藤はヘーゲルのどの本をみんなで読み進めたらよいと思うか」と尋ねたので、わたしは、「初期の著作だけど、『キリスト教精神とその運命』がよいと思う」と答えた。

同志社大学学生会館の会議室を借りて、わたしたちはヘーゲルの『キリスト教精神とその運命』の読書会を5、6回行った。神学部の常任委員以外の神学部生や大学院生も読書会に加わった。わたしがチューターをつとめたが、ヘーゲルの弁証法と田邊元の『歴史的現実』はよく似た認識をしているという印象を受けた。ヘーゲルを読み進めるうちに理念と現実のつなぎ方について、ヘーゲルも田邊元も短絡的な感じがした。

わたしが大学3回生、1981年の秋のことと記憶している。藤代先生の演習に、わたしたち4人しか出席しなかった日があった。授業の終わりがけに、藤代先生が、「みなさん、お腹がすいていませんか。僕は昼を食べなかったので、これから中華を食べに行こうと思うんですけど、一緒に行きませんか」と誘われた。神学教師の方から学生を食事に誘うときは、99%の確率で、支払いは教師が行う。わたしたちは、「よろこんで行きます」と答えた。

大学の西門のすぐそばに学生がよく使う「東天紅」という大衆中華レストランがある。藤代先生は、西門ではなく正門の方に歩いていく。わたしたちを「東天紅」で奢ってくれるのかと思ったが、そうではないようだ。藤代先生は、「タクシー2台に分乗しましょう。私学会館の前で降りてください」という。私学会館は、京都御所の西側にある。わたしは、「私学会館に中華レストランはないので、洋食でも奢ってくれるのかな」と思った。私学会館の前で降りると、藤代先生は、「こっち、こっち」と言って、隣のビルにわたしたちを招いた。そこには高級な門構えの中華レストランがあった。わたしたちは、いずれもジーンズ姿なので、高級レストランに入るのに気後れしていると、藤代先生は、「学生なんだから、遠慮しないで来なさい」と言った。

ボーイがわたしたちを白いテーブルクロスがかかった丸テーブルに案内する。藤代先生は、「まず、ビールにしますか」と言った。藤代先生はピューリタン的な敬虔《けいけん》主義者なので、アルコール類は一切口にしない。その先生が学生にビールを勧めるので、わたしたちは驚いた。

藤代先生は、「学園紛争以降、10年以上経ちましたが、僕たち教師と学生が、本音で話をする機会が神学部ではなくなってしまいました。あなたたちは神学部自治会の活動をとても一生懸命やっていると同時に、僕の授業にも本気で取り組んでいる。いちどおいしい物でも食べながら、ゆっくり話をしたいと思っていました」と言った。

わたしたちより数年先輩の神学部自治会の元活動家や、社会問題に取り組んでいる牧師たちは、藤代先生や緒方先生たちのことを「反動教授」といって嫌っていた。しかし、わたし、大山君、滝田君、米岡君の4人はこのふたりの「反動教授」になついていた。このふたりの神学教師から伝統的な教会史や教義学の講義を聞くと、いにしえからキリスト教の世界に流れている「何か」をつかむことができるような気がしたからだ。

◆藤代泰三教授の復活宣言

わたしたちが、早いピッチでビールを飲み、ほろ酔い加減になって、侃々諤々《かんかんがくがく》の議論をしているのを藤代先生が笑いながらながめている。

酔った勢いで滝田君が、「先生も軍隊に行っていますよね。この前、田邊元を批判しておられましたが、先生も『歴史的現実』を読んで、国のために死のうと考えたのですか」と尋ねた。

『歴史的現実』は読みました。しかし、そこから強い影響は受けなかった。あのわかりやすさの中に、何かまやかしがあると思った」と藤代先生は答えた。そして、一息置いてからこう続けた。

「国のために死のうとは思いませんでした。ただいつ死ぬのか。玉砕するのか。そのとき自分は何を考えて死ぬのだろうか。そんなことばかり考えていました」

「良心的兵役拒否については考えませんでしたか」とわたしが尋ねた。

「まったく考えませんでした。兵隊に取られるのは当たり前のことだと思っていた。そして、いつ死ぬのかということばかり考えていた」

藤代先生は目を細めて、遠い昔を思い出しているようだった。

芝海老のチリソース炒めや、肉団子の甘酢あんかけがでてきた。実においしい。藤代先生は、「みなさんビールだけでなく、もう少し強いお酒も飲みませんか。日本酒や老酒《ラオチュー》を注文しましょう」と言った。わたしたちは、遠慮なく先生の好意に甘えた。

滝田君が、「先生は全然、お酒を飲まないのに、おいしいお酒についてよく知っていますね」と尋ねた。

すると先生は、子供時代、父親が毎日のように酒を飲み、また、レストランにもよく連れていかれたので、そのときの記憶が残っているのだと言った。

滝田君が、「先生のお父さんは何をしていたんですか」と尋ねた。

藤代先生は、「株屋だった。僕は東京の日本橋で育った」と答えた。

意外な回答に、わたし、大山君、滝田君、米岡君は顔を見合わせた。

「驚いたでしょう」と藤代先生は言い、こう続けた。

「僕の親父は、やり手の株屋だったのです。生活も派手だった。その反動からか、僕は子供の頃から、派手な生活が嫌いだった。どういうわけでかよくわからないんですが、父は僕を青山学院の小学校に入れたのです。そこで僕はキリスト教に触れました。そのことはいまでも父に感謝している。中学生になってからも、経済にはまったく関心をもつことはできなかった。僕は牧師になりたいと思って、同志社の門を叩いたのだけれど、父は反対しませんでした。株の切った張ったの世界で、息子が生きていくことにならず、少しほっとしていたようです。中華料理屋にも父に連れられてよくいきました。その頃食べたおいしいもののことはよく覚えています」

「何で青山学院の神学科に進まずに同志社を選んだのですか」と大山君が尋ねた。

「当時、同志社の（文学部）神学科だけが、専門学校ではなく、大学の学科として認められていた。教授陣も優秀だったからです。青山学院は新約聖書研究では優れていたが、僕は歴史神学を勉強したかったのです。特にルターを勉強したかった。当時の同志社は、魚木忠一《うおきただいち》先生が宗教改革史を教えていたので、とても魅力があったのです」

そういえば、藤代先生も魚木教授が『日本基督教の精神的伝統』で展開したキリスト教を類型としてとらえる方法論を踏襲している。

「当時の同志社は、古代・中世キリスト教史が有賀鐵太郎先生、宗教改革史・近現代キリスト教史が魚木忠一先生で、歴史神学の黄金時代でしたね」とわたしが言った。

「有賀先生は、（東京の）府立一中（現都立日比谷高校）を優秀な成績で卒業した秀才です。本来は、一高から東京帝大に進むはずだったのですが、牧師になろうと思った。有賀先生のお父さんは、貿易商で、イスラム教徒だった」

「えっ、当時、日本にイスラム教徒がいたのですか」とわたしたち4人は声を揃えて藤代先生に問い返した。

「珍しいけれどもいましたよ。特に貿易に従事する人にはときどきいた。その方がイスラム商人と取り引きするときに有利になるからです。それから、アジアの解放ということで、イスラム教徒と共鳴する部分があった。有賀先生は、イスラム教では救済が得られないと考えたのだと思います。それでキリスト教徒になった。人柄はいい先生です。ただ、時局に乗るのも上手だった。一時期はムッソリーニにとても惚《ほ》れ込んでファッショ・キリスト教徒運動を始めようなんて言っていた。戦時中は、将校が着る軍服のような国民服を着て講義をしていました。

これに対して、魚木先生は、小柄でとても地味な人でした。松山の出身で、小学校を出た後、はんこ屋の丁稚奉公に出された。そのときにキリスト教に触れて、牧師になりたくなって同志社に入ったのです。周りと較べても、かなり年をとってから神学生になりました。もっともはんこ屋さんでの丁稚奉公は無駄にならなかった。魚木先生が鉄筆でガリ版に書いた教材は、活字のようでとても読みやすかった」

そう言って藤代先生は笑った。

「僕が戦争から帰ってくると、有賀先生はアメリカナイズされた民主主義者になっていた。パリッとした背広に着替えていました。そして、京都大学文学部に招聘されてキリスト教学科の初代講座長になった。

魚木先生は、戦後になってもよれよれの国民服を着て『みなさん、日本精神は……』なんていう調子で、戦時中とまったく変わらない授業をしていました。地味な先生でした」

「藤代先生は、魚木先生の流れを継承しているんですね」とわたしが言った。

「僕も地味ですから。ただ真面目な話で、魚木先生の神学を継承したいと思っているのは事実です。そして、魚木先生が歴史について、日本について考えたことを、みなさんにも考えて欲しいという想いを僕がもっていることも事実です」と藤代先生は言った。

この話を聞きながら、藤代先生は学園紛争の時代にも、こういう調子で学生運動活動家たちに対処したのだと思った。こういう応対をしていれば、反動教授というレッテルが貼られるのが、当時の学生運動の相場観からすれば当然のことだと思った。そう言えば、神学部自治会の先輩は、藤代先生のことを「プーさん」と呼んでいた。「クマのプーさん」からとったあだ名だ。少し、頭の回転が鈍いという揶揄した響きがある。

「先生、軍隊ではクリスチャンだからと言っていじめられませんでしたか」と滝田君が尋ねた。

「軍隊では、内務班で、毎日のように殴られました。特に初日に何も知らずに一番風呂に入ってしまった。『藤代、貴様、初年兵でありながら、一番風呂に入るとはたいした度胸だな』と言われ、半殺しにされました。こんなところにいたら、殴られるだけで、何もよいことはないと思い、幹部候補生を志願しました」

「軍隊に聖書を持っていきましたか」とわたしが尋ねた。

「もちろん持っていきました。ただ、天、地と小口が赤く塗られている聖書だったので『赤の本を持ってきた』と難癖をつけられると困ると思い、墨で黒く塗りました。入隊の荷物検査のときに、『藤代、貴様は耶蘇《やそ》か？』と尋ねられ、『はい』と答えたら、それですみました。学徒兵が幹部候補生を志願すると、消灯時間後に勉強時間が与えられるのです。その時間を使って毎日聖書を読みました。ああいう環境だと聖書のテキストがとてもお腹に入るんですね」と藤代先生は言った。目を細めて昔のことを思い出しているようだった。

「幹部候補生試験はそれほど難しくはありません。僕は豊橋の陸軍予備士官学校に送られた。そこでは、毎日、乗馬のとても厳しい訓練が行われました。内腿がすれて血が噴き出してくる。それから、馬というのはとても頭がいい動物なんです。しかも軍馬は意地が悪いところがある。新米の幹部候補生が来ると、馬がわざと暴れたりして、人間をからかうんです。１年に満たない教育を受けた後、小隊長になって部隊に配置されました」

「中国に渡ったんですか」と滝田君が尋ねた。

「僕の父は、徴兵で満州に行き、シベリアで抑留されました」と大山君が言った。

「僕は大山君のお父さんのような苦労はしませんでした。小隊長として、九十九里浜に配置されました」

「僕は千葉の出身なんですけれど、九十九里浜は、車で１時間もかからないので、よく泳ぎに行きました」と滝田君が言った。

「九十九里浜の海岸に穴を掘って、米軍の上陸に備えていました。小隊には三八式歩兵銃が1丁しかない。あとはシャベルの先を尖《とが》らせて、上陸してくる米兵と白兵戦を展開するつもりでした」

「それで勝てると思ったんですか」と滝田君が尋ねた。

「勝つとか負けるとかいうことは考えませんでした。ただ、前にも言ったように、いつ玉砕するのか、いつ死ぬのかとそのことばかりを考えていました。夜になると、B29の編隊が頭上を飛んでいくのです。もし、九十九里浜に爆弾を落としていけば、瞬時に僕たちは全滅するなと思っていました。死ぬ瞬間に僕は何を考えるだろうかというようなことが、いつも頭の中に浮かんでくるんです。

1945年8月15日の玉音放送で、戦争は終わりました。ただ、神学部の同級生で、寮も一緒だった親友の大木清君が満州で戦死した。何日も泣きました。そして、大木君の分まで僕は一生懸命、神学を勉強しようと思ったのです。

ほんとうはキリスト教徒も戦争にそうとう積極的に協力したのですが、そのことは戦後、不問に付された。戦後、新大学制度に移行するときに同志社大学文学部神学科から、同志社大学神学部に昇格した。英語、ドイツ語の神学書がたくさん送られてくるようになった。宣教団（ミッション）からの奨学金も充実していました。僕は、占領下に神学を学ぶためにシカゴ神学校に留学したのです。まだ、日本が独立を回復していないんで、正式のパスポートではなく、GHQ（連合国総司令部）が発行した書類をもって、船で渡米しました。

まだ戦争の傷が癒えてないので、教会で初老の女性から、『息子は沖縄で日本兵に殺された』と詰め寄られたこともあります。しかし、概してアメリカ人は親切でした。奨学金が少なく、本をたくさん買いたかったので、キャンディー工場でアルバイトをしました」

こういう調子で、藤代先生は、自分史について、わたしたちに淡々と語った。

その話を聞き終えたところで、「いまの神学部についてどう思いますか」と滝田君が尋ねた。

すると藤代先生の目が一瞬光った。

「実は、今日はその話をしたいと思ったのです」

わたしたちは少し身構えた。

「僕は最近、神学教師としての責任を果たしていないように思えてきたのです。学園紛争で、神学部の教授たちはやる気を失ってしまった。神学部にかつての信仰共同体という雰囲気はなくなってしまった。キリスト教の洗礼を受けていない学生が過半数です。学園紛争後、僕は自分の研究だけして、授業はその分野について調べたことを話せばいいと思ってきました。試験も一切行わず、学年末にレポートを1通書いてもらうことで、学生に対してかかる負担も最小限になるようにしていた。昔の神学部は徹底した詰め込み教育で、学生に自由に考えたり、読書をする余裕を与えなかった。しかし、それが最近、僕はいまの放任教育が間違いではないかと思うようになった。

僕は同志社にあと5年くらいしかいません。みなさんたち神学部自治会で活躍している学生諸君も僕の授業を聞いてくれるようになった。それに対して、僕はほんとうにみなさんが必要とする知識を伝達することができているのだろうか。そのことについて、本気で反省しているんです」

「いや、先生の授業は面白いですよ。僕たちは十分、満足しています」と滝田君が答えた。

「みなさんが僕と真剣に向かい合ってくれることにはとても感謝しています。ただ、僕はほんとうに反省しているんです。学園紛争のあの憂鬱な出来事の後、僕はどれだけ真剣に神学部のことや、学生たちのことを考えていたのかと自問しているんです。

来年から、授業を少し厳しくしようと思っているんです。幸い、教科書として『キリスト教史』をまとめたので、これに沿って授業をして、毎時間、課題を2題出そうと思うのです。それについて、半年ごとに試験をする。キリスト教史の客観的な知識を身につけてもらうために僕としてももう少し努力しようと思っているのです」

「知識を詰め込むことが学生にとってどういう意味をもつのでしょうか」とわたしは尋ねた。

「知識のための知識には意味がありません。しかし、知識を詰め込むことによって、歴史を解釈する方法を身につけることができる」

「歴史を解釈する方法とは、どういうことですか」と滝田君が尋ねた。

「それは相互連関について知ることです」

相互連関とは何を意味するのだろうか。わたしたち4人の学生は顔を見合わせた。

◆藤代教授の「主観主義キリスト教精神史」

藤代先生は、わたしたちに「キリスト教精神史について考えたことがありますか」と質《ただ》した。

滝田君が、「ヘーゲルの絶対精神のようなものでしょうか」と答えた。

藤代先生は、「いや、僕は、ヘーゲルの絶対精神では、ほんとうの精神の動きはわからないと思うんです。ヘーゲルにはシュライエルマッハーのような、人間に対する深い洞察がありません。みなさんはディルタイを読んだことがありますか」と尋ねた。

わたしが、『世界観の研究』は読みました。世界観を哲学の基本に据えるのはマルクス主義と一緒ですが、個人的体験を重視するところが、主観主義のように思えます」と答えた。

藤代先生は、「佐藤君は唯物史観の側から世界観を見ているから、そういう解釈になるのです」と前置きしてから、1時間くらいかけて歴史の見方について、自分の考えを率直に述べた。

要旨はこんな感じだった。

歴史は、ひじょうに複雑な相互連関をなしている。政治、経済、社会、文化、宗教がそれぞれ複雑にからみあって、歴史はできている。これらの現象の主体は人間だ。政治も経済も文化もすべて人間によって営まれている。従って、歴史とは、人間の相互連関を言い換えたものだ。この場合、どのように影響力がなく、無力と思われる人間も、歴史を構成する主体であることを忘れてはならない。ひとりの人間を無視するような歴史はもはや、ほんとうの歴史ではないのである。

このような世界観としての歴史理解は、イエス・キリストに根拠づけられる。イエスは、ただのひとりの人間もおろそかにしなかった。ここに歴史の原形がある。

ただし、われわれの思考は近代主義に冒されてしまった。そのために歴史の原形をとらえることができなくなってしまったのだ。

ここで、「どうしてわれわれは、歴史の原形をとらえることができなくなってしまったのでしょうか」と藤代先生が質した。

滝田君が、「理性を理性が適用できない分野に不当に拡張したからでしょうか」と答えた。

藤代先生は、「そうそう」とうなずいて説明を続けた。

近代の学問は理性に基づいて構築されている。従って、歴史も理性によって分析し、解明すべきであるということになる。これが実証主義の立場だ。しかし、人間は決して理性だけで動く存在ではない。人間は物質的であるとともに精神的である。また、人間は、身体、理性、感情、意志をもつ存在だ。そのどれかひとつを突出させて考えることは誤りだ。キリスト教精神史は、ひと言でいうと信仰を中心になされる解釈の歴史なのである。

藤代先生は、「今日はもうこれくらいにして、後は授業で続きの話をしましょう」と言った。

そして、デザートにゴマ団子をとってくれた。もちろん支払いは、藤代先生がした。先生は、中華レストランを出た烏丸通りでタクシーを拾った。

わたしたちは、話し足りないし、飲み足りないので、タクシーを拾って三条河原町に出て、「リラ亭」を訪れた。そして、ブラック・オーシャンの水割りを速いピッチで何杯かあおって、あれこれ議論をした。

藤代先生、緒方先生は、太平洋戦争中に神学部の前身である文学部神学科で、神学を勉強した。当時、プロテスタントの合同教会である日本基督教団は、戦争遂行のため、全力をあげて国家に協力した。しかし、日本社会はキリスト教徒を「非国民」の予備軍であると考えていた。教会の礼拝に出席する日本人もほとんどいなくなった。特に戦局がきわめて不利になり、日本の敗北が確実になった状況で日曜日ごと欠かさずに礼拝に参加したのは、朝鮮人キリスト教徒だったという証言を牧師たちから聞いた。そのせいか、戦争を経験した牧師は、韓国のキリスト教に対して、畏敬《いけい》の念と負い目がまざった複雑な感情をもっている。朴正熙元大統領、全《チョン》斗煥《ドファン》大統領のもとで、韓国のキリスト教徒が投獄をおそれずに展開している民主化運動を牧師たちは支援している。京都では、韓国の民主化闘争を支援している学生キリスト教徒もかなりいる。韓国の「民衆の神学」は、日本の神学生にとって、人気のあるテーマだ。

神学部自治会も韓国の政治犯解放運動に積極的にコミットしている。大山君は頻繁に韓国を訪れている。韓国の民主化運動活動家とも人脈を構築している。しかし、大山君自身、根源的なところで、韓国の民主化運動活動家とズレがあることを感じ始めている。

「今日、藤代先生の話を聞いて思ったんだけれど、俺たちは根源的なところから、もう一度、考え直さなくてはいけないのかもしれない」と滝田君が言った。

「俺もそう思っていたんだ」と大山君が言った。

「考え直すと言っても、どこから始めたらよいのだろうか」と米岡君が言った。

わたしが、「ふたつの方向から考え直す必要があると思う。第一は、マルクス主義についてだ。もっと根源的なところから考え直さなくてはいけない。僕たちは日共（日本共産党）のスターリニズムを批判するけれど、新左翼諸党派にも、党を絶対化し、思考を停止するスターリニスト的体質があるじゃないか。それから、韓国の民主化闘争については、誰もが熱心に取り組んでいるが、北朝鮮の状況について、僕らは思考停止に陥っているのではないだろうか。もう少し、勇気をもって、根源的に思考する必要があると思う」と言った。

それを聞いて、滝田君が、「そうだよな。藤代先生は根源的なところから考えている。藤代先生にしても、緒方先生にしても、文字通り、戦争で死ぬことを意識して、とにかく自分の人生の意味を探究しようと思って神学部で勉強したんだよな。俺たちも、年寄り教授たちと同じくらいの緊張感をもたないといけないよな」とつぶやいた。

「僕は宇野経済学は基本的に正しいと考えている。ただし、もっと根源的に考えてみたいと思う」とわたしは言った。

「どう根源的に考えてみるんだ」と滝田君が尋ねた。

「宇野経済学を成り立たせている宇野経済哲学について考えてみたい。理論と実践という形で、宇野が提起している問題だ。宇野の場合、要は革命を起こそうとする動機は、唯物史観によって、いわば外部からの信念という形で、接《つ》ぎ木されている。ただし、接ぎ木だが、経済学とかすかにつながる構成になっている」

「佐藤の問題意識は、革マル派の黒田寛一が展開する宇野経済学方法論批判とかなり重なるんじゃないだろうか」と大山君が言った。

「確かに、重なるかもしれない。しかし、黒田寛一の場合、梯明秀《かけはしあきひで》の経済哲学をはさむことによって、むしろ梯経済哲学によって、宇野理論を包み込もうとしている。僕はまったく逆のことを考えている」

「どういう方向性を考えているのか」と滝田君が尋ねた。

「宇野経済哲学を新カント派として整理する。理論と実践を完全に切り離す。資本主義の基本メカニズムの分析は、実証主義の問題として整理する。そうすれば、実践への動機づけは、どのようなイデオロギーだってもってくることができる」

「かなり乱暴な整理だな」と大山君が言った。

「確かに乱暴な整理だが、そうしておく必要があると思う。そこから、第2の方向が見出されることになると思うからだ」とわたしは言った。

「第2の方向に何をもってくるつもりだ」と滝田君が尋ねた。

「よい質問だ。ぼくはそこのところにバルトやフロマートカから学んでいる神学倫理を押し込みたいと思っているんだ。うまくいくかどうかはよくわからないけれど、試してみる価値があると思う」

その日は、午前2時過ぎまで、リラ亭に腰を落ち着け、4人でウイスキーを3本くらい空けた。店の外に出たら、足がもつれてよく歩くことができない。タクシーを拾って、同志社の正門に乗りつけた。守衛のおじさんに挨拶して、通用門を開けてキャンパスに入った。4人とも酔いが回っている。左右にふらふら揺れながら歩くので、なかなか神学館に行き着かない。神学館に着くとわたしたちは非常階段に向かった。２階の非常階段のノブをひねると扉が開いた。神学館は夜10時になると鍵が閉められ、翌朝８時までは出入りができないことになっている。しかし、わたしたちは神学館２階の神学部図書室の非常扉の鍵にちょっとした細工をして、非常階段側から、いつでも開けることができるようにしていた。真っ暗な図書室を手探りで進んでいく。図書室の入口の扉はオートロックになっている。内側からわたしたちが扉を開けても、痕跡が残らずに扉を閉ざすことができる。

そして、図書室隣の不法占拠部屋「アザーワールド」の扉を開けた。部屋の中には布団と寝袋がある。４人は倒れ込むようにして、布団の上に横たわった。

翌朝、９時前に目が覚めた。「アザーワールド」にやってきたのは午前3時少し前のはずだ。だいぶアルコールを摂取したはずだが、二日酔いにはなっていない。滝田君、大山君、米岡君の３人は死んだように寝ている。この様子では、恐らく夕方まで蘇生しないだろう。

明徳館地下の生協食堂が８時半から開いているので、わたしは、そこに行ってコーヒーを飲んだ。猛烈に勉強がしたくなった。９時から神学部の図書室があく。そこで、ディルタイの著作集を読んでみようと思った。コーヒーを飲み終え、神学部の図書室に入った。「確か藤代先生が解釈学について、教科書でかなり踏み込んだことを言っていた」という記憶がよみがえってきた。神学部の参考書用本棚に並んでいる藤代先生の『キリスト教史』をとりだした。藤代先生が述べた相互連関については、序論の冒頭に書いてあった。それに続いて解釈学に関する考察が記されている。

実証主義に立つ史学においては史料の取り扱い、すなわち史料の収集や選択や批判や解釈には理性だけで十分であろうが、精神科学としての歴史学の研究には理性だけではきわめて不十分であって、身体・理性・意志・感情・信仰をもつ人間の主体においてこの作業にあたらなければならないと考える。このような作業は、ディルタイのいう体験・表現・追体験（了解）による解釈によってのみ可能で、史料に表現されている体験を研究者主体が追体験し理解しなければならない（『ディルタイ全集』第七巻、および拙稿「ディルタイの解釈学（Ⅰ）」『基研』四一巻二号）。ここに史学方法論における重要な、個と全体、特殊性と普遍性、独自性と同一性の問題の解決のかぎが存する。解釈学は、まず史料の言語学的、歴史的（政治、経済、社会、文化的等）分析を徹底的にしたあとで、その史料を解釈するのである。従って解釈学において理性の使用が除外されているのではなく、理性を駆使し徹底的に理性によって史料を分析することも含まれている。

（藤代泰三『キリスト教史』日本ＹＭＣＡ同盟出版部、１９７９年、４～５頁）

昨日、中華料理を食べながら藤代先生が説明していたことの意味が、明確になってきた。キリスト教史も歴史研究である以上、実証性に反した言説を構築することはできない。しかし、史料研究に甘んじるのではなく、そこから大胆な解釈をすることを藤代先生は説く。「その見方は主観的だ」という批判を恐れてはならないのである。解釈は何のために行われるのであろうか？　キリスト教は救済宗教だ。それだから、人間の救済という目的にかなう形で解釈が行われる。藤代先生はこう続ける。

複雑な歴史総体を解釈すること、すなわちその意味をとらえる歴史研究には、研究者主体の世界観なり人生観なり価値観がはいってくるが、これなくしては歴史解釈は成りたたない。私はキリスト教精神史は、キリスト教信仰に立脚する身体的理性的意志的感情的人間がかかわる歴史に関する研究といった。従ってキリスト教精神史研究には、その前提としてキリスト教信仰が要請されるわけである。しかしここで注意したいことは、キリスト教以外の宗教を信仰する者も、キリスト教精神史に展開される史実とその解釈に信仰のアナロギアすなわち信仰の類推によって接近しうるであろうし、キリスト教精神史の理解も可能になってくるであろうということである。そしてこのことはキリスト教徒が他宗教、例えば仏教を理解する場合にもいえることなのであり、そうであればこそ、のちに述べるキリスト教精神史におけるアジア類型のなかの一つとしての日本類型の成立が可能になるのである。

（藤代前掲書、５頁）

藤代先生は、歴史研究に、研究者の世界観や人生観を加えることを全面的に肯定している。

文学部の歴史学科で、このような方法論を唱えたら、「それじゃ学問でなく、随想だ」と言われ、入口で相手にされなくなってしまうだろう。キリスト教精神史が、人間の救済という視座から構成されているので、このような方法論になるのだ。藤代先生の方法論は、言葉の根源的意味において神学的なのである。

ところで、ここに突然でてきた「信仰のアナロギア」とは何を意味するのであろうか？　どのようにすれば異なる信仰間でアナロギアが成立するのだろうか？　それから、「信仰のアナロギア」とキリスト教精神史における「類型」の成立にはどのような論理連関があるのだろうか。この短い説明ではわからない。わたしは頭をひねった。

◆アナロジーで考える

アナロギアは、日本語では類比とか類推と訳される。これだけでは何のことかよくわからない。例えば、中学の理科の時間を思い出してみよう。分子によって気体が成り立っていることを示すためにビリヤード球を用いることがときどきある。ビリヤード球の集合という形で、気体の性質について教科書で説明している。

現実の気体の分子を肉眼で見ることはできない。実際にビリヤード球から空気ができているのではない。本来、まったく関係のないビリヤード球で気体を説明するという方法がアナロジーなのである。

藤代泰三先生だけでなく、緒方純雄先生、野本真也先生もアナロジーという言葉をよく使った。

大学院1回生、1983年春、緒方先生の演習でのことだ。学部時代と違って、組織神学の授業や演習は、英語やドイツ語の神学書を読み解くことが中心になった。

ハンス・キュンクやユルゲン・モルトマンなどの難解なテキストをつかって、かなり細かい議論をした後、緒方先生が、「こんどは少し荒っぽいけれど、もう少し、人生の現場にでてから役に立つことをやりましょう」と言って、わたしたちに「来週のゼミまでに松浪信三郎さんの『死の思索』を読んできなさい」と指示した。岩波新書から出たこの本は、神学や哲学を専攻する学生の間で、当時、評判になっていた。しかし、新書のような簡単に読むことができる本を大学院の演習で使おうとする緒方先生の意図がわたしにはよくわからなかった。

「なぜ新書本を演習で使うのですか」とわたしはたずねた。

緒方先生は、「確かに新書本で高校生でもわかるような表現になっていますが、内容はとても高度です。難しい内容をわかりやすく書いているので、この本を演習で扱う意味があると思います」と言った。

そして、緒方先生は、「佐藤君、よい機会だから、アナロジーの観点からこの本について検討してみてください」

「アナロジーといっても、何についてのアナロジーでしょうか」

「どれでもいいですが、そうですね、死についてと、プネウマ（霊）について、アナロジーの観点から考えておいてください」

緒方先生が「考えておいてください」ということは、来週の授業ではわたしが中心になって発表をしなくてはならないということだ。両方とも難しい課題だが、「できません」と答えるのは嫌だったので、「はい。努力してみます」と答えた。

日本人にとって、プネウマはとてもわかりにくい概念だ。日本語には、霊魂という言葉がある。ヨーロッパ人に霊魂といっても、その意味がよくわからないと思う。ギリシア語、英語、ドイツ語、ロシア語でも霊と魂を区別するからだ。霊は、いまあげた言語の順番で、*πνευμα*（プネウマ）、spirit（スピリット）、Geist（ガイスト）、дух（ドゥーフ）で、魂は*ψυχη*（プシュケー）、soul（ソウル）、Seele（ゼーレ）、душа（ドゥシャー）である。

霊は、命の源泉となる目に見えない力を指す。ユダヤ教、キリスト教では、神が人間に霊（息）を吹き込んだので、人間は命を得たのである。

主なる神が地と天を造られたとき、地上にはまだ野の木も、野の草も生えていなかった。

主なる神が地上に雨をお送りにならなかったからである。また土を耕す人もいなかった。
しかし、水が地下から湧き出て、土の面《おもて》をすべて潤した。主なる神は、土（アダマ）の塵《ちり》で人（アダム）を形づくり、その鼻に命の息を吹き入れられた。人はこうして生きる者となった。

（「創世記」第2章4〜7節）

他の動物と異なり人間は神の吹き込まれた息によって特権的な身分を占めている。それだから、自然を管理し、動物を支配することができるのである。これに対して、仏教の場合、動物と人間の霊の間に本質的差異はない。それだから、人間と動物の間で輪廻転生が起きるのだ。大雑把に言って、人間の命の原理をプネウマ（霊）と考えればよい。人間が吸ったり吐いたりする息がプネウマであると古代人、中世人は考えたのである。

これに対して、プシュケー（魂）は目に見えない人間の個性のことである。目に見えなくても個性が実在すると、近代よりも前の人々は考えたのである。そこで、肉体から霊と魂が離れることができるという理解に立てば死はそれほど恐ろしいことではなくなる。

松浪は、ソクラテスの死生観をこの視座から次のように整理している。

私（註＊ソクラテス）は、第一に、あの世の、知恵ある善良な神々のもとへ行けるということ、つぎに、いまは亡き優れた人々のもとへ行けるということ、このことを信じているからこそ、死をいやがらないでいられるのだ。

哲学いいかえれば愛知にたずさわっている者は、つね日ごろ、死ぬこと、死者であることを、稽古しているのである。一生のあいだ、そのための稽古をしてきた死が、いざやってくるというのに、いやがるなどとは奇妙なことだ。

死ぬとは、霊魂が身体から解放されることである。死者であるとは、身体が霊魂から離れてそれだけとなり、霊魂が身体から離れてそれだけとなる、ということである。

飲食や衣服や装いなど、身体的な快楽を求めることは、愛知者にふさわしくない。愛知者は、身体とのかかわりあいから、自分の霊魂をできるだけ解き放つ者である。いわば、死者も同然である。

霊魂が真理に触れることができるのは、思考することにおいてである。霊魂が最もよく思考することができるのは、霊魂が感覚や快楽や苦痛にわずらわされず、身体と訣別し、自分ひとりになって、実在をめざすときである。


（松浪信三郎『死の思索』岩波新書、1983年、30〜31頁）

この考え方は、キリスト教神学の立場からすれば、きわめて危険である。キリスト教は人間の身体のよみがえりを信じる。身体とプネウマ、プシュケーを切り離すことができないのである。人間はひとたび死ねば身体は滅びる。そうなると、霊と魂はどうなってしまうのだろうか。恐らく、眠ってしまうのである。そして、最後の審判で、身体とともにその人間の霊と魂もよみがえるのだ。

しかし、キリスト教神学は、ギリシア哲学を援用して理論化を行った。そのために霊魂不滅説のようなキリスト教の救済観と相容《あいい》れない要素がキリスト教に混入してしまったのである。

このような発表をわたしは行った。

緒方先生は、「とりあえず、そのまとめでいいでしょう。それではプネウマについて述べてください」と言った。

松浪はプネウマについてこう整理する。

ギリシア語でプネウマというのは、もともと「いき」「いぶき」「気」という意味をもつ語であり、そのかぎりで、いのちの根原すなわち生命原理を指し示す語でもある。また、プネウマは「風」「空気」という意味にも用いられる。ラテン語で、これに相当するのはスピリツスという語であるが、これが近代の英語でスピリット、フランス語でエスプリとなり、われわれの国語ではこれに「精神」または「霊」という訳語を当てている。

国語でも、「いき」と「いきる」のあいだには密接なつながりがある。「生さる」は、「息《いき》」を活用化したものであることは疑いえない。漢字であらわすならば、「気」がプネウマに最も近いだろう。『荘子』のなかにも「人の生は気の集まれるなり。集まればすなわち生となり、散ずればすなわち死となる」という句がある。「息」あるいは「気」を、生命の根原と見るのは、かならずしも古代ギリシアの自然学者たち独自の発想ではなく、古代には自然発生的にどこにでもあった考えかたであるように思われる。（松浪前掲書、82～83頁）

松浪によると、新約聖書におけるプシュケー（魂）は、プネウマ（霊）に近づいているようだ。

> ところで、プシュケー（たましい、霊魂）は、『新約』ではどんな意味で用いられているだろうか？　私がしらべてみたかぎりでは、ソクラテスが気づかったような、現世の生活のなかでの倫理的主体、いいかえれば各人の人格という意味は、ここではほとんど失われている。むしろ『新約』のプシュケーは、たんなる生命原理というだけの意味に逆もどりしてしまっている。プシュケーの善さとは何か？　プシュケーの徳とは何か？　そういう問いはどこにも見られない。（松浪前掲書、76頁）

この箇所を読んで、わたしは違和感を覚えた。新約聖書でプシュケーが用いられている部分は、個性と結びついているようにわたしには思えたからだ。「マタイによる福音書」を見てみよう。

> それから、弟子たちに言われた。「わたしについて来たい者は、自分を捨て、自分の十字架を背負って、わたしに従いなさい。自分の命を救いたいと思う者は、それを失うが、わたしのために命を失う者は、それを得る。人は、たとえ全世界を手に入れても、自分の命を失ったら、何の得があろうか。自分の命を買い戻すのに、どんな代価を支払えようか。人の子

は、父の栄光に輝いて天使たちと共に来るが、そのとき、それぞれの行いに応じて報いるのである。はっきり言っておく。ここに一緒にいる人々の中には、人の子がその国と共に来るのを見るまでは、決して死なない者がいる。」（「マタイによる福音書」第16章24〜28節）

ここで命と訳されている単語はすべてプシュケーである。「自分の命」というのは、一般論としての生命原理ではなく、個性と結びついた魂のことだ。魂が消え去った後の、個性を失った空虚な霊（プネウマ）と、イエスが述べる命は異なるようにわたしには思えた。

演習で、わたしは、『死の思索』における新約聖書のプシュケーに関する理解は、ずれていると思うと述べた。

緒方先生は、「哲学の側からと神学の側からだと、プネウマやプシュケーという基本概念ですら、実は相当差異があるのです。ですから、同じ言葉を使って議論をしていても、実際には議論がまったく噛《か》み合っていないことが多いのです」と言った。

「要するに、ひとつの対話が行われるのではなく、ふたつの独白が続くということですね」

「そうです。佐藤君の言うとおりです。実は、争点が噛み合った神学論争はほとんどありません。ほとんどの場合、独白によって、自分の立場を確認するだけです。われわれ神学に従事する人間は、このような頑《かたく》なな人間の心を打ち砕かなくてはならないのです」

「この場合の心とは、プシュケー（魂）のことですか」とわたしが質した。

緒方先生は、「そうです」と答えて、笑い、こう続けた。

「ここでアナロジーが重要になるのです。神学は、神という見えない事柄を対象とします。それだから、われわれはアナロジーによってしか、物事を語ることはできません」

「しかし、見えないものによって、どのようにアナロジーを行うことができるのでしょうか」

「そういう重要な問題は、いきなり私に質問するのではなく、まず、自分の頭で考えて、まず意見をまとめることです。こういう訓練を怠ると、神学的な力がつきません」と緒方先生はわたしをたしなめた。


確かに緒方先生の言うとおりだ。わたしは、考えを巡らした。われわれは神について、イエス・キリストを通じてしか知ることができない。言い換えるならば、イエス・キリストによって神は可視化されるのである。それならば、イエスが述べたこと、行ったこととのアナロジーで神について知ることができる。ようやく緒方先生の言わんとするところがわかった。それで、わたしはそのように答えた。


緒方先生は、「基本はそれでいいです。ただし、もう少し踏み込んで考えなくてはなりません。佐藤君は、『存在の類比』について聞いたことがありますか」と尋ねた。

「存在の類比」？　どこかで読んだことがある。教会史の本だ。確か、中世カトリック神学に関する記述の箇所だった。だんだん記憶が鮮明になってきた。トマス・アクィナスの神学大系が「存在の類比」によって構築されている。

「確かトマス・アクィナスが『神学大全』で展開した立場です」

「そのとおりです。しかし、プロテスタント神学としては、『存在の類比』の立場をとることはできない。なぜでしょうか」

「……」

「佐藤君は、『信仰の類比』あるいは『関係の類比』について聞いたことがありますか」

そのような話は聞いたことがない。いったいどういうことなのだろうか。

「聞いたことがありません」とわたしは答えた。

「それでは少していねいに説明しましょう」と緒方先生は言った。

◆存在の類比

「カトリック神学とプロテスタント神学の根本的相違は、救いの確実性にあります。カトリック教会の場合、教会に所属すれば、確実に救われます。ところが、プロテスタント教会の場合は、そうではない。もちろんプロテスタント教会の場合、万人の救いをとなえる立場もありますが、主流は予定説に立ちます」と緒方先生は説明を始めた。

予定説とは、カルバンが唱えた立場だ。救われる人は、この世に生まれるずっと以前に救われることが決まっている。この世の教会には、見える教会と見えない教会がある。見える教会は、カトリックであれ、プロテスタントであれ、現実のこの世に存在している教会を指す。そこには教会員がいる。その人々がほんとうに救われるかどうかは、人間の側からはわからないのである。なぜなら、見える教会には、本物のキリスト教徒とともに選ばれていないにせもののキリスト教徒がいるからだ。誰が本物かにせものかは、最後の審判が到来するまでわからないのだ。従って、カルバン派のキリスト教徒は「自分が選ばれているかどうかわからない」という根源的な不安を抱えている。

これに対して、カトリック神学の場合、不安は除去される。悩みをもつ信者は、自分の教会の神父に打ち明ける。教会の神父は、教区の責任者にそれを伝える。教区の責任者は、司教区の責任者にそれを伝える。このような階段を上り、最後に天国の鍵をもっているローマ教皇が、教会全体の長として、イエス・キリストにその悩みを伝える。このようにして、教会に所属している信者の悩みは確実に解決される。

この大前提として、「存在の類比（analogia entis）」の思想がある。神はまず設計図を描いて、それからこの世界を創った。神の意図がこの世界に体現しているのである。神の意図とこの世の存在の間には連続性がある。この世の秩序の中に、神の実体がある。中世の人々は、宇宙の構成と人間の身体の間に類比が存在すると考えた。これは、宇宙と人間が同一であるということではない。宇宙と人間が、有機的構成をもっているという点で似ているということだ。例えば、キリスト教のすべての教会で唱えられる「主の祈り」がある。

だから、こう祈りなさい。

『天におられるわたしたちの父よ、
御名が崇められますように。
御国が来ますように。
御心が行われますように、
　天におけるように地の上にも。
わたしたちに必要な糧を今日与えてください。
わたしたちの負い目を赦してください、
　わたしたちも自分に負い目のある人を
　赦しましたように。
わたしたちを誘惑に遭わせず、
　悪い者から救ってください。』
（「マタイによる福音書」第6章9〜13節）

ここで、神は「わたしたちの父」と表象されている。「存在の類比」を適用すれば、神が父親に似ているという意味だ。しかし、これは人間の父と、神が完全に同一ということではない。宗教改革者ルターの父親は、家庭で子供に日常的に暴力を行使していた。それだから「父なる神」という表象に、ルターは常に恐れを抱いたという。しかし、聖書が言うのは、そのような父親像ではない。父なる神と子の関係は、こう描かれている。

求めなさい。そうすれば、与えられる。探しなさい。そうすれば、見つかる。門をたたきなさい。そうすれば、開かれる。だれでも、求める者は受け、探す者は見つけ、門をたたく者には開かれる。あなたがたのだれが、パンを欲しがる自分の子供に、石を与えるだろうか。魚を欲しがるのに、蛇を与えるだろうか。このように、あなたがたは悪い者でありながらも、自分の子供には良い物を与えることを知っている。まして、あなたがたの天の父は、求める者に良い物をくださるにちがいない。だから、人にしてもらいたいと思うことは何でも、あなたがたも人にしなさい。これこそ律法と預言者である。

（「マタイによる福音書」第7章7～12節）

残念ながら、パンを欲しがる子供に石を与える父親、魚を欲しがるのに蛇を与える父親も存在する。神について、考える場合、人間の父親について、考えることが参考になる程度に過ぎないのが類比の本質だ。「存在の類比」にとらわれると、神が男性であるという考え方に固定されてしまう。神は女性であるという要素が忘れ去られてしまう。

緒方先生のこのような説明に対して、大山君が「わかりました。フェミニズムの神学は、その辺の問題を指摘しているのですね」と尋ねた。緒方先生は、「大山君は重要なことに気づきました」と言って、今度は旧約聖書における神の表象について話を進めた。

旧約聖書で、神がもっとも長い自己啓示を行っているのが「ヨブ記」だ。ヨブは神に対して忠実で、罪を犯さずに幸福な生活を送っていた。サタン（悪魔）が神に告げ口をしたことをきっかけにヨブは奈落の底に突き落とされる。まず、財産と子供をヨブは失った。しかし、ヨブは神への感謝を続ける。それでも、神はヨブへの試練を与え続ける。それは、ユダヤ教、キリスト教の神が嫉妬深いからだ。サタンは神に、「命に危機が迫ればヨブも神を呪う」とそそのかす。神はサタンの挑発に乗る。神はヨブを重い皮膚病にする。痒《かゆ》くて痒くてたまらないので、ヨブは素焼きのかけらで全身を掻《か》きむしった。ヨブの妻までもが「神を呪って死ぬ方がましでしょう」と言う。それでもヨブは神を裏切らない。ヨブの友人たちが、因果応報説に基づいて、「君がこんな苦難に遭うのは、君が罪を犯したからだ。だから罪を認めて悔い改めよ」と説得しても、ヨブは身に覚えがないので、罪を認め、悔い改めることを拒絶する。最後に神がヨブの誠実さを評価し、病気も治り、財産も回復し、新たに多くの子供たちを儲《もう》けるという話だ。

この物語の最後の部分で示される神の自己啓示が実に奇妙なのだ。

見よ、ベヘモットを。

お前を造ったわたしはこの獣をも造った。
これは牛のように草を食べる。
見よ、腰の力と腹筋の勢いを。
尾は杉の枝のようにたわみ
腿の筋は固く絡み合っている。
骨は青銅の管《くだ》
骨組みは鋼鉄の棒を組み合わせたようだ。
これこそ神の傑作
造り主をおいて剣をそれに突きつける者はない。
山々は彼に食べ物を与える。
野のすべての獣は彼に戯れる。
彼がそてつの木の下や
浅瀬の葦の茂みに伏せると
そてつの影は彼を覆い
川辺の柳は彼を包む。
川が押し流そうとしても、彼は動じない。

ヨルダンが口に流れ込んでも、ひるまない。
まともに捕えたり
罠にかけてその鼻を貫きうるものがあろうか。
（「ヨブ記」第40章15～24節）

ベヘモットとは、恐らく河馬《かば》をモデルにした怪物だ。当時の人々にとって、河馬は猛獣だったのであろう。その河馬と戦う姿をヨブに想像させる。

それに続いて、神はレビヤタンという怪物の話をヨブにする。

お前はレビヤタンを鉤《かぎ》にかけて引き上げ
その舌を縄で捕えて
　屈服させることができるか。
お前はその鼻に綱をつけ
顎《あご》を貫いてくつわをかけることができるか。
彼がお前に繰り返し憐れみを乞い
丁重に話したりするだろうか。
彼がお前と契約を結び
永久にお前の僕《しもべ》となったりするだろうか。
お前は彼を小鳥のようにもてあそび

娘たちのためにつないでおくことができるか。
お前の仲間は彼を取り引きにかけ
商人たちに切り売りすることができるか。
お前はもりで彼の皮を
やすで頭を傷だらけにすることができるか。
彼の上に手を置いてみよ。
戦うなどとは二度と言わぬがよい。

（「ヨブ記」第40章25〜32節）

レビヤタンは、恐らくナイル鰐《わに》をモデルにした怪物だ。さらに神は、レビヤタンがいかに恐ろしいかについて、こう描写する。

彼のからだの各部について
わたしは黙ってはいられない。
力のこもった背と見事な体格について。
誰が彼の身ごしらえを正面から解き
上下の顎の間に押し入ることができようか。
誰がその顔の扉を開くことができようか。
歯の周りには殺気がある。

背中は盾の列
封印され、固く閉ざされている。
その盾は次々と連なって
風の吹き込む透き間もない。
一つの盾はその仲間に結びつき
つながりあって、決して離れない。
彼がくしゃみをすれば、両眼は
曙のまばたきのように、光を放ち始める。
口からは火炎が噴き出し
火の粉が飛び散る。
煮えたぎる鍋の勢いで
鼻からは煙が吹き出る。
喉は燃える炭火
口からは炎が吹き出る。
首には猛威が宿り
顔には威嚇がみなぎっている。

筋肉は幾重にも重なり合い
しっかり彼を包んでびくともしない。
心臓は石のように硬く
石臼のように硬い。
彼が立ち上がれば神々もおののき
取り乱して、逃げ惑う。
剣も槍も、矢も投げ槍も
彼を突き刺すことはできない。
鉄の武器も麦藁《むぎわら》となり
青銅も腐った木となる。
弓を射ても彼を追うことはできず
石投げ紐の石ももみ殻に変わる。
彼はこん棒を藁と見なし
投げ槍のうなりを笑う。
彼の腹は鋭い陶器の破片を並べたよう。
打穀機のように土の塊を砕き散らす。

彼は深い淵を煮えたぎる鍋のように沸き上がらせ
海をるつぼにする。
彼の進んだ跡には光が輝き
深淵は白髪をなびかせる。
この地上に、彼を支配する者はいない。
彼はおののきを知らぬものとして造られている。
驕《おご》り高ぶるものすべてを見下し
誇り高い獣すべての上に君臨している。
（『ヨブ記』第41章４～26節）

緒方先生は、「佐藤君、ベヘモットやレビヤタンを『存在の類比』で考えることが適当と思いますか」と尋ねた。わたしは「適当でないと思います」と答えた。すると、緒方先生は、「それではこのようなベヘモットとレビヤタンという表象を手がかりに、来週までに『関係の類比』について、考えてみてください」と宿題をわたしに与えた。

「関係の類比」といっても、それをどのようにして理解すればいいのだろうか。そもそも類比自体が、かなり自由な思考を認めるわけだ。「存在の類比」から「関係の類比」に転換すると、森羅万象《しんらばんしょう》をすべて類比で説明することが可能になってしまう。しかし、そうなってしまうと、もはや神学ではない。恣意的なこじつけと類比の神学の線をどこかで引かなくてはならない。

どうやって勉強すればいいのだろうか。わたしは思い切って、緒方先生に助けを頼んだ。

「緒方先生、僕の実力では扱えないくらい難しいテーマです。何を読んで勉強したらいいでしょうか」

「佐藤君は岡山君の博士論文を読みましたか」

「ドイツで出版したキリスト教倫理に関する論文ですか」

「そうです」

「一度、神学部の書庫から借りだしたことがありますが、読まないで戻してしまいました」

「あの本をよく読んでおくといいです。あれは、類比の神学に関して、実によく考え、まとめた本です。ああいう研究が同志社の神学らしいです」

わたしは、早速、神学部の図書館に行って、Kotaro Okayama, *Zur Grundlegung Christlicher Ethik*（岡山孝太郎『キリスト教倫理学の基礎付けについて』）, Walter de Greuter, Berlin/New York, 1977を借りだした。この本にどういうヒントが隠されているのだろうか。

◆関係の類比

岡山孝太郎牧師の博士論文はドイツ語で書かれている。日本人が書いたドイツ語なので、わかりやすい。その後、神学館2階の神学部図書室で3日間かかりきりになって、この本（『キリスト教倫理学の基礎付けについて』）を読み終えた。文章は平易だが、内容は難しい。ノートをとって考えているうちに、緒方先生が出した課題、つまり「存在の類比」と「関係の類比」の違いがおぼろげに理解できた。

キリスト教には「神の似姿（Imago Dei）」という考え方がある。『旧約聖書』の「創世記」には以下の記述がある。


神は言われた。

「我々にかたどり、我々に似せて、人を造ろう。そして海の魚、空の鳥、家畜、地の獣、地を這《は》うものすべてを支配させよう。」

神は御自分にかたどって人を創造された。

神にかたどって創造された。

男と女に創造された。

神は彼らを祝福して言われた。

「産めよ、増えよ、地に満ちて地を従わせよ。海の魚、空の鳥、地の上を這う生き物をすべて支配せよ。」
（「創世記」第1章26〜28節）

人間は「神の似姿」なのである。それだから、人間はこの世の他の生き物を支配する権限を神から付与されている。もっとも、人間が動物を創ったわけではない。創ったのはあくまでも神だ。それならば人間の支配権が全面的に動物に及ぶことにはならない。むしろ神が人間に対してこの世界の生き物を管理することを命じたと理解した方がよいのであろう。

この考え方を自然全体に拡大してみよう。この世界は神の被造物である。人間も被造物のひとつだ。被造物が創造主である神を超えることはできない。神が被造物を創ったことには何らかの目的があるはずだ。従って、自然を読み解くことで、神の意思を理解することができる。また、人間は自然を管理することはできるが、神によって創られた被造物の秩序を崩してはいけない。ここから「存在の類比」という発想が生まれてくる。「存在の類比」を適用すれば、自然を読み解くことによって、神の意思を知ることができる。同時に、自然には神の意思が含まれているのだから、人間がそれを崩してはいけないということになる。自然には階層的な秩序が存在する。それだから、「存在の類比」の思想は、保守的な倫理を導き出す。すべては、「従来通り」で変化がないことが理想的状態となる。

「存在の類比」は、ナチズムに対する有効な抵抗の原理を提供した。ナチスは、「血と土」の神話に基づいて、キリスト教を変容しようとした。ナチスはイエス・キリストが理想的なアーリア人種であるという改変をキリスト教に加えようとした。そして、パウロにユダヤ人の奴隷根性が染みこんでいるとして、パウロ書簡を新約聖書から排除した。プロテスタント教会の多くの牧師や神学者がナチスになびいた。その中にはカール・バルトとともに弁証法神学をはじめたフリードリヒ・ゴーガルテンもいた。これに対して、「存在の類比」を堅持するカトリック神学者はナチスに対する本格的抵抗を行った。ナチスが神によって創られた創造の秩序を破壊するように見えたからである。

もっとも、ナチスが台頭するよりも少し前のスペイン市民戦争では、カトリック教会は基本的にフランコ将軍を支持した。革命を行った市民派が実現しようとした社会主義が、自然の秩序に反するように思えたからである。

「従来通り」で変化がない状態を理想型にするという点では、カトリシズムもプロテスタンティズムも同様だ。カトリシズムは現状を変化のない古くからの状態と考える。これに対して、プロテスタンティズムは現状について別の認識を持つ。人類の歴史は基本的に堕落の歴史である。アダムとエバも神の戒めを破り堕落の道を歩んだ。神はひとたび人類を滅ぼしてしまおうと決意する。ただし、ノアの一家だけは正しい人たち、つまり神を畏《おそ》れる人たちなので、生き残らせることにする。生き残ったノアたちも原罪から免れていない。そして、人類史は時間の経過とともに下降していく。そして人類史のもっとも悲惨な深淵が１世紀のパレスチナに生じた。そこに神はそのひとり子であるイエス・キリストを派遣した。それによって、人間の救済は可能になった。もっとも悲惨な深淵から、救済へとイエス・キリストの力によって人間は引き上げられたのである。

人間は再び堕落に向かっていく。しかし、イエス・キリストが現れたおかげで、あの1世紀のパレスチナよりも悲惨な状況は生じないのである。救済の原点は、イエス・キリストにある。それだから、イエスに立ち返ることによって、われわれは救済を確認することができるようになる。イエスが神に対して、そして周囲の人間に対してどのようなことを言い、行動したかというひな形をおさえる。それにならって行動することが「信仰の類比」なのである。モーセの十誡の冒頭で、人間は神以外を拝んではいけないと規定されている。キリスト教徒はこの禁止規定を遵守しなくてはならない。神による被造物でも、それを人間が拝むと偶像崇拝になる。ここから「存在の類比」には偶像崇拝の危険性が生じてくる。それだから、プロテスタント神学は「存在の類比」を採用することができないと考えるのだ。

「存在の類比」にはもうひとつの危険がある。自然のままということを強調しても、現実に存在する自然は、人間によって解釈された自然である。特に資本家と労働者の関係、男性と女性のジェンダー関係は社会的に形成されたものだ。批判的な学術的知（体系知）をそなえていないと、社会的に形成され、時代的に限界をもつものが、永遠に変化することのない自然的なものに見えてしまう。ナチスやボリシェビキ（ロシア共産主義）のような極端に乱暴な変化が生じれば「存在の類比」を根拠に抵抗の論理を組み立てることができる。しかし、資本主義社会の現状、あるいは緩慢に変化していく社会に対して、「存在の類比」の視座から批判を展開していくことは困難だ。

「存在の類比」には根源的な欠陥がある。被造物を基準に倫理を読みとっていこうとする方法自体に欠陥があるのだ。被造物というような実体ではなく、神と人間の関係について考え直さなくてはいけない。先に引用した「創世記」に関しても別の読み方をしなくてはならない。「神は御自分にかたどって人を創造された。神にかたどって創造された」という部分もヘブライ語から直訳すると「神はわれわれにかたどって人を創造された。われわれにかたどって創造された」となる。神はときどき自分について一人称複数の「われわれ」で語る。これは神が自問自答するときの形式で、旧約聖書神学者は「熟慮の複数」と呼ぶ。ヘブライ語神が人間を創るときは、簡単に創ったのではなく、何度も何度もよく考えた上で創ったということだ。神が自らにかたどって人間を創ったということは、神人同型ということではない。人間は神と向かい合って存在する。そのために、神は単なる人間ではなく、人間の男と人間の女を創ったのである。男と女の向き合う関係に、神と人間の向き合う「関係の類比」が存在しているのだ。

この「関係の類比」は、イエスと神、イエスと周囲の人々との関係においてもっとも明瞭に示されている。この「関係の類比」こそがキリスト教徒が行動する際の規範なのである。ここまで考えたところで、ようやく緒方先生が「ヨブ記」のベヘモットやレビヤタンという表象をてがかりにして「関係の類比」について考えよという宿題をわたしに出したことの意味がわかった。

ベヘモットについては、象、あるいは河馬をもとにした怪物で、レビヤタンは鰐をもとにした怪物と考えられている。しかし、ここではこの怪物が問題なのではない。神がヨブを論争相手として受け容れていることが重要だ。神は、ベヘモット、レビヤタンという表象を用いて、人間の力が及ばない超越的な現実があることをヨブに理解させようとしていた。ヨブの罪は、因果応報の論理で神の行為に対する異議申し立てを行っていたことだ。神は因果律を超える存在なのだ。こういう神と人間の「関係の類比」に基づいてキリスト教徒は思考していかなくてはならないのだ。わたしが習得しようとしている組織神学は、緻密な体系をもっている。しかし、その体系自体には積極的意味は何もない。「存在の類比」に基づく組織神学ならば、因果律を駆使してこの世界の構造、この世界に内在する神の意思を描くことができる。しかし、それは誤った方法に基づくので、それによって描かれた世界の構造、把握された神の意思は、真実ではない。神学の機能はこのような直接的なものではない。神学的知識を身につけても、救済の根拠は神学を超えたところからやってくる。「関係の類比」は、根源的に組織神学を破壊する力をもっている。神学を学ぶのは、人間の知的営為が救済という観点から考えるとまったく無効であることを理解するためなのだ。そこから、プロテスタント原理の「恩寵のみ（sola gratia)」の救済が明確にされる。

いままでわたしが神学を研究する過程で、見えなかったことが、一瞬のうちに見えたような気がした。図書室は午後４時に閉まる。わたしは、この話を友人にしたくなって、図書室隣のアザーワールドに移った。たまたま、大山君がやってきていた。

大山君は、わたしより１年上級生だ。大学を卒業した後は、佛教大学の通信教育課程に通って小学校の教員免許をとった。しかし、教育実習をしているうちにこのまま就職してしまう前にもう一度、神学の勉強をしたいと思い、大学院受験の準備を始めていた。

大山君は自立心が強いので、生活費をすべて自分で稼いで完全に自活している。具体的には、月曜から土曜までキリスト教系の病院で洗濯のアルバイトをしている。医療感染の危険性があるので、時給も高い。５時間の労働時間ということになっているが、２時間くらいで仕事を終えることができる。

わたしの生活パターンはだいたい決まっている。午前10時前には神学館にやってきて、図書室に篭もる。そして、大学院の授業やゼミに出て、４時になると図書室からアザーワールドに移動する。そして、そこで本を読む。滝田君、米岡君はすでに会社員となり仕事で忙しくしている。大山君も大学を卒業しているので、遠慮してアザーワールドにも週1、2回しか顔を出さない。わたしと話したくなったとき、大山君はだいたい5時頃にやってきて、アルバイトの後でどこで待ち合わせるかを約束する。飲み屋に行くか、あるいはアザーワールドで酒盛りをするかについて打ち合わせるのだ。

わたしがアザーワールドで神学書を読んでいると、ブルンブルンという特徴のある大山君のバイクの音が聞こえた。しばらくすると左手にヘルメットを抱えた大山君がアザーワールドの扉を開けた。

「佐藤、どんな調子だ。勉強は進んでいるか」

「それがいまひとつなんだよな。ひっかかっていることがある。それから、今日はちょっと相談したいことがある。時間はあるか」

「バイトの後は大丈夫だよ。深刻な話か」

「そうでもない。ただし、身の振り方について相談したい」

「そういう話だと、だいぶ酒を飲むことになりそうだな」

「いや、控え目にしよう。死なない程度にする」

「わかった。バイトが終わった後、バイクを下宿に置いてから来る。キエフにするか、リラ亭の方がいいか」

「とりあえずキエフで落ち合おうか」

「了解」

午後9時少し前にわたしはキエフ酒房に行った。ブランデー風味の「スタルカ（オールド・ウオトカ）」のボトルを1本とった。冷凍庫で冷やしてあるので、とろみのついたウオトカがショットグラスに注がれる。つまみにはロシア風のキュウリとキャベツの漬け物とペリメニ（シベリア風水餃子）を頼んだ。30分くらいで、ボトルを半分くらい飲んで、だいぶいい気持ちになってきた。ちょうどその頃に大山君がやってきた。

わたしは、最近、「存在の類比」と「関係の類比」の違いについて調べたことについて、早口で説明した。それに対して大山君は、「神学的論理の構成について、細かいことは俺にはわからない。しかし、佐藤が『関係の類比』に惹きつけられているということはよくわかった」と答えた。

「それで、その問題意識と佐藤の身の振り方にどういう関係があるのか？」

「実をいうとこのまま神学を続けていてよいのかという疑問がでてきた。いま僕にとって神学部はとても居心地がよい。来年は大山も大学院に戻ってくる」

「それはわからないよ。試験に合格しなければ戻れない。率直に言うけれど、ドイツ語に不安がある」

「いや、大山はいま猛烈にドイツ語を勉強しているから大丈夫だよ。修士では韓国神学を扱うつもりか」

「そうだ。『ミンジュン（民衆）の神学』を研究したい。だから韓国語の勉強にも力をいれている。佐藤はいよいよドイツかスイスに留学することを本気で考えているのか？」

プロテスタント神学を研究する日本の神学生に対して、ドイツかスイスに留学する場合には、十分な奨学金が支給される仕組みがあった。同志社からも2〜3年にひとりがこの奨学金を得て留学していた。この留学をすると、帰国後はだいたい大学に就職することになった。

「いや、ドイツやスイスに行きたいとは思わない。ただ本気で外に出てみたいと思う。それで外交官試験を受けてみようと思うんだ」

「外交官だって。いったい何を考えているんだ」と大山君は驚いた。

第3章　「フィールドはこの世界だ」

◆外交官試験

わたしは、大山君に大学の就職部の掲示板に外務公務員採用専門職員試験についての案内があったので、資料を取り寄せてみた話をした。この試験に合格するとチェコ語を研修することもできる。給料と別に月25万円くらいの研修手当をもらう。仕事なので交通費も外務省が負担する。チェコスロバキア政府が募集している政府交換留学生の奨学金と比較しても、月の収入が10倍以上もよい。プラハのカレル大学で2年間研修した後は、現地の日本大使館で2、3年勤務することになる。そうすると、手当は30万円くらいになり、それとは別に住宅費も支給される。チェコスロバキアに5年くらい滞在することができる。そうすれば、チェコ語も身に付けることができるし、チェコの神学者との人脈をつくることもできる。

「佐藤、しかし、そんな条件のいい留学だったら、途中で外務省をやめることができないというような縛りがあるんじゃないか」

「それも調べてみたのだけれど、そういう縛りは一切ない。実際、専門職員で外務省に入って、研修だけ終えて大学院に行ったり、民間企業に転職する奴もいるようだ。それでも研修費用を返還する義務はない」

「しかし、中に入ってから、窮屈じゃないのか？　役人の世界は結構息苦しいと思うけど。タダより高いものはないというが、外務省の留学の条件がよすぎるのが気になる。待遇はよくなくても交換留学生でプラハに行った方がいいんじゃないか」

「実は、その可能性も探ってみたんだけど、状況は絶望的だ」とわたしは答えた。

チェコスロバキアは、科学的無神論を国是として掲げる社会主義国だ。そのような国是に反するキリスト教神学の研究のために留学生を受け入れることはしない。チェコ史やマルクス・レーニン主義哲学に研究テーマを偽装してカレル大学に留学することは、可能かもしれないが、その場合、チェコ語もしくはロシア語を習得している学生が優先される。東京外国語大学や大阪外国語大学にはロシア語が堪能で、チェコ語の知識がある学生もいるはずだ。そういう学生たちと競争しても、まず勝ち目がない。

これに対して、外務省の試験は、一般教養、憲法、国際法、経済学、時事論文と外国語の試験だけだ。

「しかし、試験はだいぶ難しいんだろう」

「上級（キャリア）試験ではないから、覚えなくてはならないことも限られている。同志社からは数年にひとりしか合格していないけれど、京大、東京外大、早稲田、慶應からは毎年合格している。準備すれば合格する試験と考えている」

「緒方先生にはもう相談したのか」

「相談していない。こういう話はまず試験に合格して、それから相談することだと考えている。それに落ちたらみっともないしね」

「それはそうだな」と大山君はうなずいた。

実は、緒方先生から、大学院の博士課程に進学したらスイスかドイツに留学すればよいと勧められていた。同志社にはスイス・ミッションとドイツ・ミッションの奨学金があり、往復の航空運賃、授業料、生活費はミッションが負担する。贅沢はできないが、博士論文を仕上げることができるくらいの面倒は見てくれるということだった。奨学金については返還義務はない。しかし、あまり気乗りがしなかった。まず、わたしが勉強したいのは、チェコのプロテスタント神学だ。ドイツやスイスのプロテスタント神学ではない。緒方先生は、「スイスのバーゼル大学プロテスタント神学部では、ヨゼフ・ルクル・フロマートカの高弟だったヤン・ミリッチュ・ロッホマン教授が教鞭をとっています。1968年の『プラハの春』がソ連軍の戦車によってつぶされた後、ロッホマンはスイスに亡命しました。エキュメニカル運動（キリスト教の諸教会が再一致を求める運動）にも積極的に参加していて、評判がよいです。あなたも『プラハの春』におけるフロマートカの行動について研究しているのですから、ロッホマン教授の指導を受けるとよいと僕は思います」とわたしを説得した。

しかし、それでもわたしはバーゼルのロッホマン教授の下で学ぶ気持ちにはならなかった。同志社大学神学館２階の図書館で、フロマートカとチェコ神学に関する本にはほとんど目を通した。もちろんロッホマンの著作も何冊か読んだ。しかし、どこか本質的なところで、フロマートカとずれているような気がした。そしてフロマートカの弟子では、ロッホマンのように亡命した神学者ではなく、ヨゼフ・スモリーク、ヤロスラフ・オンドラ、ミラン・オポチェンスキーのようにプラハのコメンスキー・プロテスタント神学校に残った人々に共感を覚えた。特にスモリークが、「フロマートカは、ワシントンでもロンドンでもボンでもモスクワでも理解できない。フロマートカを理解することはプラハでしかできない」と述べていることがわたしの心に引っかかった。同じ言葉でも、共産主義体制の圧力の下で語ることと、西側の自由な環境で語るのとでは、その意味が異なるとスモリークは言いたいのであろう。

フロマートカは、第二次世界大戦中、米国に亡命していた。プリンストン神学校で教授職についていた。そのまま米国籍をとれば、パウル・ティリッヒと並ぶヨーロッパから亡命してきた20世紀の主要な神学者として歴史に名を残したであろう。事実、多くの友人たちが戦後、米国にとどまることを勧めた。だが、フロマートカはその勧めに従わなかった。そして、１９４７年に社会主義化する直前のチェコスロバキアへの帰国を選択したのである。

フロマートカは、「フィールドはこの世界である（Pole je tento svět）」ということを繰り返し述べている。この世界というのは、人間が任意に選択することができる場ではない。よく考えるとその場はひとつしかない。わたしはこんな話を大山君にした。

大山君は、「そうすると佐藤は、外務省が自分の場だと考えているのか」と言った。

わたしは少し考えてから、「多分、そうなんだろうと思う。とにかく受験勉強を一生懸命やってみる。それで合格しなかったら、外務省は僕の場ではなかったと思ってあきらめる」と答えた。

「佐藤が外交官になったら、面白い経験ができると思うよ。ただ、俺は佐藤には神学の研究を続けてほしいと思う。そして、俺たちに神学に関する面白い話をいろいろしてほしい。人生をトータルで見た場合に、受験勉強で無駄な時間を使うことになるんじゃないだろうか」

「そうでもないよ。もちろん、外交官試験に合格しなければ、基本的に時間の無駄だが、それでも法律や経済を勉強することには意味があると思っている」

「どういう意味があるのか」

「外務省の試験は記述式だ。だから、内容についてのかなり深い知識と文章構成力が要請される。憲法の勉強は国家論と表裏一体の関係にある。だから、教会と国家の関係について勉強する上でも無駄にならない。それから、国際法を勉強すると、現実の世界が暴力を駆逐できていない現実がよくわかる。戦争が歴史発展の原動力になっていることがよくわかる。それから、近代経済学を勉強していると、そのイデオロギー的限界がよくわかるよ。近代経済学では、商品、貨幣、資本を目の前にある自然な現象として取り扱っていて、その歴史的制約条件を見ようとしない。マルクス経済学の視座がいかに正しいかが、近代経済学に触れることによって、逆によくわかった。仮に外交官試験に落ちても、受験勉強は無駄にならないと思う」

「佐藤らしい勉強法だなあ。ただ佐藤が外務省に行くと緒方先生は淋しがるだろうな」

「そうでもないだろう。緒方先生は僕にスイスかドイツに留学するようにしきりに勧めてくれるくらいだから、外交官になるという選択を受け入れてくれるよ」

大山君は、「シュペネマン先生が言っていた東ドイツへの留学の話はどうなった」とわたしに尋ねた。

クラウス・シュペネマン教授は文学部哲学科で社会哲学の教鞭をとっていたが、兼任教授として神学部でもキリスト教倫理学の講義を担当していた。わたしはユルゲン・ハーバーマスの名をシュペネマン先生からはじめて聞いた。わたしがマルクス主義に関心をもっていることを知り、「佐藤君、日本のマルクス主義は、新左翼を含め、基本的にロシア・マルクス主義の解釈から抜け出していないので、マルクスの著作をもっと虚心坦懐に読みなさい。西ドイツのマルクス主義哲学の研究に関心を向けた方がいい」という助言を受けた。わたしがハーバーマスを注意深く読むようになったのはシュペネマン教授の影響だ。

シュペネマン教授の博士論文が「エキュメニカル運動とロシアの共産主義」というテーマで、その中にフロマートカやロッホマンに関する記述もあった。シュペネマン教授もわたしにスイスへの留学を勧めた。ジュネーブに本部がある世界教会協議会（ＷＣＣ）は、「東と西の相互理解」というプログラムをもっている。そこでスイスの神学部とチェコスロバキアの神学校の交流を行っているので、スイスを本拠にして、ときどきプラハに研究旅行に出かけることが可能になるという。それでもわたしの食指は動かなかった。社会主義国に生活の基盤を据えたいと思ったからだ。

このことをシュペネマン教授に伝えると、今度は、「東ドイツのライプチヒ大学に留学することを考えないか」と言われた。ライプチヒ大学のプロテスタント神学部は、ドイツ語圏でもっとも伝統がある神学部だ。ライプチヒ大学は、カール・マルクス大学と改称されたので、カール・マルクス大学のプロテスタント神学部で学ぶという奇妙な状態になる。シュペネマン教授は、国際会議で実践神学を担当するライプチヒ大学の若い神学講師と知り合い、この講師の下でならば、わたしの問題意識を十分に発展させることができるという。シュペネマン教授は、「社会主義国に住まなければ、現地の神学はわからない」というわたしの考え方を全面的に支持してくれた。同志社大学神学部から東ドイツの神学部に留学した学生はいない。是非試してみるべきだとシュペネマン教授に強く勧められた。

実は、シュペネマン教授自身が、母親に手を引かれ、1940年代末に東ドイツから西ドイツに脱出した体験がある。まず、家財道具のうち、高価な銀の食器を分散して西ドイツの親戚に送った。最初、クラウス少年は両親が何をしているのか理解できなかった。ある日、母親に連れられて、国境を強行突破することになった。家族がまとまって行動すると亡命するのではないかと東ドイツ当局の疑惑を招くので、母親とクラウス少年、父親とクラウス少年の兄弟は別々に行動することにした。

東ドイツから脱出決行のとき、クラウス少年と母親は川に入ったところで東ドイツの国境警備兵に見つかってしまった。国境警備兵は秘密警察に所属している。母親は哀願した。すると初老の国境警備兵は、「急いで向こう側（西ドイツ）に行きなさい。15分後には別の国境警備兵がやってくる。この兵士は若い共産主義者なので厳しい対応をする。すぐに行きなさい」と言って見逃してくれた。シュペネマン教授は、「社会主義国にもいろいろな人がいる。それは佐藤君が言うように、現地に長く住んでみないとわからない。東ドイツはイデオロギー的統制が厳しい国だが、教会に関してはある程度の自由がある。西ドイツとの教会の交流もそこそこある。バルトやボンヘッファーの神学も、東ドイツで独自の展開をしている。それを日本に伝えることは意味がある」と言った。フロマートカ神学は確かに興味深いが、あくまでも傍流だ。日本のプロテスタント教会と神学界の現状を考えると、傍流のテーマを博士論文で取り扱うよりも、バルト神学やボンヘッファー神学などの現代神学が東ドイツでどのように受容され、変容し、独自の展開を遂げているかについて研究した方が意味があるというのがシュペネマン教授の意見だった。確かにシュペネマン教授の話には説得力があった。

第二次世界大戦後、東ドイツの版図《はんと》となったライプチヒやハレはもともとプロテスタンティズム発祥の地である。従って、東ドイツの人々にとってプロテスタンティズムは土着の宗教だ。しかし、チェコ人の場合、事情は異なる。チェコの土着の宗教はカトリシズムだ。これに対して、プロテスタンティズムはドイツで主流の宗教である。また、チェコ人はスラブ民族に属する。チェコスロバキアに隣接するウクライナ、そしてその向こうに広がるロシア人の圧倒的大多数は正教徒だ。スラブの民族性は、正教とむすびついて理解されることが多い。チェコ人であってプロテスタント教徒であるということはどういうことか。チェコスロバキアの初代大統領トマーシュ・ガリッグ・マサリクはもともとカトリック教徒だったが、チェコ人が自前の国家をつくるためには改宗が必要と感じ、プロテスタント教徒になった。そして、マサリクのそばに結集したフロマートカをはじめとする青年神学者たちがチェコ（あるいはチェコスロバキア）のプロテスタント神学を形成しようと努力したのである。そして、15世紀のヤン・フスの理論によって展開させることに成功して、チェコ土着の神学の基盤をつくりあげた。この神学がナチス・ドイツに抵抗する基盤を構築したのである。ボヘミア宗教改革の遺産を20世紀と連続させ、わたしは、キリスト教の土着化について、フロマートカの神学から多くを学ぶことができるのではないかと直感した。それだから、どうしてもプラハで神学を学びたかった。

◆フロマートカ神学

ロシア風漬け物とペリメニをつまみにしながらふたりであっという間に「スタルカ」を１本飲みほしてしまった。ただしウオトカのボトルは５００mℓ入りなのでウイスキーと比べれば３分の２だ。それにウイスキーは43度だけれどもウオトカはそれよりも３度低い40度だ。もっともウイスキーを２～３時間で、ふたりで１本飲むと相当酔いが回る。これに対してウオトカは１時間で２本飲んでも平気だ。

冷凍庫で冷やしておくとウオトカにはとろみがついて、味もマイルドになることと関係しているのだと思う。わたしが大山君とキエフ酒房でウオトカを飲むときは、１本目がスタルカ、２本目と３本目がスタリチナヤである。スタルカはブランデー風味で口当たりがよい。しかし、続けて飲んでいると飽きてくる。これに対してスタリチナヤは、小麦から造った無色透明のウオトカだ。温度が上がると消毒用アルコールのようなつんとした匂いが鼻につく。ただし、いくら飲んでも飽きない。10円玉の上にスタリチナヤを数滴落として、マッチで火をつけたことがある。火がつき、青白い炎が揺れた。この液体を1リットル近くも胃袋に流し込んでいるのかと思うと少し恐ろしくなったが、同時に元気の源のような気もする。

英語でウオトカ類をスピリットというが、これは精神とか霊という意味だ。ウオトカを飲むと気合いが入るのは、そこに霊の力があるからだと思う。

わたしは、大山君に「多分、2年前にシュペネマン先生から東ドイツに留学しないかという話があったら、それに乗ったと思う。だけど今はドイツ神学を勉強したいと思わない」と答えた。

「佐藤は、そんなにチェコの神学を勉強したいのか」

「そうだ。フロマートカが何を考えていたのかを僕は正確につかみたいと思っている。フロマートカは暗示的な言葉をいくつか残している」

「例えば？」

「さっきも話した『フィールドはこの世界だ』という言葉だ。教会であるとか大学の神学部が神学を営む場ではない。神学は、この世界の現実の中で営まれるべきと考える。キリスト教の福音は、キリスト教徒のためだけにあるのではない。マルクス主義者を含む無神論者のためにもあるというのがフロマートカの信念だ」

「それは面白い。それじゃ、マルクス主義の宗教批判に対してどう反論するのか」

「反論しない」

「どういうことか?」

「キリスト教はイデオロギーではない。イデオロギーの位相で無神論や宗教批判について闘うことにフロマートカは意味を見出さない」

「それじゃどうするんだ」

「マルクス主義者と対話をする」

「何について。無神論や宗教批判について論戦を行わないというならば、神や宗教については語らないということになるじゃないか」

「そうだ。神や宗教については、ぎりぎりの状況になるまで語らない。そのかわり人間について語る。神学者はマルクス主義哲学者と人間について語るのだ」

フロマートカは、スターリン批判がチェコスロバキアに及んでくると、プロテスタント神学者とマルクス主義哲学者との間で「人間とは何か?」というテーマについて対話を始める。そして、対話の中から「人間の顔をした社会主義」を求める動きが生まれてくる。1968年の「プラハの春」という民主化運動の思想的源流のひとつがフロマートカの影響を受けた改革派系マルクス主義者たちだ。

「しかし、マルクス主義者とキリスト教徒の対話は、ほんとうに成り立つのだろうか。対話と言っても、お互いの立場は決まっていて、その上で『政治的にできるところで協力しよう』という妥協を見出すという結果になるのではないか」と大山君が言った。

「確かに日本の平和運動で行われているキリスト教徒とマルクス主義者の対話は、そういう性格だと思う。しかし、チェコスロバキアで展開され、『プラハの春』をもたらした、あの対話は根源的に異なると思う」

「どういう点で根源的に異なるのだろうか」

わたしは、ショットグラスに入ったウオトカを飲み干してからこう答えた。

「フロマートカとチェコスロバキアのマルクス主義哲学者たちは、真剣勝負の対話をした。その結果、相手が正しいということを確信したならば、フロマートカは無神論を認めるつもりだった」

「そうするとキリスト教を捨てることになるのか」

「いや、多分、そうはならなかったと思う。キリスト教が正しくないということになっても、それでもフロマートカはキリスト教から離れなかったと思う」

「どういうことか」

「結局、正しいか正しくないかという問題と信仰は、異なる位相にあるからだ」

「何となくわかる。信仰と論理性は別の問題だと思う。しかし、佐藤はフロマートカが信仰という立場に開き直っていると考えているわけじゃないだろう」

「開き直りとはちょっと違う」と言って、わたしは大山君に次のような説明をした。

フロマートカは、ガルダフスキー（チェコスロバキア陸軍大学教授）やマホベッツ（カレル大学哲学部教授）たちと、人間をテーマに徹底的に話し合った。その結果、ガルダフスキーは、「神はいまだ完全に死んだとは言えない」と主張するようになった。マホベッツは、神学界でとらえられているよりも弁証法神学の概念を広くとらえて、ボンヘッファーやフロマートカも弁証法神学者の中に組み入れた。そして、神を信じているこれらの神学者の方が、凡庸なマルクス主義者よりも人間とこの社会の現実をよりリアルに認識していると結論づけた。ガルダフスキーもマホベッツもマルクス主義哲学者であることや、無神論者であることをやめ、キリスト教に改宗したわけではない。フロマートカたち神学者が、なぜ神などという時代遅れの問題に固執しているのかを心底理解した。結局、人間は超越的なものを信じる。マルクス主義者の大多数は、マルクス主義が科学だから、それに納得しているわけではない。マルクス主義者は、マルクス主義を信じている。マルクス主義を科学的社会主義と言い換えたからと言って、それによって科学性が増すわけではない。人間を動かすのは、科学ではなく、超越的な「何か」であるということを、ガルダフスキーやマホベッツたちは、フロマートカとの対話を通じて気づいたのだと思う。

「それが『プラハの春』のイデオロギー的土壌をつくったのだろうか」

「大山の言うとおりだ。あの対話がなければ『人間の顔をした社会主義』という『プラハの春』のスローガンは生まれなかった。『プラハの春』は自由化、つまり資本主義化を目指した運動ではない。社会主義を大前提とした上で、スターリニズムから脱却した人間を疎外から解放する社会主義を志向していた」

「ということは、本来の共産主義運動ということか」

「そう思う。それをソ連は戦車で叩き潰したのだから、ソ連型社会主義がどういうものかがよくわかる」

「フロマートカは、スターリニズムについてはどう考えていたのか」

「幻想をもっていたと思う。すくなくともスターリン死後のソ連と東欧において、『人間の顔』をした社会主義を実現することは可能と考えていた。それが1968年8月のソ連軍による武装介入で吹き飛ばされたのだと思う」

「それで、どうなったのか」

「フロマートカは、ソ連軍の介入に抗議する公開書簡をプラハのソ連大使に渡した。これはみすず書房から出た『戦車と自由』という資料集にも収録されているし、新教出版社の雑誌『福音と世界』にも特集が組まれている。しかし、その後の情報がないんだ。僕は『プラハの春』

が潰された後、フロマートカがマルクス主義や社会主義についてどう考えていたのかについて知りたい」

同志社大学神学館2階の図書室にもチェコスロバキアから送られてきたわら半紙に謄写版刷りの資料が所蔵されている。1968年8月にソ連軍が侵攻したことに対する批判的論調も翌1969年2月前半までは掲載されていた。しかし、2月後半からは論調がまったく変わってしまった。その後、フロマートカはキリスト者平和会議(CPC：Christian Peace Conference)の議長を退き、1969年12月に死去した。図書室には、ロシア正教会の総本山であるモスクワ総主教庁が発行するロシア語版の『モスクワ総主教庁雑誌』も所蔵されている。1968年8月までは、フロマートカの動静に関する記事が頻繁に掲載されていた。しかし、フロマートカがソ連に対する異議申し立てをして以降、ヨゼフ・ルクル・フロマートカなる人間は、その世界に存在しなかったかのごとき対応になっている。ロシア正教会はソ連政府の意向を反映し、フロマートカについてこのような扱いをしているのだ。「プラハの春」について、徹底的に調べれば、わたしにとって高校生の頃から大きな問題となっている、キリスト教とマルクス主義の関係についてときほぐすことができるのではないかと思った。そして、その思いを大山君に伝えた。

「佐藤はいいよな。そうやって理屈で神学とマルクス主義との関係を詰めていくのが得意だから。俺はどうしても運動をしながら、考えていくのでないと性にあわない」

「大山は本気で、在日韓国人や韓国人の民主化運動を支援しているじゃないか。危険を恐れずに韓国に渡るのみならず、韓国語の勉強にも一生懸命取り組んでいる。それに最近は韓国の『ミンジュン（民衆）の神学』を本気で勉強している」

「俺は俺なりに悩んでいる。大学に入るまでは、韓国について真面目に考えたことは一度もなかった。俺は門司出身で、韓国はすぐそばだったにもかかわらずだ。周囲に在日韓国人もたくさんいた。この韓国人たちがどうして日本にやってきたのかも考えなかった。神学部に入って、神学部の先輩で韓国神学大学大学院に留学していた金哲顕さんが学園浸透スパイ団事件で、北朝鮮のスパイとされ、最初、死刑判決を受け、その後、終身刑に減刑され、命だけは助かったけれども、劣悪な状態で独房に閉じ込められている。神学部自治会や壮図寮の先輩たちが金さんを救い出そうと一生懸命頑張っている姿を見て感銘を受けた。それで日本と韓国の関係について勉強してみた。日本帝国主義の韓国に対する植民地支配がいかにひどいものかということがわかった。それとともに韓国の独裁政権に手を貸している日本政府はほんとうにひどいと思った」

「僕もそう思う。ただ僕は、高校生時代に学生運動のまねごとをした経験もある。社青同（日本社会主義青年同盟）の同盟員にもなった。そこでそれなりに真面目に活動に取り組んだけれど、学生運動も社会主義運動も、周縁にいることはできても、中心に入っていくことができない」

「意味がよくわからない。中心に入っていくことができないとはどういうことか」

「うまくことばでは表現できないんだ」とわたしは前置きして、以下の内容を大山君に伝えた。

マルクス主義も学生運動もその主張はよくわかる。運動にも共感できるところが多い。機動隊と対峙して逮捕されることが恐いわけではない。何事も経験なので、一度くらい留置場に入ってみてもいいと思っている。しかし、学生運動の過激な行動にともなう思考停止が好きになれない。活動家になればなるほど空疎な理論を振り回す。新左翼の諸党派は、日本共産党や民青（日本民主青年同盟）をスターリニズムと批判するが、マルクス主義理解や唯物論に対する認識は共産党とほぼ一緒だ。そもそも『資本論』と真面目に取り組もうとする姿勢がない。これでほんとうに革命を通じた人間の解放ができると考えているのだろうか。こういう運動の中心にはどうしても入っていく気持ちになれない。

そうかといって、学生運動に対してまったく無関心で、学校での勉強に専心するという気持ちにもならない。学生運動の中には、人間の本質に触れる「何か」があるような気がする。キリスト教から離れることができないのも、その中に「何か」があると感じるからだ。プロテスタント神学でも、バルト、ボンヘッファー、あるいはティリッヒやニーバーのような主流の神学者の著作を読んでいても、理解はできるのだが中に入っていくことができない。自分の心の中にある考えと共鳴しないのである。

◆神学専攻と受洗

わたしは、大山君に話をしながら、「誰の思想が自分の心の中にある考えと共鳴するのか」について考えた。

思想にはさまざまな鋳型がある。プロテスタント神学にのめり込んでいく学生には共通した特徴がある。

プラトンとアリストテレスでは、プラトンの方が好きだ。パスカルとデカルトでは、パスカルの方が好きだ。カントとヘーゲルでは、カントの方が好きである。そして、キエルケゴールとマルクスでは、キエルケゴールの方が好きだ。

しかし、わたしの場合、アリストテレス、デカルト、ヘーゲル、マルクスの方が好きなのである。どうも普通の神学生になれないのだ。

そういえば、大山君も普通の学生運動活動家にはなれない。新左翼系で、機動隊によって逮捕されることを恐れずに活動する活動家の場合、あまり物事を深く考えない。行動上のラジカリズムと思想的ラジカリズムの間には、関係がほとんどない。ただし、大山君の場合、将来のことを考えて履歴に傷がつくことを恐れて、機動隊との衝突を避けることもない。しかし、物事をとても深く考えている。韓国の民主化闘争を支援している学生運動活動家で、本気で韓国語を勉強しているのは大山君だけだ。

また、さまざまな気配りをしてくれる。あるとき母から手紙が届いた。「優君の友達で、神学部の大山君という人から小包が届きました。開けてみるとゴーヤー（にがうり）が入っていました。とてもおいしいゴーヤーで久しぶりに沖縄のことを思い出しました」

あるときわたしは、大山君に母が14歳のときに沖縄戦に従軍したという話をした。大山君はそのときの話を覚えていて、門司に帰省したときに「にがうり」を１ケース、わたしの母に送ってくれたのだ。当時、関東地方では「にがうり」は普通の市場に出ていなかった。

大山君は、キリスト教の牧師になろうとして神学部に入ってきた。しかし、現実の教会が、表面上は温かい人間関係を維持しているように見せているのだが、その中で自己保身や陰湿な権力闘争が行われている姿を見て、教会から離れた。そして学生運動にのめり込んでいった。しかし、いまここでもう一度、キリスト教の世界に戻ろうとしている。大山君は、「どうだ、思い切って牧師になることを考えたらいいじゃないか」とわたしが背中を押すことを待っている。

わたしは何を考えているのだろうか。神学部の門を叩いたとき、わたしは無神論を研究したいと思っていた。大山君はキリスト教の洗礼を受けて神学部に入ってきたが、わたしは洗礼を受けていなかった。そして神学部にいる間も洗礼を受けることにはならないと思っていた。高校生時代にマルクス主義に触れて、その思想的魅力にわたしは惹きつけられた。ただ、わたしはそれこそ幼稚園の頃から、母に手を引かれ、教会に通っていた。牧師や信者たちから知らず知らずのうちにキリスト教について教えられていた。神様といえば、大宮の氷川《ひかわ》神社に祀《まつ》られている神様ではなく、キリスト教の神様だという刷り込みがなされていた。自分の中にあるキリスト教の残滓を取り除き、無神論者、唯物論者になるつもりで神学部に入学した。いわば敵地に乗り込んでいくつもりで、神学部に入った。教授に対しても突っかかっていった。教授たちは、わたしを敬遠したり、軽くあしらったりせずに、正面から受け止めてくれた。そして、過去の自分たちの経験を語り、神学教師というよりも、友人としてわたしに相対してくれた。

神学部の教授たちは、自分の考えをわたしに押しつけるのではなく、キリスト教の神について、正確な理解をするようにとわたしを導いてくれた。半年くらいの試行錯誤で、わたしはマルクスが批判している神は、キリスト教の神でないことがわかった。フォイエルバッハやマルクスが想定している神は、人間が自らの願望を投影してつくりあげた偶像である。キリスト教はこのような偶像崇拝を禁止しているのである。むしろ、キリスト教の立場から、フォイエルバッハやマルクスの宗教批判を肯定的に受け止めるべきであるという確信をわたしはもつようになった。ほんとうの神を信じるためには、キリスト教という包装紙に包まれている偶像を叩き壊すことが、神の啓示によってもとめられているということがわかった。そのときに、母に連れられて子供の頃から通っていた教会で教えられた神様と自分の信仰が一致した。そこでわたしは１９７９年12月23日（日曜日）のクリスマス礼拝のときに洗礼を受けた。

神学の勉強は面白い。神学部の図書室には数十万冊の神学書や哲学書が所蔵されている。一生かけてもこれだけの本を読むことはできない。ここから暇さえあれば、本を読む生活が始まった。わたしの信仰が、本を読んで知識をつけることを要請するのである。そして本を読んで身につけた知識によってわたしの信仰が深まるのだ。カンタベリーのアンセルムスが言った「知解を求める信仰」とはこういう意味だったということが皮膚感覚でわかった。このままずっと神学の世界に没入していくのかと思った。しかし、そうはならなかった。

チェコの神学者ヨゼフ・ルクル・フロマートカが、「フィールドはこの世界である」、つまりキリスト教徒が信仰を示すのは、教会や大学ではなく、現実に人々が働いて生きているこの世界であると主張していることを知ってから、ふたたびわたしの気持ちが揺らぎだした。もちろんイエス・キリストを信じることによって救われるというわたしの信仰は揺るがない。しかし、信仰というのは、現実の生活と分離できないという思いがわたしの心の中で強くなった。そうなるとともにわたしは神学部だけでなく、キリスト教の世界から外に出て行きたくなったのである。

大山君は、学生時代に授業料は両親に支払ってもらっていたが、それ以外の生活に関する部分や書籍代はすべて自分で稼いでいた。大学院に入ってからは、授業料を含め、奨学金とアルバイトですべて賄っている。経済的観点からすれば、すでに自立している。大山君はキリスト教の外側の世界で、具体的には小学校の教諭になって韓国人政治犯の救援運動に従事し、社会活動家、人権活動家として人生を送る準備をしていた。しかし、目に見えない「何か」に引き寄せられて、もう一度、キリスト教の内側の世界に戻ろうとしている。

キリスト教の内から外へというわたしのベクトルと、逆に外から内へという大山君のベクトルが、いま酒房「キエフ」のカウンターで交差しているのだ。

「佐藤は、外交官になって、チェコスロバキアに行きたいと言っているけれども、ほんとうは同志社から外に出たいと思っているんじゃないだろうか」

「確かにそれはそうかもしれない。同志社、特に神学部はとても居心地がいいよ。ただ、このままだと自分がダメになってしまうような気がする」

「それは、佐藤が競争が好きだからだよ。同志社の生温《なまぬる》い環境だと、物足りなくなってくるんだよ」

「そんなことはないよ。それに僕には上昇志向はない。そういうことからはとっくに外れている。浦和高校の時代に将来の上昇志向が過剰な連中を山ほど見てきた。ああいう風になりたいとは思わなかった。それに受験勉強も嫌いだったしね」

「俺は佐藤に上昇志向が強いとは言っていないよ。競争が好きだと言っているのだ。闘いの中に身を置くのが趣味なんだと言い換えてもいい」

「競争なんか嫌いだよ。そういう世界からは落ちこぼれている」

「それは違う。競争から落ちこぼれたんじゃなくて、そういう世界から降りているんだ」

「降りている？」

「そうだ。降りているんだ。本気で競争をすれば勝つことができると思っている。しかし、負け惜しみでそう言っているのではない。佐藤には、内側から湧きだしてくるようなエネルギーがある。そのエネルギーが十分に発散できると思うときは、進んで競争に加わる。意味がないと思っているときは、競争から降りる。そして、自分のエネルギーを蓄えている」

「そうなのだろうか」

　大山君が言うことを、少し考えてみた。エネルギーというような表現が適切かどうかはとりあえず脇に置いておくとしても、確かにわたしの中にはこだわりがある。このこだわりが頭を持ち上げると、これまで順調に進んできた事柄でも前に行けなくなってしまう。ただ、自分が競争好きとは思わない」

「僕は進んで競争に加わることなんかしない。それよりも喫茶店で本を読んでいる方が楽しい」

「佐藤自身はそう思っているかもしれないが、現実はそうではないと思う。佐藤自身は闘いを作りだす。他の人ならば曖昧《あいまい》にしておくような状況でも、敵と味方の分岐を鮮明にする。そして、秩序を作りだしていこうとする」

「確かに大山の言うことはあたっている。しかし、それは秩序を作る闘いが好きなのではなくて、カオス（混沌）に耐える力がなかったからだ」

「ちょっと違うと思う。佐藤がカルバンやバルトに惹かれるのは、秩序を作りだすことが好きだからだと思う。同志社の中では、神学部が全学闘（全共闘）運動の影響をいちばん引きずっていた。神学部は沈滞していた。カオスの中にいた。佐藤はその中で、動き回ることによって秩序を作りだした。緒方先生や藤代先生も、ほんとうに心を開いて俺たちと話をするようになった。これも佐藤の影響だ。そして、俺ももう一度、キリスト教と本気で取り組もうと思うようになった。まだ一歩、踏み出すことができない。ここで一歩踏み出してしまうと、恐らく、一生、キリスト教の世界で暮らすことになると思う」

「牧師になるつもりか」

「牧師になるという召命感はまだない。しかし、素直に祈りができるようになった。もう一度、キリスト教と自分の信仰について、考えてみたくなった」

「大山がそこまで言うのだから、僕もいま考えていることを正直に言う。僕は、頭の中で牧師になろうと考えたことは何度もある。フロマートカもバルトも牧師だ。牧師でないと、ほんものの神学をつくることはできないと思う。ただ、僕にはどうしても牧師として神に召されているという自覚がないんだ。それだから、本質的なところでは、神学者に向いていないのだと思う。もちろん神は信じているよ。イエス・キリストが救い主だということは、理屈ではなく、身体全体でわかっているつもりだ。誰もいない部屋で、ひとりで祈ることもよくあるよ。それでもどうしても牧師になるという召命感がもてないんだ」

「どうしてそう思うのか。もう少し話してみてくれ」

「まだ、考えがよくまとまらないのだけれど、牧師は説教壇から神の言葉を語ることが義務づけられている。しかし、人間は神ではない。従って、原理的に人間は神について語ることができない。しかし、説教壇に立つ牧師は、神の言葉を語らなくてはならない。ここで『不可能の可能性』に挑むことが牧師の仕事だ」

「確かにバルトの考えだとそうなる」

「現代神学はバルトから出発する。この神の言葉を語るときの『不可能の可能性』に挑む自信が僕にはない。僕には説教ができないと思うんだ」

「まだ佐藤の言っていることの意味がよくわからない。もっと具体的に話してくれ」

「うまく説明できない。ただ、説教壇から信者に話すときに、僕は神の言葉だけでなく、それに自分の言葉を付け加えてしまうような気がする。それが怖いんだ」

大山君とのやりとりを通じて、今まで曖昧だったことが少し見えてきた。第二次世界大戦後、カール・バルトは大学での神学活動に専心した。バルトは神学部を教会と見なした。そして、学術的な語彙《ごい》で「神の言葉」を神学生に対して語った。しかし、そこには、「神の言葉」ではない自分の言葉が混在している。しかし、そのことをバルトは誤魔化している。それだから、『教会教義学』という美しい体系ができた。バルトは、「神学とはもっとも美しい学問である」と規定した。最初、わたしはこの言葉に魅了された。しかし、今では違和感を覚える。恐らく緒方先生の影響を受けた。最初は、「ちょっとちがうな。美しさを神学に持ち込むのは不適当じゃないか。この世に生きている人間と取り組む神学は、もっと泥まみれで、汚れているはずだ」と思った。そして、フロマートカの神学を学ぶ内に、最初はちょっとした違和感だったところに、ひびが入り、それが亀裂になり、やがて埋めることができないような大きな裂け目ができた。

フロマートカの著作で、ドイツ語や英語に訳されたものはごく一部だ。大部分がチェコ語で書かれている。そして、チェコスロバキアが鉄のカーテンの向こう側にあるので、その神学事情について知ることはほとんどできなくなってしまった。

「俺は、佐藤が外交官になると、もう神学の世界に帰って来ないような気がする」と大山君が言った。

「どうしてそう思うのか」とわたしが尋ねた。

「佐藤は、日本ではキリスト教徒の数も少ないし、本格的に神学を勉強しても、手応えがあまりないのが嫌なんじゃないか。それに佐藤は日本にあくまでも固執する。それだから、普通に留学して、そのまま外国に住み着いてしまうことになる可能性をあらかじめ排除しようとしている。それだから、外交官なんていう不思議な形でチェコスロバキアへの留学を考えているのではないか」と大山君が答えた。

◆国家の周縁に近づく

大山君は、鋭いところを衝いていると思った。チェコ神学を勉強しようと思うならば、緒方先生やシュペネマン先生の勧めに従って、スイスかドイツに留学すればよかった。神学生には特別の奨学金もある。社会主義国の現実を知りたいのならば、シュペネマン先生が東ドイツのライプチヒ大学プロテスタント神学部に留学する道筋を整えてくれるという。スイスのジュネーブに本部があるWCC（世界教会協議会）に「東と西の対話」という研究プロジェクトがあり、そこから奨学金をとることができるという。シュペネマン先生は、「日本のようなキリスト教徒の数が圧倒的に少数派である資本主義国の神学生が東ドイツで勉強するということになると、資本主義と社会主義の政治的対話と、ヨーロッパとアジアの文化的対話という二重の東西間の対話が可能になるので、WCCが関心を示す」と言う。この計画に乗れば、ときどきチェコスロバキアを訪れることもできる。それにもかかわらず、わたしはこの提案に魅力を感じなかった。日本のキリスト教人口は、あまりに少ない。本格的に日本で神学を研究しても、手応えはほとんどない。神学を勉強するならば、ヨーロッパかアメリカに行って勝負すべきだ。そうしたいという気持ちも確かにある。わたしが外交官になって、日本政府のカネで留学するのに固執するのは、「普通に留学して、そのまま外国に住み着いてしまうことになる可能性をあらかじめ排除しようとしている」からだという大山君の指摘は、確かにポイントを衝いていると思った。

「佐藤は、神学の可能性を信じるか」と大山君は尋ねた。

「僕は神学の可能性を信じる。僕は神学を勉強していて、面白いと思う。それにもっと知りたいと思うんだ。とにかくキリスト教が優遇されている国ではなく、圧迫を受けている国で神学を勉強したい。日本で、キリスト教は吹けば飛ぶような存在だ。それだけど、僕はキリスト教徒であることに意味があると思う。ただ、日本の神学は、キリスト教徒の生き死ににについて、役に立たない。ただし、神学が役に立った時代もあったのだと思う」

「緒方先生や、藤代先生のように戦争中に神学を勉強した人たちにとって、確かに神学は生き死にの原理にかかわってたと思う。しかし、あの時代の神学は、僕たちの魂を打たない」

「確かに大山が言うとおりだ。でも、大山もどこかでもう一度、神学に触れたんだろう」

「俺の場合は、韓国での経験だ。最初は、キリスト教と関係のないところで、韓国の政治犯を救援する活動に熱中していた。前にも言ったように俺は北九州の門司出身だ。周囲に在日韓国人、在日朝鮮人はたくさんいた。しかし、俺は日本と韓国の歴史的関係について、まったく無自覚だった。植民地支配というものがどういうものか、想像すらしなかった」

「しかし、運動に熱中するとそのまま活動家になるか、あるいは新左翼のどこかの党派に所属するというのがよくあるパターンだけれど、大山はどうしてもう一度、神学の世界に戻ってきたんだ」

「俺自身もよくわからないんだ。イエス・キリストは、こちらから近づいていこうとすると、どんどん離れていく。逆に離れていこうとするとついてくる。不思議な存在なんだ」

「大山、僕にもその雰囲気はよくわかる」

「最初、俺は、韓国ではマルクス主義が禁止されているので、社会主義運動を行うために韓国の学生たちはキリスト教の仮面を用いていると思った。しかし、韓国のキリスト教はほんものだ。そして、韓国の反共主義もほんものだ。朝鮮戦争の経験で、北朝鮮の共産主義の現実を韓国人は知っている。韓国の反共主義には、日本の新左翼が言う反スターリニズムの要素がある」

「韓国の学生たちは、アメリカ帝国主義にも反対している。そうすると反帝・反スタということになるのか」

「そうだ」

大山君の視点は面白い。韓国の学生運動活動家たちは、投獄されて拷問にあうことを恐れずに反体制運動に取り組んでいる。確かに、帝国主義とスターリン主義の双方に反対している。しかし、それはマルクス主義に基づいた理論ではない。後発資本主義国で、アメリカや日本の資本の脅威に晒《さら》されるとともにソ連と中国の軍事力に支えられた北朝鮮に対峙した反スターリニズムだ。韓国の学生運動の原点は、「もっと人間らしく生きたい」というヒューマニズムと、韓国に対する愛国心だ。わたしがソウルの長老派（カルバン派）教会で出会ったソウル大学や延世《ヨンセ》大学の学生運動活動家たちも「僕たちは、全斗煥体制には反対しているけれども、大韓民国に敵対するつもりはない」と口々に述べていた。わたしは、韓国人のナショナリズムを羨ましく思うとともに、マルクス主義が禁止されているので、反体制運動がインターナショナリズムに向かわず、最終的にはこのエネルギーが韓国国家にからめとられていくのではないかと思った。

「大山は、韓国のナショナリズムについてどう思う。大山が研究している『民衆の神学』は、下からのナショナリズムを正当化する神学的操作ではないのだろうか」

「佐藤、それは言い過ぎだと思う。『民衆の神学』については、ナショナリズムを超える何かがあると思う。イエス・キリストを解放者と解釈することによって普遍性を獲得することができる」

「民衆の神学」は、イエスが貧しき者、虐《しいた》げられた者とともにいたこととの類比から、韓国の現状を理解しようとする。そして、体制や特権と結びついたキリスト教を批判していく。この点では、特権なきキリスト教を唱えるフロマートカの見解とも似ている。ただし、「民衆の神学」の場合は、苦難の中におかれたイエスの群れと現実に存在する韓国人国家を同一視する傾向が強い。「民衆の神学」がもつ強烈なナショナリズムへの傾斜をフロマートカ神学はもっていない。ただし、フロマートカ神学も、「チェコ人であって、プロテスタント教徒であることは何を意味するか」という点で、キリスト教と民族の問題を扱っている。

「僕は、チェコの神学を勉強していて、大山が『民衆の神学』に触れて感じたナショナリズムとは別の形で民族の問題に触れた。チェコ人で、プロテスタント教徒であるということが何を意味するかというのが、フロマートカにとって生涯の問いかけだったと思う。ルター派であれ、改革派（カルバン派）であれ、プロテスタント教徒であるということは、ドイツ文化に引きつけられることになる。事実、フロマートカは、母国語と同じようにドイツ語を操ったし、ドイツ語で書いた論文も多い。しかし、フロマートカは、徹底的にチェコ人であることにこだわった。それだから、自らの起源を15世紀の宗教改革者ヤン・フスにおいた。そして、ルター派と改革派を合同してチェコ兄弟団福音教会をつくり、チェコに独自のプロテスタント教会をつくろうとした」

「フロマートカは、もともと改革派に属したのか」

「違う。ルター派だ」

「フロマートカの場合、行動がカルバンに近いので、改革派かと思った」

一般に、ルター派は政治的に保守的だ。体制に順応し、内面的な信仰に純化する傾向が強い。これに対して、カルバン派の場合、信仰に基づいて国家や社会を批判していく傾向が強い。

「フロマートカの場合、社会に積極的に関与していくので、改革派系と見られることが多いが、母体はルター派だ。もっとも、神学校を卒業し、青年牧師になったときから政治づいて、改革派の牧師たちと頻繁に接触して、フスの宗教改革に回帰する教会合同を画策していた。それだから、一種の懲罰として、第一次世界大戦の末期に従軍牧師としてフロマートカはウクライナ戦線に送られた。ただ、神学的には、ルター派の影響が強く残っている」

「面白い。どういうところにルター派の影響があるのか」

「神が、人間の悲惨さの最も深い深淵にひとり子であるイエス・キリストを送ってきたという考え方だ。これがフロマートカ神学の骨格をつくっていると僕は考えている。もっとも悲惨なところに下降したから、そこから神によって引き上げられるという弁証法だ」

「神の栄光のために人間が生きているという構成ではないのか」

「カルバンのように、神の栄光のために人間が生きているとフロマートカは考えない。人間の苦難や不幸という要素をカルバンよりもずっと重視する」

わたしが、カール・バルトやエミール・ブルンナーよりも、フロマートカに惹かれるのは、人間の苦難に介入してくる神という構成を強くとっているからだ。わたしは、続けた。

「結局、人間とは苦しい存在だと思うんだ。それを救済するという傾向がフロマートカ神学には強い。苦難を神学の正面に据えるべきと僕は思う。この場合、苦難は、人間が失恋や病気など、個人的に感じる苦難だけに限定されるべきではない」

「この点で、韓国の『民衆の神学』は、苦難を社会的、政治的レベルでとらえたものとして、画期的意義があると思う」

「確かにそれはそうだ。ただ社会の構造悪を政治的にとらえようとすると、政治運動がもつ悪に目をつぶるようになってしまうと思う。僕は、キリスト教的な政治や政治運動は存在しないと思う。その意味で、『民衆の神学』については批判的だ。キリスト教は、政治運動との関係においては、保守的というか復古的な機能を果たすと思うんだ」

「どういう意味だ」と大山君が尋ねた。

わたしは、よくまとまらない考えを、行ったり来たりしながら、だいたい以下のようなことを話した。

キリスト教は、国家とも社会とも、一致できない。社会の不正に対して、キリスト教徒は、当然、異議申し立てをする。しかし、それはイエス・キリストが社会や国家に対して、「否には否」という態度を貫き通したからだ。それと同時に、革命運動を含む特定の政治運動や社会運動とキリスト教を自己同一化することはできない。人間の社会的、政治的運動の中にある思考停止や悪についても、イエス・キリストは「否には否」という態度を貫き通したからだ。それから、キリスト教は、真理を未来に求めない。解放の根拠は未来ではなく、過去にある。1世紀のパレスチナに、イエス・キリストが出現したときが、人類史のもっとも悲惨な状況である。この人間の悲惨さの最も深い深淵に、神はひとり子であるイエス・キリストを派遣した。救済の根拠は、この出来事との類比に求められる。そうなると真理は過去にあるから、復古的発想になる。また、真理を解釈して、保全しているのが神学史なのだから、そこから学ぶという保守的発想になる。
ここで重要なのは、イエスが述べた「地の塩」「世の光」という発想だ。「あなたがたは地の塩である。だが、塩に塩気がなくなれば、その塩は何によって塩味が付けられよう。もはや、何の役にも立たず、外に投げ捨てられ、人々に踏みつけられるだけである。あなたがたは世の光である。山の上にある町は、隠れることができない。また、ともし火をともして升の下に置く者はいない。燭台の上に置く。そうすれば、家の中のものすべてを照らすのである。そのように、あなたがたの光を人々の前に輝かしなさい。人々が、あなたがたの立派な行いを見て、あなたがたの天の父をあがめるようになるためである。」（『マタイによる福音書』第５章13～16節）
キリスト教徒は、塩や光の役割を果たす。塩や光は、それ自体に意味があるのではない。周囲に影響を与えるので意味がある。その目的は、「あなたがたの天の父をあがめるようになるためである」。塩も光も、周囲とは性質を異にした存在だ。それだから、影響を与えるのである。さらに、塩も光も量は少なくても、周囲の状況を質的に変化させる。キリスト教徒は、政治運動、社会運動の周縁的なところにいて、これらの運動に影響を与えることが期待されているのである。
そしてわたしは、「僕たちが、影響を与えることをいちばん考えなくてはいけないのが、民族だと思う。結局、日本人に現実的に影響を与えることを考えるのが、キリスト教徒の責務だし、この問題を知的側面から取り上げるのが神学の課題だと思う。ただし、問題は、日本のキリスト教が、周縁からもはるかに離れてしまった。確かに日本のキリスト教徒で積極的に悪事に手を染める人は少ない。同時に、塩辛さも光としての明るさもほとんど失ってしまったので、現実に対して影響を与えることができなくなってしまった。もう一度、周縁まで、現実に近づかなくてはならないと思う」と言った。

「要するに国家の周縁に近づくということか。それで外交官になろうと思うのか」

「そうだ。チェコ語を専門とする中堅官僚だから、国家の中心に入ることはできない。ただし、国家の周縁に位置することになるので、国家を身近に観察することはできる。大山と話をしているうちに、なんで馬鹿馬鹿しい受験勉強にエネルギーを割いて外交官になろうとするかが、わかった」とわたしは答えた。

◆第二次大戦後のチェコスロバキア

わたしが、外交官になりたいと思ったのは、フロマートカにならって生きたいと考えたからだ。ちょうど修士論文でこのテーマについて調べていた。ウオトカをショットグラスで1杯飲みほしてから、「少し長くなるけれどいいか」と断ってから、わたしは大山君に、いま考えていることを話し始めた。

第二次世界大戦中、フロマートカはアメリカに亡命し、プリンストン神学校で教鞭をとった。戦争が終わった。ナチスによって解体されたチェコスロバキアは、１９４５年に国家を回復した。ただし、フロマートカは、ただちに帰国したわけではない。２年ほど様子を見て、１９４７年に帰国する。自伝でフロマートカは、こう説明している。

第二次世界大戦後しばらくの間、私はプリンストン神学校の教授職にとどまった。次第に私の仕事は終わりに近づき、もはや同職を継続する気はなくなった。私が祖国で旧職に復帰し、ひとりの神学者あるいは説教者として不可欠の信頼を得ることができるか否かを決意するために、一九四五年に二回、四六年に一回、チェコスロヴァキアを短期間訪問した。六年間は長かった。しかし、私が祖国を離れて暮らしていた間に、全世界の歴史において、そしてもちろんチェコスロヴァキアの国民と教会の歴史において、深い、激しい転換が起こった。私はアメリカで戦前、戦中、戦後を通じてアメリカ国民として暮らし、アメリカの孤立主義が国際的軍事闘争への参加および同盟国であり主要な勝利者であるソ連に対する恐怖心によっていかに変化したかを体験した。私は旧勢力の崩壊、植民地体制終焉の開始、国連における協力という初の試みを目《ま》のあたりにした。しかし、私はあたかもバルコニーの上で暮らしていた。すなわち恐れながら、大火事と最終的な勝利を観察し、記録し、その間一生懸命に暮らしていた。その時期に、チェコスロヴァキア国民はヒトラーの圧政の下で、個人的、国家的な大きな危険を負い、分断され、抑圧された。しかし、まさにそれゆえに、かつてない抵抗運動が盛り上がったのである。

（ヨゼフ・ルクル・フロマートカ『なぜ私は生きているか』佐藤優訳、新教出版社、1997年、88〜89頁）

わたしは、「あたかもバルコニーの上で」という表現に衝撃を受けた。フロマートカは、1930年代半ばから反ファッショ運動に積極的に参加していた。1939年にナチス・ドイツによってチェコスロバキア共和国が解体されたとき、フロマートカは、ジュネーブ、パリを経由して、アメリカに亡命した。そうしないとゲシュタポに逮捕され、処刑される危険があったからだ。プリンストン神学校で教鞭をとっているときも、ロンドンのチェコスロバキア亡命政権と緊密な連絡を取って、反ナチス運動に従事していた。フロマートカは、自分はナチズム、ファシズムと戦っていると考えていた。客観的に見ても戦っていた。しかし、チェコの同胞の視座からは、フロマートカは「あたかもバルコニーの上で」歴史を観察していたひとりに過ぎないのだ。

自伝で、フロマートカは、この現実について気づいたときの衝撃について、こう記している。

私と私の兄弟姉妹の状況の相違は、思考様式、感情、現在と将来の人類社会観に関して深い見解の相違を残したのである。私の親友、同僚の幾人かは死刑台もしくは強制収容所で死んだ。これは解決されなくてはならない異なった実存的体験の問題である。ある種の不安をもって私は帰国し、情勢を研究し、祖国と教会の動向を理解しようとした。自分が信頼を得て素直に受け入れられるとは夢にも思わなかった。とりわけ私は、祖国で起こったことを理解でき、帰国したところで、ひどい苦難を伴う、多くの人々を巻きこんだ危険を体験した人々と、交流を再開できるとは思わなかった。多くのアメリカの友人が、私がアメリカにとどまるように説得した。しかし、私にはチェコスロヴァキアに帰国する以外の道はなかったのである。

（フロマートカ前掲書、89頁）

フロマートカは、1947年に帰国した。その翌1948年2月にチェコスロバキアで共産党の無血クーデター「2月事件」が起こる。第二次世界大戦中、チェコスロバキアにはふたつの亡命政権があった。第一が、フロマートカが所属したロンドンの亡命政権である。第二が、モスクワの共産党系亡命政権だ。チェコスロバキアでは、このふたつの亡命政権が協調して、資本主義でも共産主義でもない第三の道ができるのではないかという期待感があった。しかし、「2月事件」の結果、共産党が権力を掌握することになった。このとき、もともとロンドン派の影響下にあったチェコスロバキア軍が、共産党に対して好意的中立の姿勢をとった。なぜだろうか。それは、チェコ人とスロバキア人が欧米の民主主義に対して強い幻滅感をもっていたからだ。

1938年、ヒトラーが、チェコスロバキア領内でドイツ人が多く住むズデーテン地方の割譲を要求した。当時のチェコスロバキアは、民主主義と人権の模範生で、ドイツ人の権利も全面的に保障していた。ヒトラーの要求は言い掛かりに過ぎなかった。

1938年9月29〜30日、ドイツのミュンヘンで、ズデーテン問題に関し、イギリス、フランス、ドイツ、イタリアの4カ国首脳会談が行われた。領土を割譲されるかもしれない当事者であるチェコスロバキアの代表団は、会談への参加を認められず、控え室で結果を見守るしかなかった。ヒトラーは、これ以上の領土要求をすることはないと言った。イタリアのムッソリーニ首相もヒトラーを支持した。ドイツの主張を認めないと戦争が勃発することを恐れたイギリスとフランスは、ヒトラーの要求を全面的に認めるミュンヘン協定に、会談初日の29日に署名した。英仏のヒトラーに対する宥和《ゆうわ》的姿勢が第二次世界大戦への露払いをすることになった。チェコスロバキアは、中東欧における唯一の民主主義国であった。しかし、同じ民主主義陣営に所属するはずのイギリスとフランスは、チェコスロバキアを釣り銭のように扱った。この教訓から、チェコ人もスロバキア人も民主主義を信じることができなくなってしまったのである。

共産党は、そもそもチェコスロバキア共和国という国家が、反ソ、反共を目的とする人造国家であると非難していた。先程、モスクワにもチェコスロバキアの亡命政権があると述べたが、正確にはチェコ共産党による亡命政権が存在していたのである。当初、共産主義者は、チェコ人とスロバキア人が別個に国家をつくる可能性も排除していなかった。第二次世界大戦後、スロバキア人共産主義者の中には、チェコスロバキア国家を復活するのではなく、スロバキア国家をソ連に加盟させた方がよいと考える人たちもいたくらいだ。もっともソ連は、スロバキアだけでなくチェコを含めて、社会主義化することが、スロバキアを併合するよりもソ連の国益に貢献すると考えていた。したがって、スロバキアのソ連加入は幻になった。

ソ連がナチス・ドイツと生きるか死ぬかの戦いを展開したことは間違いない。そこで、チェコ人、スロバキア人のインテリ、民衆の双方に、チェコスロバキア国家を生き残らせるためには、ソ連を安全保障の礎《いしずえ》とすることが適切であるというプラグマティックな発想が広まった。

この時点で、チェコ人もスロバキア人もソ連（ロシア）に対して好意的感情をもっていた。ソ連に対して好意的感情をもつ民族、ブルガリア人、セルビア人、さらに1948年時点でのチェコ人、スロバキア人には特徴がある。ソ連もしくは帝政ロシアと国境を接したことがないということだ。ロシア人をよく知らないスラブ系の人々がソ連（ロシア）に対して好感をもつのだ。少し、話が逸《そ》れるが、1968年8月のソ連軍を中心とするワルシャワ条約機構5カ国軍（ソ連、ポーランド、東ドイツ、ハンガリー、ブルガリア）がチェコスロバキアに侵攻した最大の誤りは、それまでチェコ人、スロバキア人の中にあった親ソ感情を完全に吹き飛ばしてしまったことである。「プラハの春」は、「人間の顔をした社会主義」を追求する社会主義体制を前提とした民主化運動だ。１９５６年のハンガリー動乱のような、社会体制を資本主義に戻そうとする傾向は、１９６８年のチェコスロバキアにはなかったのだ。体制内の異議申し立て運動が、社会主義を掲げる国家によって鎮圧され、死傷者が発生した。この瞬間から、社会主義はチェコ人とスロバキア人の間で道義性を完全に失った。実は、「人間の顔をした社会主義」という発想は、フロマートカによるところが大きいのである。

フロマートカは、「2月事件」によるチェコスロバキアの共産化を消極的に支持した。革命を必要悪として認めたのである。チェコのプロテスタント教会は、トマーシュ・ガリッグ・マサリク初代大統領がこの教会のメンバーであったことからもわかるように、戦前の反共、民主主義的なチェコスロバキア国家の支配層に属した。しかし、この政権はナチズムの前にあまりに無力だった。共産党は無神論を掲げる。キリスト教徒が目を背けてしまった労働者の貧困問題に本気で取り組み、またナチズム、ファシズムへの抵抗を命がけで行った。本来、キリスト教徒がやるべきことを、共産主義者が行ったとフロマートカは解釈した。ただし、共産主義者は、素朴な唯物論を信奉しているために、超越性に対する畏敬の念をもたない。原罪観をもたない。性善説によって組み立てられた社会は、フランス革命におけるジャコバン派の統治のような恐怖政治になる。これを阻止するために、キリスト教徒は全力をあげて共産主義者に対して働きかけなくてはならないと考えた。

１９３０年代にフロマートカは、スターリンによる粛清を批判する論文を書いている。スターリンの政治体制に関しては、根源的批判がある。しかし、反ナチス、反ファシズムで欧米民主主義陣営とソ連が共闘した結果、双方に変化が出ていると考える。共産主義者は自らをヒューマニストと考えている。それならば、「人間とは何か」というテーマで対話を行うならば、共産主義者も変化すると考えた。もちろん、共産主義者だけが変化するのではない。この対話の結果、キリスト教徒も変化するのである。

１９５８年に東ドイツで刊行された『無神論者のための福音』の中で、フロマートカはこう述べる。

神学も実際それ自身に固有の実体を失って、自己疎外に陥っていた。そして神学は、現実的なかつ生ける人間にぶつかり、そしてこの人間を助けるべき機会をむざむざ失ってしまった。実存への叫び、本来的実在性を求める叫び声は、そのことによって発生した精神的真空の無気味な反映にほかならない。いわゆる西の実存主義といわゆる東の共産主義とが、この真空のなかで顔合わせし、両者ともその根っこから引きぬかれたような近代人、そのさすらいまわりや懐疑的気分に陥っている近代人を、助け出そうとどんなに躍起になっているかを、観察するのは、たいへん教訓に富むことである。実際、われわれはもっとも深い深淵の奥底まで下降した、そしてひとつの出口を尋ね求めている。つまり特殊的には各個人の、一般的には人間的なものの救いを探し求めている。

（J・ロマドカ（フロマートカ）「無神論者のための福音――真正の実存を求めて」山本和訳、佐古純一郎編集・解説『現代人の思想3　現代の信仰』平凡社、1967年、303頁）

西側の実存主義者も、東側の共産主義者も、近代社会で疎外された個々人と、類としての人間を解放しようとしている。ここで根源的に考え直してみることが重要だ。人間は原罪をもつので、疎外された状況に置かれている。人間疎外は近代になって起きたことではない。常に人間は疎外された状態に置かれているのだ。神は人間を救済するために、ひとり子であるイエス・キリストを人間の悲惨さのもっとも深い深淵にまで、下降させたのである。その結果、人間は疎外から解放される根拠をもつようになった。イエス・キリストを信じることが救済なのだということを、社会主義社会の中で伝えていくことが神学者の使命であるとフロマートカは考えた。

この対話をキリスト教神学者は命がけで行わなくてはならない。そのためには、神学者が本来やらなくてはならないことを怠っていた点について真摯に自己批判する必要がある。

われわれは自分はキリスト者だと自称しているが、そのわれわれが今日おかれているところは、生と死の間の人間実存への問いの直前であり、そしてそのわれわれには自分で誇りうるようなものは全然皆無であり、非キリスト教的世界ないし不信仰の世界にたいして、いわばひとつのキリスト教的前線を構築してもよいような権限を、なにひとつ持ってはいないのである。キリスト者たちは、事実上不信仰になった。彼らは、希望なき人々や懐疑家やニヒリストたちにたいしてのみならず、同時に無神論的なコミュニストたちにたいしても、責任と負い目とを負うている。このことが分からない限り、われわれはいつまでも出口もなく、脱出の見込みもないひとつの袋小路に立ちつづけるのだ。（ロマドカ前掲書、３０５頁）

イエスは常に貧しい人々と共にいた。イエスは、他人と苦悩を共有した。人間に根源的な自由を得させるために、イエスはあえて苦難の中に入っていったのである。

◆無神論者の神

共産主義者の無神論を批判する前に、キリスト教の中に忍び込んでいる無神論を自己批判する必要があるとフロマートカは考えた。また、教会の中に忍び込んでいる不信仰を克服する必要があると考えた。無神論を脅威と見なして反共十字軍を形成するという発想自体が、キリストの福音から掛け離れているとフロマートカは考えたのである。

このようなフロマートカの考えはわたしの魂を揺さぶった。日本のキリスト教徒は、プロテスタント、カトリック、正教を合わせても、人口の1パーセントに満たない。この状態を嘆くのではなく、神学者が自らの責務を果たさなかった結果であると、自己批判すること、神学的に言うならばメタノイア（悔い改め）が必要であると思った。

イエスは、人々に悔い改めを訴えた。悔い改めはキリスト教の基本のはずだ。しかし、キリスト教徒は悔い改めを忘れてしまった。プロテスタント教会は、市民社会と呼ばれる資本主義システムと自己同一化してしまった。この根源は、313年のミラノ勅令によってコンスタンチヌス大帝がキリスト教を公認したことにある。これによって、教会と国家が癒着してしまった。キリスト教が本来もっていた、貧しい人々、虐げられた人々とともに生きるという原理が疎《おろそ》かになっていた。そして、キリスト教は体制と一体化していくのである。中世の西ヨーロッパにおいて、ユダヤ・キリスト教の一神教、ギリシア古典哲学、ローマ法が融合した「コルプス・クリスチアヌム（corpus christianum）」というキリスト教文明を標榜する社会システムができあがった。中世システムが崩壊し、近代になっても、世俗化された形でこのシステムは残ったのである。このシステムの中で、支配者側に組み込まれたキリスト教徒は悔い改めを忘れてしまったのである。

このようなコルプス・クリスチアヌムを徹底的に脱構築する動きが、1917年11月にロシアで起きた社会主義革命であるとフロマートカは考えた。

一九一七年の革命には深い精神史的な意味がある。キリスト教界でそれと対決したような方式や様式は、不吉なものにならぬとは限らない。そのなかにデーモン的な諸力やもろもろの破壊力や反神的諸力の爆発を見ている間は、ひとはロシア革命をそれの本来的念願や企図においては理解することができないし、それにたいして意味深く出会うことも不可能である。今日的状況のもっとも怪しげな局面のひとつは、ロシアの諸国に起こった革命・顛覆《てんぷく》を消極的にしか捕えないし、この革命を積極的に使いこなすことを好まない点にある。西欧的人間がロシア革命とソヴィエト・コミュニズムを十字軍気分によってか、政治的な防諜活動によってか、あるいは軍事上の方策を講ずることかによって、弱体化させたり、防壁をもうけたり、それればかりか道徳的に誹謗《ひぼう》したり、とどのつまりは突き倒してしまおうとする試みは、みな力がないのみならず、結局のところ政治的無力に、知的な無能に、そして精神的な希望喪失に導きこむだけである。わたしには、ソヴィエト革命の無気味な事実に容易にかつ軽率に折り合いをつけることもできなければ、折り合いをつけてもならないということなら、よく分かる。この革命にたいして人がひどく批判的になったり、不安な気持に陥ったりすることなら、よく分かる。だがこの革命は、西欧諸国の進歩主義的市民階級や改良主義的社会主義がかき抱いていた大きな希望や期待を、ことごとくこなごなに打ち砕いてしまった。政治的にもっとも腹蔵のないヨーロッパ精神やアメリカ精神の予想——人類は自由民主主義か社会民主主義の方向に発展していくであろうとか、西欧的な社会政策の構造がすべての大陸を包括する国際秩序の模範となるであろうとかいうような予想——は、みんな崩壊した。

（ロマドカ前掲書、306〜307頁）

確かにソ連は、科学的無神論を国是に掲げている。西側のキリスト教が反共主義のスローガンを掲げて、ソ連や中東欧の社会主義国と対決することは誤りであるとフロマートカは強調する。キリスト教が、特にプロテスタンティズムが、資本主義社会の矛盾と真剣に取り組み、労働者の境遇を改善する努力をしていれば、マルクス主義の力がこれほど大きくならなかった。この状況に対して、キリスト教徒は悔い改めようとしていない。これが最大の問題なのである。特に教会を反共十字軍に組み込もうとする試みは、自己義認（正当化）以外の何物でもない。このようなキリスト教の政治利用を信仰的良心から拒否しなくてはならないとフロマートカは考える。

人間の理性を信頼する啓蒙主義と、それと親和的な自由主義神学は、1914年に勃発した第一次世界大戦による大量殺戮《さつりく》と破壊によって、破産してしまった。それにとどめを刺したのがロシア革命なのである。

ロシア革命を無神論の系譜からのみ見ることは誤りであるとフロマートカは考える。ロシア革命には、無神論の表象の下に、激しい宗教的情熱が隠れている。

　さらにもうひとつ、注意すべきことがある。共産主義革命の反宗教的・反教会的情熱は、それの特殊な意義をもっている。それはただ一部分だけマルクス主義思想の表現であるにすぎない。それは同時に他の一部では、不信仰なロシア・インテリゲンツィアの自由思想家ふうの精神気流によって規定せられている。この情熱は、二種類の根株をもっているが、ともに中欧ないし西欧諸国においては、ほとんど知られていない。西欧の無神論は、ある懐疑的な否定的性格をもっている。それは、信仰と精神的確信の解体がはるかに進捗《しんちょく》していることとの一表現である。そのなかに反映しているのは、キリスト教的《世界観》と文化統一との崩壊なのだ。それは、部分的には、西欧知性の精神的無力の一徴候でもある。この無力は、近代的な、知性的に閃光《せんこう》を発する、文学的には優勢だが、内面的には分解過程にある実存主義において最高点に達したものである。その際、わたしは、神概念を全面的に遮断した近代科学によって、産出された無神論のことは、顧慮しないでおく。（ロマドカ前掲書、３１０頁）

　西欧が衰退しているのは、近代が臨界点に達しているからだ。プロテスタンティズムは、近代と手を携えて発展していった。従って、近代が終焉期を迎える状況において、プロテスタンティズムも機能不全を示すのだ。もっとも、近代に背を向けたカトリシズムや正教も近代を生き抜いた。キリスト教には、時代を超越する力がある。従って、プロテスタンティズムも、それがキリスト教の本質から離反しない限り、近代以降の時代を生き抜くことができるはずだ。ところで、プロテスタンティズムはどのような機能不全を示しているのであろうか。

それは伝統的キリスト教諸教会の精神的無気力の問題である。こうした確言は、キリスト教的西欧にみられる、なかなか侮りがたい諸現象のひとつひとつに注目すれば、どうもはっきりしないように思われるかも知れない。だが、われわれは何しろひとつの神学的革新の内部にいるのだ。この神学的革新は、われわれを元気づける働きをなしうるであろう。神学は、事実上、そのもの自身の、本来の主題に立ち帰った。神学は、生ける神の言葉に、そして受肉せる言葉であるナザレのイエスにおいてある神の奇跡により頼むようになった。このことによって神学は、人間的な諸体験と歴史的な発展とに基づく相対主義的気分からまったく解き放たれた。神学はこのようにはっきり見透《みとお》しをつけた——どんな宗教心理学ないし宗教歴史学も、真理にたいする問い、信仰の有効性と確実性とにたいする問いに、答えうるような事情にはいないし、人間を導いてまことの信仰の信頼に、現実的自由、優越性、無条件的献身にいたらしめる事情にはいない、と。神学はまたこういうことを理解した、聖書的諸文書の証言は、信仰の共同体すなわちイエス・キリストの教会の枠内でのみ捕捉され、かつ今日の人間のために逞《たくま》しく解釈されうるものだということを。現代神学のあらゆる専門分野における驚くべき業績は、われわれの心を引き立ててくれるものであるといえよう。

（ロマドカ前掲書、３１３頁）

資本主義社会と結びついたプロテスタンティズムは、内在的生命を失いつつある。それだから、伝統的神学を刷新しなくてはならない。実を言うと、カール・バルトが始めた弁証法神学によって、プロテスタンティズムは、自己刷新に成功した。人間が神について語る宗教のアプローチを捨て、神が人間について何を語っているかという事柄に虚心坦懐に耳を傾けることの重要性に気づいたのだ。神を再発見したと言い換えてもよい。これは20世紀最大の神学的業績である。

フロマートカは、ここで受肉に注目する。前にも述べたが、フロマートカはもともとルター派に所属していた。神が人間の悲惨さの最も深い深淵にまでひとり子イエス・キリストを派遣したことが、人間が救われる根拠とする。ここには明らかにルター派の「十字架の神学」の痕跡がある。キリスト教は救済宗教だ。この観点から聖書は、キリスト教会において、あくまでも救済のために読まれる。大学の西洋古典学科で読まれる場合と、神学部で読まれる場合では、そのもつ意味がまったく異なるのだ。

聖書だけでなく、歴史的出来事も救済史の観点から、神学的に読むことができる。フロマートカはロシア革命を救済史上の出来事と考えた。

ロシアの革命的無神論は、信仰の事柄であった。一九世紀の近代的なロシア思想家は、人間を発見した、そしてこの発見によって感動させられて、行為にまで、実に殉教の死にまでも動かされていったのである。かれには人間がその尊厳と偉大さにおいて現われ出た。人びとは神を礼拝することをやめて、人間を神の王座に即《つ》かせた。人びとは教会によって宣《の》べ伝えられている神を、権力者や富める者の同盟者として憎んだ。実際、ドストエフスキーがあのように深く動顛させる仕方で描いた巨人主義的個人というものがいたのである。だがたいていの革命的気運に動かされていた人びとの間では、神の退位はひとつの新しい発端を意味した。すなわち、全力を人間の奉仕に捧げること、いいかえると、奴隷にされた者、《世の卑しい者や軽蔑された者たち》の奉仕のために全力をつくすことである。この無神論は、それから宗教にたいするマルクス主義的闘争と結びついた。宗教は、迷信と神話論の残滓であり、搾取階級の貧しき者たちを搾取せんがための手段であると見なされたからである（自由思想家流の懐疑論者にやどる無神論には、必ずといっていいほどシニシズムや道徳的ニヒリズムがつきものであったが、これは革命的集団の圏外にとどまっていた）。

（ロマドカ前掲書、３１０頁）

ロシアの革命家の特徴は、自らの理念に文字通り命を捧げることにある。仮に革命思想が唯物論を標榜《ひょうぼう》していても、唯物論からこのような、命を差し出す気構えは生まれない。ロシアの革命家たちは唯物論を信じたのである。無神論についてもこれと同様のことが言える。ロシア人は、無神論を宗教的対象として信じたのである。革命家にとって、神は国家権力、富と結びついていた。そのような神を革命家が憎むのは当然であるとフロマートカは考える。バルトが宗教批判を積極的に進めるべきであると主張したのも、人間の利益や願望を投影した神なるものは、名称が神であってもそれは偶像だからだ。キリスト教徒は、信仰的良心をもって偶像崇拝を拒否しなくてはならない。

マルクス主義の無神論は、極端なヒューマニズムなのである。ヒューマニズムは、人間がすべてを支配するという近代主義と親和的だ。プロテスタンティズムも近代主義と親和的である。ということは、われわれプロテスタント教徒の中にも無神論があるということだ。キリスト教徒にとって重要なことは、マルクス主義の無神論を非難することではなく、「神なしに生きていくことができる」と考えるわれわれの常識と闘い、キリスト教の中の無神論を克服することだ。それは思想的操作だけでは不可能だ。現実のこの世界で、現実に生きている具体的な人間のために生きることによって、信仰を回復するのだ。フィールドはこの世界なのである。

神は、キリスト教徒にとってのみの神ではなく、無神論者にとっての神なのでもある。イエス・キリストは無神論者、共産主義者にとっても救い主なのである。無神論者のための福音という形で、フロマートカはもう一度、神学をキリスト論的に再編しようとした。

神学をキリスト論的に再編するということは、具体的に何を意味するのだろうか。それは、イエス・キリストの他者性を回復することである。イエスは、自分のために人生を生きたのではない。他者のために生きたのである。そして、十字架の死を遂げた。キリスト教徒は、このようなイエスの生き方を規範としなくてはならない。教会は、他者のために存在するのである。この観点から、マルクス主義の無神論を理解しなくてはならない。繰り返しになるが、キリスト教の神は神を信じる人々にとってのみではなく、神を信じない人々にとっての神でもある。しかし、神を信じない無神論者と神について話そうとしても、共通の基盤が存在しない。それだから、キリスト教徒は無神論者と人間について対話するのである。そして、神を信じる者の方がより深く人間を洞察していることを示すのだ。

◆ほんとうに対話は成り立つのか

フロマートカのキリスト教徒とマルクス主義者の対話に関する考え方をわたしは一気に大山君に話した。大山君は、わたしの話を聞いた後、ショットグラスに入ったウオトカを飲みほしてから、口を開いた。

「対話か。しかし、対話なんて、ほんとうにあるのだろうか」

「僕と大山だって、こうやって対話しているじゃないか」

「そうかな。これが対話なのかな」

「そうじゃないか」

「いや、俺は佐藤の話を注意深く聞いている。しかし、それじゃ対話にはならない」

「どういうことだ」

大山君は「怒るなよ」と前置きしてこう続けた。

「佐藤は、英語やドイツ語が得意だし、本を読むスピードも速い。本から得た知識を佐藤なりに咀嚼《そしゃく》して俺に話してくれる。面白い話もあれば、そうでない話もある。ただ、こうやって佐藤と話していることが、対話とは思えないんだ」

「というと、何なんだ」

「結局、対話といっても、それは知識や経験が多い側の話を、少ない側が受け入れることではないかと思う」

「僕が、大山に意見を押し付けていると言うのか」

「そうじゃないよ。押し付けられているとは思わない。ただ、知識を受け入れることは、対話ではないと思う。俺は、政治や神学について対話は根源的に成り立たないような感じがする」

「どうして」

「この前、みんなで北朝鮮の人民選挙で金日成がキリスト教徒を説得した話を読んだだろう。

あれが対話の本質をよく表していると思うんだ」

大山君が述べたのは、1946年11月3日に行われた人民選挙のことだ。この日は日曜日だった。一部のキリスト教徒は、日曜日は安息日なので、選挙のような公的行事には参加できないと言った。金日成がキリスト教徒の代表者と対話した結果、キリスト教徒も選挙に参加し、人民政権を支持したという物語だ。

一九四六年十一月三日の道、市、郡人民委員選挙はキリスト教徒に種々の難問を投げかけた。安息日（十一月三日）に投票すべきか、金日成体制下の人民委員会委員に牧師、長老達が立候補できるかなどが、教会の中で真剣に論じられた。この選挙は一応金の体制固めの中で初めて行われる選挙である故に、金にとっては重要な選挙であり、それだけ神経をつかっていた。キリスト教界はこの選挙をめぐって、安息日厳守の立場から、十一月三日日曜日の選挙には参加できない、また牧師、長老が立候補する場合、一応教会の職を辞して政治人として立つべきであり、政教分離の立場から教会の役職につきながら委員候補者になることはできないという強硬路線が打ちだされた。片方では基督教徒連盟（註＊朝鮮労働党と協調路線をとる朝鮮基督教徒連盟）側は選挙への積極的支持を唱え出した。実際平安南北道の諸教会の多くは選挙を拒否したといわれているが、大勢は両極端の中にあって沈黙の中に選挙に臨んだと推測される。この選挙の結果、当選した人民委員総数三四五九名のうち、九四名（二・七パーセント）の宗教人が選出されたといわれる。この数はかなり多いと解釈されるべきで、後になるにつれて、統計上に宗教人の項が消滅してくる。宗教をバックにした立候補が不可能になってきたことを意味する。九四名の宗教人の内訳は明確ではないが、キリスト教徒の委員がかなり入っていたことが予想される。

（澤正彦『南北朝鮮キリスト教史論』日本基督教団出版局、１９８２年、１９０頁）

金日成は、選挙２日前の１９４６年11月１日に平壌《ピョンヤン》で行った演説でこう述べた。

人民委員に選出されるということは、人民の信任を受け人民に奉仕するようになることを意味します。信者や僧侶、牧師が祖国と人民のために活動するのを禁止するような宗教などありえません。いかなる宗教の信者や牧師、僧侶たるを問わず、かれらが真の愛国者であれば、自国人民のために働くことができ、また当然働くべきであると思います。それゆえ善良で愛国的な宗教者であれば、誰でも人民委員に選出されることも、人民委員を選挙することもでき、そして人民委員会の活動に熱意をもって参加することができるし、また必ずそうすべきであります。

北朝鮮では信仰の自由が保障されており、いかなる宗教も弾圧したり制限するようなことはしていません。北朝鮮にいるすべての宗教者は公民としての完全な権利と自由を享有しており、今度の人民委員会委員の選挙にも同等の権利をもって参加します。そして多くの牧師や僧侶が人民委員会の委員候補に推薦され、大部分の信者が選挙活動に熱意をもって参加しています。

もし、宗教活動家のうちのある分子が、宗教の伝統と教理を口実に、このたびの選挙に信者や僧侶、牧師の参加に反対するならば、それは外国に買収されてスパイになった者が宗教を自分らの破壊活動に利用するためにやっていることに違いありません。このような連中は、選挙の際に破壊工作をおこなうため、信者の善良な心情をもてあそび、かれらをだまそうとしているのです。例をあげると、新教の一部の牧師がそういう行動をとっていますが、かれらは朝鮮を再び植民地化しようとする敵の手先です。「信者の友」という仮面をかぶってはいるが、実は信者の敵であり、全朝鮮人民の敵であるこのような売国的牧師は、信者自身が暴露し排斥するに違いないと、われわれは信じています。

（「歴史的な民主選挙をまえにして――平壌市民主選挙慶祝大会でおこなった演説――」

『金日成著作選集第1巻』朝鮮・平壌外国文出版社、1979年、123～124頁）

「俺にはこの金日成の発言が対話の本質を表しているように思える。対話という形で、結局は、強い者の意思を弱い者に押し付けている」と大山君は言った。

「政治的圧力と、知識に基づく説得は本質的に異なる。僕は少なくとも金日成のような姿勢を大山に対しても、他の誰に対してもとった覚えはない」とわたしは反論した。

「佐藤、怒るなといったじゃないか」

「別に怒ってはいないよ。政治的圧力と対話を同一視することはおかしいと僕は言っているんだ」

「しかし、根源的なところで、対話は成立するのだろうか。一方が他方を呑み込むのでなければ、結局、双方が理解し合えないまま、平行線をたどるのではないだろうか」

「……」

「俺は共産党と（同志社大学）学友会の赤ヘルの連中の諍《いさか》いや、新左翼諸党派間のイデオロギー闘争なるものを見ていて、人間は根源的に対話する能力に欠けているのではないかと思うようになった。いや、対話の可能性がないとは思わない。いま、あえて佐藤に対して挑発的なことを言ったが、アザーワールドの中では対話があると思う。それは、俺たちがお互いに顔も性格もよく知っているからだ。しかし、そこから少し離れたところでは、もう対話が成り立たない。他学部の自治会の連中たちとも、神学部のゼミでも、実は対話がない。佐藤はフロマートカが、キリスト教徒とマルクス主義者の対話を本気で行おうとしていたというが、フロマートカは、対話がほんとうに成り立つと思っていたのだろうか。それとも、腹の中では、マルクス主義に対して、キリスト教が勝利すると考えていたのだろうか」

「究極的には、マルクス主義に対してキリスト教が勝利すると考えていたと思う」

「それならば、根源的に対話が成り立たないのではないか。キリスト教の側から、マルクス主義に対して行った説得ではないのか。それならば、金日成が北朝鮮のキリスト教徒に対して行ったことと、構造的に同じだ」

大山君の問いかけは、本質を衝いていた。わたしは、それに対する答えがうまく見つからない。

「俺もどういう人生を送ろうかと、いま、真剣に考えているんだよ。もう一度、キリスト教と真剣に取り組んでみようと思う」と大山君はつぶやいた。

「学生運動や、韓国の反体制派に対する支援活動についてはどうするんだ」

「学生運動とは距離を置こうと思う。俺は神学部を卒業して、1年間佛教大学の通信課程で勉強して小学校の教員免許をとった。教育実習で久しぶりに門司の小学校にも行った。子供たちはよくなついてくれた。小学校の先生たちも、『教員採用試験を受けろ。すぐに正規の就職口が見つからなくても、1年契約の講師ならば、就職先は必ずある。講師の実績を2〜3年積めば、正式に採用される』と言ってくれた。ただ、俺はよくわからなくなった」

「何がわからなくなったんだ」

「子供たちに、何を教えたらいいかということだ」

大山君が言うことは、話が何回か脱線したが、わたしなりにまとめると次のような内容だった。教師は、生徒に対して正しいことを伝達するという建前を貫き通さなくてはならない。それは学科だけでなく、子供たちの生き方についての指導においても適用される。しかし、大山君は自分の生き方について悩んでいる。子供たち、特に小学生に与える教師の影響は大きい。それを考えた場合、大山君は、ほんとうに教師になるという選択が正しいのかどうか、悩み始めたのだ。

「それで、大山は何がしたいんだ」とわたしは尋ねた。

「もう一度、神学を勉強したいと思っている。神学部の４年間では、学生運動とアルバイトに熱中し過ぎた。もっときちんと本を読むべきだった。それとともに、もっときちんと考えるべきだった」

「考えるって」

「信仰についてだ。俺は、高校時代、バイクを乗り回し、ギターに熱中していた。高校3年生のときにペンテコステ派の教会に偶然通うようになって、自分が罪人だと思った。悔い改めなくてはいけないと思った。それでキリスト教の洗礼を受けた」

「その話は前に何度も聞いた」

「俺は神学部に入って、キリスト教の偽善的体質が嫌になった。それから、門司の出身で、近くに在日韓国人、在日朝鮮人がたくさんいるのに、この人たちに日本人が植民地支配の中でどれだけひどいことをしてきたかに、無関心であったことを恥ずかしいと思った。韓国のキリスト教徒が命がけで民主化運動をしていることを、何とか手助けできないかと思った。そこから学生運動に深入りしていった。しかし、何か違うと思った。そのときに佐藤や滝田や米岡と知り合った。そこで、俺たちは、ほんとうに腹を割って話をすることができるようになった」

「それはそうだ。大学でこんなに親しい友だちができるとは思っていなかった」

「佐藤はまだ、神学部の外に出ていないから気づかないと思うが、俺と滝田と米岡は、神学部の外に出て、ほんとうにいいところで4年間を過ごしたと思う。他の大学だったら、あれだけ好き勝手なことをしていたら退学になっていた」

「それは確かにそうだ。神学部がいいかげんだからこういうことができた。それから、緒方、藤代、野本といった神学教師たちの懐の深さだ」

「しかし、それは俺たちや教授たちの個性によるものじゃないと思うんだ」

「僕には大山の言っていることがよくわからない。どういう意味だ」

「俺もまだうまく説明することができない。しかし、それはキリスト教と関係しているのだと思う。佐藤は高校生のとき、俺は大学に入ってからだけど、ある時期、キリスト教から離れようと本気で考えた。しかし、その結果、かえってキリスト教に引き寄せられるようになった」

「それはそうだ」

「佐藤は、いま外交官になろうとしている。このまま同志社にいれば、佐藤は牧師になるか神学教師になる。その道を自分で壊そうとしている」

「外交官試験に合格するかどうかは、わからないけどね。ただ、神学部に残りたいとは思わない。息が詰まりそうだ」

「それは、佐藤が必要以上に教授会と対峙して、息が詰まるような状況をつくっているからだ。学生運動から手を引いて、研究に専心すれば、居心地もよくなる。もっとも佐藤の性格からすれば、それはできない。神学部自治会の後輩たちが助けをもとめれば、それを断ることができない。それだから、佐藤は環境を変えようとしている」

　大山君の観察は鋭い。このまま大学院の修士課程を終え、博士課程に進んでも、いままでのしがらみから抜け出すことはできない。緒方先生やシュペネマン先生が、博士課程に進んだら、できるだけ早くドイツかスイスに留学することを勧めるのも、この辺で環境を変えないと、本格的に神学を勉強することができなくなってしまうと考えているからだ。

「確かに大山が言うとおりだと思う。ただ、神学部のツテで留学したいとは思わない」

「それは、佐藤が格好をつけたいからだ。しかし、俺は外交官になることなど考えず、神学部の世話になればいいと思う」と大山君はわたしの目を見つめて言った。

第4章　エクソドス（外に出る）

◆別れ道

大山君は、本気でわたしに神学部に残ることを勧めている。わたしが心の深いところで、神学を勉強したいと思っていることに大山君は気づいている。

わたしは大山君の問いかけに、「わかった。もう一度よく考えてみる」と答えた。結局、その日は、ふたりでウオトカを3本空けた。

大山君が「マスター、スタリチナヤをもう1本お願いします」と言った。

中西眞一郎マスターが、「大山君、佐藤君、これくらいにしておいたほうがいいよ」と言って4本目は出してくれなかった。ふたりとも相当酔っ払ってしまったようだ。わたしが不満そうな顔をすると、「それじゃ、最後の一杯だけ。店のボトルから奢るよ」と言って、マスターが、冷凍庫から凍りついたスタリチナヤの瓶を取りだして、わたしたちのショットグラスに、とろけるようになったウオトカをなみなみと注いでくれた。ウオトカは冷やすと味が甘く、まろやかになる。ふたりでウオトカを一気に飲みほした。

時計を見ると、午前1時を過ぎている。「キエフ」はもう閉店時間だ。ウオトカばかり飲んで、ほとんど食べていない。

「大山、腹がへらないか」

「少しへった」

「僕はすごくへっている。『楽』に行かないか」

「いいよ」

「楽」とは、先斗町《ぽんとちょう》にあるカウンター式の焼き肉屋だ。朝５時まで開いている。もっともマスターも酒好きなので、酔いが回ると店の鍵を閉めて、店内で寝ていることがある。「キエフ」の中西マスターに紹介されて、わたしたちは「楽」に出入りするようになった。

「キエフ」は高級店だが、「楽」や「リラ亭」はそれほど高い店ではない。「リラ亭」ならば、ブラック・オーシャンの水割りが１杯４００円、「楽」ではサッポロビールの中瓶が１本４００円だ。学生でも出入りすることができる。しかし、一見でふらっとこういった店に入ることは、何となく気が引ける。観光客を相手にした居酒屋以外、京都のバーや小料理屋は、誰かの紹介がないと、入りにくい雰囲気になっている。また、京都の人は、馴染みの店をむやみやたらに紹介しない。紹介した相手が、店に迷惑をかけるようなことをした場合、紹介者が道義的責任を負わなくてはならないからだ。こういう紹介システムが、京都の酒文化を支えている。わたしの学生時代には、京都の「一見さんお断り」という文化が高級料亭だけでなく、ショットバーや焼き肉屋にいたるまで生きていた。

「楽」では、焼き肉とソーセージをつまみにひたすらビールを飲んだ。ウオトカで酔いが回っているので、ビールが水のように身体の中に入っていく。わけがわからなくなるほど飲んだ。途中で大山君がカウンターに伏せて寝てしまった。

午前5時の看板をまわってしばらく経ったところで、わたしは大山君を揺さぶった。

「大山、大山、起きろ。もう看板だ」

「え、もうそんな時間か。いま何時だ」

「朝の5時半だ。そろそろバスが動き始める」

「楽」は先斗町から木屋町通りの方に抜ける小道にある。この小道からふたりで先斗町に出た。

「少し酔いをさまそう。（鴨川の）河原を歩いていこう」とわたしが言った。「いいよ」と大山君が答えた。

先斗町から三条通りに出て、鴨川の河原に降りた。ジョギングをしている人や犬を連れて朝の散歩をしている人がかなりいる。朝まで飲んで酔い覚ましに河原を歩いているのはわたしたちふたりだけだった。ふたりは黙って、北に向かって歩き出した。15分くらいで大きな橋と交差した。ふたりは河原の階段をのぼって丸太町通りに出た。大山君は寮に帰るので、西に向かい、わたしは下宿に帰るので、東に向かった。下宿に向かって歩きながら、わたしは、「将来の進路について、そろそろ決めないとならない。いつまでもくよくよ悩んでいても仕方がないので、今日中に結論を出すことにする」と誓った。

下宿の門限は午後11時だ。大家さんは早起きなので、朝５時には玄関の鍵が開く。玄関をそっと開けて下宿に入り、共同の洗面所で顔を洗って、部屋にもどった。神学書とマルクス主義関係の本と国際法の本が６畳間に散乱していた。本をかきわけてようやく出てきた畳の上に、押し入れから布団を引っ張り出して敷いた。

よく寝た。時計を見ると午後４時だ。昨日、焼き肉とソーセージを多量に食べたので、お腹はすかない。相当、体内にアルコールが残っているはずなのに、二日酔いにはならなかった。しかし、全身の毛穴からアルコールが噴き出している感じだ。近所の銭湯が午後３時から開いているので、まず風呂に入って、アルコールを身体から抜くことにした。わたしは風呂があまり好きではない。それだから普段は長湯をしない。ただし、体内からアルコールを抜くときは、熱い湯に15分くらいつかる。これでかなり調子が良くなる。珍しく長湯をし、それから下宿に一度戻り、本棚から無造作に本を４、５冊抜き出して鞄に入れた。下宿から外に出て歩いて２分くらいのところにある熊野神社東入ルの喫茶店に入った。「グッドマン・ハギタ」という名のこの喫茶店で、わたしは大学１回生の秋から冬にかけてアルバイトをした。アルバイトの経験は、この１回だけだが、とても勉強になった。喫茶店のマスターが、島根県の浄土真宗の住職の長男だ。お父さんが戦死し、お母さんがずっと寺を守ってきた。息子に寺を継がせようと思い、京都の龍谷大学で学ばせた。マスターはそこで、京都出身の女性と知り合い、結婚し、大学を中退して、内装デザイナーになった。デザイナーをやりながら、片手間でカウンターだけの喫茶店を始めたが、繁昌し、デザイナーの仕事はやめて、喫茶店を専業にするようになった。カウンター以外にソファー席も作り、三十人くらいが入る店に拡大した。マスターはオーディオマニアで、店に大きなアンプが置かれ、いつもFM大阪のラジオ放送が流れている。

アルバイトをやめてからも、わたしはこの喫茶店に頻繁に出入りするようになった。コーヒー1杯でカウンターに何時間もすわっていても、マスターは嫌な顔をしない。わたしは、下宿よりもこの喫茶店で勉強する時間の方が長くなった。マスターは、浄土真宗の教学に通じていて、宗教人の感覚がよくわかる。わたしが悩んでいると、親身になって相談に乗ってくれる。

カウンターにすわって本を読んでいると、「佐藤君、何か悩み事があるのか」と声をかけられた。

「そうです。わかりますか」

「わかるよ。佐藤君とはもう付き合いが長いから」とマスターは笑いながら答えた。

わたしは、このまま神学部に残って研究を続けるか、本格的に受験勉強をして外交官に挑戦するか悩んでいるという話をした。

マスターは、わたしの話に熱心に耳を傾けた後で、「外交官の方がいいと思う」と答えた。

わたしは「どうしてそう思うのですか」とマスターに尋ねた。するとマスターはこう言った。

「それは、佐藤君が外交官になりたいともう心の中で決めているからだ」

「どうして、それがわかるんですか。僕自身はまだ決断がつかないで、悩んでいるのに」

「いやそれは佐藤君よりもかなり年をとっているから、経験でわかるよ」

「経験ですか」

「そうだ。人が、人生の進路とか、結婚とか、離婚とか、重大なことを誰かに相談するときは、既に心の中では、結論を決めている。それを後押しする助言が欲しいので、他人に相談するんだよ」

「そういうものでしょうか」

「そういうものだ。外交官試験なんかやめて、神学部で勉強を続けた方がいいというアドバイスに対して、佐藤君は強い反発を感じないか」

「確かに感じます」

そう答えたときに、わたしは、昨日、大山君から、本気で神学部に残れと勧められたときに、なぜそれが素直に腹に入らなかったかがわかった。既に心の中では、外交官になるとわたしは決めていたのだ。

「ただ、外交官試験は相当難しい。佐藤君も合格するかどうか、心の中に不安がある」

「確かに、ノンキャリア専門職員でも、同志社から合格するのは2～3年にひとりです。神学部からは、過去にひとりもいません」

「この店でアルバイトをしていた京大生でも、外交官試験に挑んだ人は何人もいるよ。ただし、合格した人はいない」

「それはキャリア（上級職）試験だからでしょう」

「いや、ノンキャリアの試験も受けていた。京都府庁の試験や教員採用試験には合格したよ。佐藤君も本格的に試験勉強をはじめた方がいい。大学院の勉強があるということを心の中で口実にしていると、試験に合格しないよ」

「それはわかります。ただ、神学の勉強も続けたいんです」

マスターは、「新しいコーヒーを淹《い》れよう」と言って、サイフォンでコーヒーをつくりはじめた。この店のコーヒーは、ブラジルがベースで、酸味のある濃いコーヒーだ。

「はい、どうぞ」と言って、マスターは新しいコーヒーを出してくれた。マスターはブラックで飲むが、わたしはコーヒークリームを入れる。そうすると味がまろやかになる。

「僕はキリスト教についてはわからない。ただ、僕が坊さんにならなかったのは、宗教を商売にしたくないと思ったからだ」

「商売ですか」

「そうだ。僕の寺は田舎では大きい方だ。檀家もそこそこある。母親は、僕が僧侶になることを望んだ。大学に入った頃は、僕も親の期待に応えようと思っていた。しかし、そういう理由で坊さんになるのはよくないと思った」

「どうしてですか」

「宗教は人間の生き死ににかかわることだからだ。それでメシを食うことに僕はどうしても抵抗があった」

「マスターが龍大（龍谷大学）にいた頃は、学生運動が結構激しかったですよね。その影響を受けたのですか」

「周りでは、熱心に政治運動をやっている学生もいたが、僕はそれよりも音楽に関心があった。最初はロックだったけれど、だんだんクラッシックの方が好きになった」

「それだから、この店でもオーディオにお金をかけているのですか」

「それもある。結局、今の女房といっしょに住むようになり、京都に居着くことになった」

「お母さんは反対しませんでしたか」

「悲しそうな顔をしていたが、反対はしなかった。人生については、子どもの選択を尊重するという方針だった」

そう言って、マスターは、しばらく黙った。わたしも黙ってコーヒーを飲んだ。マスターが再び口を開いた。

「結局、僕は寺を継がなくてよかったと思う。小さな喫茶店の店主だけれども、夫婦と子ども3人が食べていくことはできる。少し貯金もしているので、子どもたちが3人とも学校を終えて独立したら、店を閉めて、アパート経営をしようと思っている。この喫茶店の特徴は、京大や同志社、芸大（京都市立芸術大学）の学生が多いことだ。数年でお客さんが入れ替わっていく。僕は、いろいろな人たちの人生を脇から見ている。学生たちといっしょに歩いているような気がするんだ。京都からほとんど出ることもなく、北白川の家に帰ることもできずに、店の2階で寝泊まりすることも多いけれど、僕はこの生活に満足している。この方が僕の信心にはあっているような気がする」

「どういうことですか。マスターが言うことの意味がよくわかりません」

「坊さんになって、袈裟《けさ》を着て、お寺で偉そうな説法をするよりも、サイフォンでコーヒーを淹れながら、カウンターの中から世界を見ている方が、僕が考える仏の道に近いような気がするんだ。佐藤君の場合、血の気《け》が多い。牧師や神学部の先生になるよりも、社会に出てキリスト教について考えた方がいいと思う」

「そうでしょうか。よく考えてみます」とわたしは答えた。

下宿に帰ってからもう一度よく考えてみた。大学院を修了するためには修士論文を作成し、審査に合格しなくてはならない。博士課程前期（修士課程）の修業年限は2年だが、論文ができあがらずに在学を1年延ばす学生が約半数いる。この作業と外交官試験の準備を同時進行することは、そうとうたいへんだ。マスターと話をしていて、修士論文の準備を外交官試験に落ちたときの「言い訳」にしている自分に気づいた。何とかしなくてはいけない。フロマートカが言うように、神学を営むフィールドは、大学の図書館や研究室ではなく、この世界だ。わたしは、外交官という窓を通ってこの世界に出ることを決めた。あとはどうやって合理的に勉強するかだ。

◆情報収集

以前、文部省の交換留学生試験に合格して、チェコスロバキアのブラチスラバ大学に留学したことがある人から話を聞いたことがある。

「東京・プラハ間の航空券が給付されるので、交通費について心配する必要はない。奨学金は、チェコスロバキアの学生と比較すれば少しいい。公定レートで、月6万～7万円で、寮費、食費、それから書籍は日本と較べれば圧倒的に安いので、大学で勉強するだけならば、奨学金だけで何とかやっていける。ただし、旅行ができない。留学期間は2年間あるので、チェコスロバキア国内や近隣諸国をできるだけ旅行して、見聞を広めておいた方がいい」という話だった。

わたしが、「アルバイトか何かで、お金をつくることはできるのですか」と尋ねると、その人からこんな答えがかえってきた。

「社会主義国では、大学生の仕事は勉強することなので、誰もアルバイトをしない。まれに日本からやってくるお客さんの通訳の仕事があるが、あてにできるほどの収入にはならない。リスクがあるので、おおっぴらに勧めることはできないが、日本から少しドルをもっていくことだ」

「ドルですか」

「そうだ。それで闇両替をする。(チェコスロバキアの通貨である)コルナの公定レートと闇レートの差は3倍くらいある。日本でアルバイトをして1500ドルくらい貯《た》めて、もっていくといい」

「危なくないですか」

「確かにリスクはある。ただし、西側からの留学生は、みんな闇両替をしている。当局とトラブルを起こせば、それを理由に追放になるかもしれないね」

そんなリスクまで冒して、闇両替をする必要はないと思った。

わたしの目的は、チェコスロバキアの地域事情に通暁することではない。フロマートカ神学の神髄をつかむことだ。第二次世界大戦後、フロマートカは「鉄のカーテン」の向こう側で神学を営んだ。そこは、無神論を国是にかかげる、キリスト教と敵対する場所だ。しかし、キリスト教から見るならば、神を信じるか、信じないかという人間の主観はまったく重要でない。神は、キリスト教徒にとってばかりでなく、無神論者にとっても神だ。イエス・キリストは、キリスト教徒の救い主であるとともに無神論者の救い主でもある。神の圧倒的な主権が、無神論国家をも飲み込み、支配することをフロマートカは明らかにした。しかし、わたしがどれだけ一生懸命にフロマートカについて、神学館２階の神学研究科研究室の机に向かって調べていても、神髄をつかむことができそうにない。フロマートカは、英語とドイツ語に堪能だった。しかし、フロマートカが、これらの外国語で、神学について語るとき、それは、外部の人を想定している。これに対して、『人間への形成途上にある福音』『宗教改革から明日へ』など、チェコ語で書かれ、ドイツ語に訳された神学書を読むと、外部に対する説明とは異なる「何か」が響いてくる。その「何か」をうまくつかむことができない。フロマートカの大多数の著作はチェコ語で書かれている。しかも、１９６８年の「プラハの春」のときに、ソ連を中心とするワルシャワ条約機構軍の侵攻に抗議したフロマートカには、政治犯の扱いがなされた。チェコ語で書かれた、フロマートカの著作に西側で触れることはできない。フロマートカについて知るためには、どうしてもプラハに行かなくてはならない。外務省でチェコ語の研修期間は２年間だ。英語は中学校から10年以上勉強しているが、神学書を読みこなす力はついていない。大学に入ってからは、英語よりもドイツ語にかける時間の方が圧倒的に多かった。神学書や哲学書ならば、英語よりもドイツ語で読む方が楽だ。ロシア語も大学の授業で単位はとったが、辞書を使っても新聞を読むことすらできない。このままいくら勉強しても、ロシア語はものにならないような気がする。仮に外務省に入ってチェコ語を勉強しても、フロマートカの神学書を読み解くくらいの力がつくのであろうか。わたしは、ブラチスラバ大学に留学した人に、「2年の留学で、チェコ語がどれくらい理解できるようになりますか」と尋ねた。

その人は、「僕はチェコ語ではなく、スロバキア語を勉強した。チェコ語と混同しないようにするために、留学中はあえてチェコ語は勉強しないようにした。それだから、チェコ語については一般論としてしか話すことができない」と前置きした後、こう続けた。

「2年でチェコ語をマスターすることはできないと思う。文法の基本構造を学び、意思疎通と自分が専攻する分野の論文や研究書を辞書を引きながら読むことができるようになるのがやっとだと思う。耳が慣れて、チェコ人同士が話している内容の一部がわかるようになったところで、2年は終わってしまう」

「留学期間を延長することはできるのでしょうか」

「1年だったら延長することもできる。ただし、あまり勧めない」

「どうしてですか」

「チェコスロバキアには、芸術系を除いて、私費留学の道がない。国費留学生が、留学期間を延長すると、その期間、チェコスロバキア政府は日本からの新しい留学生を受け入れない。カレル（プラハ）大学に留学したいと思っている日本の大学院生や若手研究者はけっこういる。その人たちの可能性を奪ってしまうのはよくない」

「僕は神学を勉強したいと思うのですけれど、国費留学生の募集区分に神学や宗教はありません。留学するために専攻を変えないとならないでしょうか」

「専攻を変えても、学部と大学院で神学を専攻しているのだから、チェコスロバキア政府は警戒すると思う。日本での準備選考の段階で、落とされてしまう可能性が高いと思う」

「国費留学生以外にプラハでチェコ語を勉強する手段はないのでしょうか」

「ひとつだけある。外務省に入ってチェコ語を専攻する外交官になることだ」

「しかし、外交官になって、アカデミックな研究を続けることはできるのでしょうか」

「その気になればできないこともないと思うけれど、外交官を志望する人は、研究者型とは異なる」

「どういうことでしょうか。上昇志向が強いということでしょうか」

「ちょっと違うな」と言って、その人はしばらく考えてから、「物事をあまり突き詰めて考えようとしない。要領のいい学生が外務省に入る」と続けた。

「それで、日本の外交官はチェコ語が上手ですか」とわたしは尋ねた。

「上手だよ。音もきれいだ。ただし、あなたが読もうとしているような神学書や哲学書を読み解くことはできないと思う」

「どうしてですか」

「外交官として必要とされる語学力と、研究者が身につけなくてはならない能力が異なるからだ」とその人は答えた。

外交官になるためには、特別の試験に合格しなくてはならない。そこで大学の就職部に行って、外交官試験に関する資料を見てみた。外交官も国家公務員だが、正確には外務公務員という。国家公務員法の特別法である外務公務員法の縛りを受けるからだ。例えば、普通の国家公務員の場合、配偶者が外国国籍をもっていても、特に問題はない。しかし、外務公務員の場合、配偶者が2年以内に外国籍を放棄し、日本国籍を取得しないと、外務公務員の身分を失う。

給料と待遇が、他の国家公務員とくらべて抜群にいい。モスクワに勤務すると、研修生で給与とは別に月27万円の研修員手当がでる。勤務につくと、在外基本手当になり月31万円になる。結婚すると配偶者手当が4割加算される。さらに月25万円を上限に、住居手当も支給される。ソ連もチェコスロバキアも社会主義国なので、条件はだいたい同じだろう。ソ連勤務ならば、月27万円の研修員手当に、月給が10万円、さらにボーナスが年3回加算され、年収は合計で450万円を超える。仮に研修を終えて、外務省を退職しても、給与や研修員手当を返納する義務はない。こんなよい条件の職場がほんとうにあるのだろうか？

就職部には、同志社出身で、国家公務員になった卒業生の名簿がある。民間企業や地方公務員になった卒業生とくらべ、圧倒的に人数が少ない。同志社の学生は、関西での就職を希望する傾向が強い。それから、官僚はろくでもない人間がなる職業という雰囲気がある。外務省にも数年前に専門職員試験に合格した先輩がひとりいるだけだ。その人に話を聞いてみようと思ったが、住所が外国になっている。どこかの大使館に勤務しているようだ。神学部の先輩で外交官になった人をさがしてみた。ひとりもいない。さて、独学で外交官試験に合格することができるのであろうか。

学生会館2階の生協書籍部で、外交官試験の案内書を買った。外交官になるには、外務公務員採用上級職試験か外務省専門職員採用試験に合格しなくてはならない。上級職がいわゆるキャリア、専門職がいわゆるノンキャリアになる。出身大学を見ると、上級職試験の合格者は、東大、京大、早稲田、それに一橋と東京外大がときどきいるぐらいだ。米国ハーバード大学卒という人もいる。専門職はどうだろうか。東京外大、早稲田、慶應が多い。他に東北大、九州大などの旧帝大卒、東大卒、京大卒も人数は少ないがいる。その他も中央大学、大阪外大など難関校の出身者が多い。専門職員試験でも軽く見ることはできない。そう簡単に合格できないのではないかと不安になってきた。

上級職試験合格者は、英語、フランス語、ドイツ語、スペイン語、ロシア語、中国語、アラビア語の研修に振り分けられるという。これに対して専門職員には、日本が外交関係をもつすべての国の公用語を研修させているようだ。ラオス語、スワヒリ語、ノルウェー語、フィンランド語、セルボ・クロアチア語などもある。わたしの目的は、プラハに勤務し、チェコ語をマスターすることだ。専門職員試験に焦点を絞ることにした。

次に試験科目を見てみた。

一般教養
憲法
国際法
経済学
邦語作文

ただし、一般教養で基準の点数を下回る者は不合格とすると書いてある。「足切り」が行われるということだ。受験資格は、19歳以上で、日本国籍をもち、かつ外国国籍をもっていない者ということだ。神学部出身でもハンディがないということを知って、一安心した。

一般就職には、指定校制度がある。指定された大学の指定された学部の学生しか面接しないということだ。神学部の場合、指定校からはずれている場合が多いので、一般就職にとって大きなネックになっている。それだから、「キリスト教には関心があるが、牧師や高校の聖書科の教師になるつもりはない。民間企業に就職し、一般信者として教会に通いたい」と考える神学生は、他学部に転部する。3回生になるときに神学部から文学部には簡単に転部することができるシステムがある。入学試験のレベルでは神学部と文学部の偏差値は5くらい離れている。神学部に入ると試験がなく、評価はレポートだけでなされる。それだから、きちんとしたレポートを書けば、かなりよい成績をとることができる。神学部から法学部や経済学部に転部するときは、入学試験のときの得点が、転部先の合格者の最低点よりも低い場合には、転部が認められない。それに対して、文学部の場合は、そのような縛りがないので、神学部の1、2回生時点での成績がよければ、受け入れてくれる。ちなみに神学部と文学部は試験日が同一なので、かけもち受験はできない。それだから、同志社の内情に詳しい、ほんとうは文学部を志望しているにもかかわらず、あえて合格しやすい神学部を受験する学生もときどきいる。神学部の教授会は、どうも意図的にそのような制度をつくっているようだ。牧師を志望する学生だけだと同質化現象が進み、神学部が弱くなることを避けようとしているのだろう。

ところで、外交官試験の試験問題は、一般教養を除いて記述式だ。司法試験の記述問題と同じ答案用紙を用いる。上級職とくらべると専門職の試験問題はかなり易しい。特に憲法はそうとう易しい。基本概念を押さえ、重要な判例を覚えておけば、合格点に達することができる。邦語作文は、国際情勢に関する論文だ。これも準備はそれほどたいへんではない。問題は、国際法と経済学だ。国際法は、上級職試験よりは易しいが、司法試験の国際公法よりは難しい。かなり本格的な勉強をしなくてはならない。さらに面倒なのが経済学だ。マルクス経済学については かなり一生懸命勉強した。『資本論』も通読した。しかし、近代経済学については、まったく関心がなかったので、勉強しなかった。試験問題を見ると、ミクロ経済学、マクロ経済学からそれぞれ1問出題されているが、司法試験の経済原論よりも難しい問題だ。さて、独学で合格レベルの知識を身につけることができるだろうか。不安になってきた。

◆受験勉強

人生を振り返ってみた。わたしが本気で受験勉強をしたのは高校入試のときだけだった。小学校6年生のときに大病をして、3カ月学校を休んだ。本来ならば、留年しなくてはならなかったが、担任の先生の「佐藤くんならば自分で勉強する習慣がついているから大丈夫でしょう」という判断で、中学校に進学した。授業についていけなくなるかもしれないという不安から学習塾に通った。その学習塾が進学塾だった。国語の先生が文学的センスのよい人で、その先生の手ほどきで読書の面白さを知った。

学習塾では、毎月試験が行われ、上位者の氏名が掲示板に貼り出される。学習塾の教師に評価されるためには、よい成績をとることが必要条件だ。成績をあげる基本は暗記だ。教科書を丸暗記するだけでは試験の点につながらない。問題集で徹底的に練習問題を解くことでほんものの暗記ができる。数学でも英語でも、練習問題をたくさん解いておけば、試験で必ずそれに似た問題がでてくる。初めて遭遇したような問題でも、少し勘を働かせれば、以前解いたことがある練習問題の変形であることがわかる。教科書や参考書ではなく、練習問題を基本にして勉強をはじめたら、急速に成績が向上した。

ただし、こういう勉強はまったく面白くなかった。学習塾に行くと国語の教師が小説や哲学について、いろいろな話を聞かせてくれる。それが楽しかった。あの頃から睡眠時間が短くなった。学習塾から戻ってくるのは夜の10時頃だ。それから食事を済ませ、風呂に入る。塾と学校の宿題を済ませると午前１時くらいになる。それから小説を読む。寝床に入ってではなく、机に向かって本を読む。そうしないと小説の内容がきちんと記憶に定着しないからだ。眠くなったら布団に入る。眠くならなくても、午前４時になったら、本を閉じて、必ず寝ることにした。午前８時には家を出ないと、中学校に間に合わないからだ。そうするうちに３時間半から

4時間寝ると疲れがとれるようになった。

正直に言って、中学校の授業はつまらなかった。家で教科書と参考書を脇に置いて、問題集を解いていけば習得できることに、あえて余計な時間をかけているように思えた。もっとも「あいつは塾に行っているから、学校の勉強に身を入れない」と言われるのが嫌だったので、どんなにつまらない授業でも居眠りをせずに、きちんとノートをとりながら聞いた。しかし、それは実に退屈だった。学校での勉強は、数学や理科を含めて、すべて暗記で対応できるとわたしは考えるようになった。そして、試験でそこそこの点数をとるための勉強は、理解ではなく暗記を中心にして、できるだけ短時間で済ませ、それ以外の時間は本を読むようにした。小説もよく読んだが、何よりも哲学書が面白かった。

高校は進学校だった。だれもが大学受験を目標に生活を組み立てている。そういう生活にわたしはどうしても馴染めなかった。そうかといって受験勉強を完全に放棄したわけではなかった。夏休みには東京の予備校に通った。1年浪人したが、そのときも受験勉強に集中することができなかった。とにかく小説や哲学書を読むことが楽しかった。幸い同志社大学の神学部に合格することができた。神学の勉強は楽しかった。ただし、勉強の仕方が受験勉強とはまったく異なる。外務省専門職員試験に合格するためには、本格的な受験勉強をしなくてはならない。果たして、単調な暗記を中心とする勉強に耐えられるか、不安になってきた。

一般教養試験で基準点に達しないと、「足切り」がなされ、専門科目を採点してもらえない。ただし、一般教養科目については、外交官試験以外の国家公務員試験や地方公務員試験でも、択一式の似通った問題が出る。その試験対策の参考書、問題集、それから月刊誌もでている。それだから、勉強の目処《めど》を立てることができた。図形に関する知能テストのような問題や、物理、化学、地学、生物、歴史、地理、政治経済、哲学などありとあらゆる問題が出る。６割５分くらい得点すれば、足切りにかからないという話なので、ただひたすら練習問題を解いて、反射神経で答えがでるようにした。

邦語作文は、国際関係に関する小論文なので、高校の政治経済の教科書をマスターしておけば対応できる。記述式の大学受験問題で答案練習をした。憲法は、司法試験や国家公務員用の教材が整っている。司法試験でも国家公務員試験でも、まず択一式の試験が行われ、それに合格した者が記述試験を受けるという手順になっているが、外交官試験の場合、はじめから記述式試験だ。ただし、専門職員試験の場合、司法試験で問われるような細かい設問はない。それだから、外交官試験対策にぴたりとあう参考書や問題集がない。そこで、法学部の講義で用いられる基本書をよく読んだ上で、地方公務員試験で出題された憲法に関する問題を集め、演習ノートをつくった。

前に述べたように、専門職員試験の国際法のレベルは、司法試験の国際公法よりも少し高い。

ただし、キャリア（外務省上級職員）試験のような国際司法裁判所における判例についての細かい知識を求めるような問題は出ない。また、東京大学の高野雄一教授と京都大学の田畑茂二郎教授では、用いられる専門用語、概念が少しずれている。どちらかの系統から1題ずつ出題される。それだから、ふたつの系統の教科書で勉強しなくてはならない。同じような出題が数年ごとに繰り返されるので、過去に出題された問題を徹底的に研究することにした。

憲法と国際法の勉強をしているうちに不思議なことに気づいた。聖書学、特に旧約聖書学と構成がひじょうによく似ているのである。聖書学の場合、基本は聖書の本文（テキスト）だ。その本文をさまざまに解釈していく。そのうちに定説となる学説が形成される。しかし、数十年経つと、定説は変化する。どれだけ影響力をもつ学説でも、いつか必ず次の学説にその座を譲らなくてはならなくなる。「旅人の神学」という言葉があるが、神学は変化を免れない。憲法や国際法も変化を免れない。それが、判例によって示される。いくつもの似たような判例が繰り返されることによって、その集積が新しい言説を作り上げる。神学において、聖書のテキストを解釈する釈義が行われる。そしてその釈義に一定の枠組みができあがる。そのときに学派が成立する。その学派がいかに強力であっても、時代が経つと主流であった学派は没落し、新しい学派が台頭する。これと同じ構造が憲法や国際法にもある。

旧約聖書学の野本真也教授に誘われて二条川端の居酒屋「赤垣屋」で焼酎のお湯割りを飲み

ながらこの話をした。野本真也教授は笑みを浮かべこう言った。

「面白いね。ユダヤ教にタルムード学という分野がある」

「旧約聖書のモーセ五書（トーラー）の解釈を積み重ねていく分野ですね」

「そうだ。ユダヤ教においてトーラーは同時に律法でもある。法律学はタルムード学から発生した学問だ。それだから、思考の基本が似ているんだ」

野本先生の指摘で、いままで見えなかったものが見えてきた。

「合格できそうか」と野本先生は尋ねた。

「正直に言うと、とても不安です。覚えることが多いので、集中力が鍵になります。僕の場合、3時間を過ぎると集中力が極端に落ちます。本の字面だけを追っていても、内容が頭に入ってきません」

「そういうときはどうする？」

「神学書をひもといたり、マルクス主義関係の本を読みます。それで頭の切り替えが済んだら、もう一度、受験勉強にとりかかります」

「それで何時間くらい集中することができる？」

「今度は2時間くらいです。それよりも長く机に向かっていても、頭の中が朦朧《もうろう》としてきます」

野本先生はわたしの瞳を見つめて言った。

「無理をすることはない」

「無理をしているつもりはありません」

「いや、外交官試験は無理をしないと合格しない。僕も人生で無理をしたことがある。大学院を卒業して、神戸教会の副牧師になった頃のことだ。あの頃、僕はドイツにどうしても留学したいと思って、副牧師の安月給からなけなしの金をひねりだしてドイツ語の家庭教師についていた」

「どうしてドイツに行きたいと思ったのですか。神学部の先生になろうと思ったからですか」

「いや、そうじゃない。大学教師になろうと思ったことはない。僕はいま旧約聖書神学を教えているが、もともと専門は新約聖書神学だ。ただ『ヘブライ人への手紙』で修士論文を書いたので、ヘブライ語は旧約聖書神学を専攻する神学生と同じくらい一生懸命勉強した」

「ドイツでも新約聖書神学を専攻したのですか」

「そうだ。博士号も新約聖書神学でとった。ただし、ドイツでもヘブライ語は一生懸命勉強した。ギリシア語やラテン語は語系統がドイツ語に近い。ドイツ人で神学部への進学を考える学生は、ギムナジウム（中高校）段階からラテン語とギリシア語を一生懸命勉強している。それだから、大学生になってから勉強した僕たちが、ギリシア語でドイツ人と競争をしても、勝ち目がない。ただし、ヘブライ語は違う」

「どうしてですか」

「ドイツ人学生も大学に入って初めてヘブライ語を勉強するからだ。ヘブライ語は、インドヨーロッパ語族とは、まったく異なるセム語族の言葉だ。文法や語彙だけでなく、存在概念が異なる。それだからヘブライ語に関しては、日本人とドイツ人は対等の条件で勉強することになる。それで僕はヘブライ語については、ドイツ人神学生に負けないくらいの力をつけることができた」

「それで、専門を旧約聖書学に変更したのですね」

「そうじゃない。神学部にたまたま旧約聖書学のポストがあいたので、そこにおさまっただけだ。大学教師になろうと思ったことはほんとうになかった」

「それじゃなぜ、ドイツに留学して、苦労して博士号までとったのですか」

「僕は、本気で神の言葉を聞きたいと思った。ドイツに行って、最先端の新約聖書神学を勉強すれば神の言葉を聞くことができると思った」

「神の言葉は聞こえましたか」

「聞こえなかった」

そういって、焼酎のお湯割りを野本先生は飲み干した。

「佐藤君の話を聞いていると、必死になってドイツ語の勉強をしていた頃の自分を思い出す。

佐藤君は外交官になることが目的ではなく、チェコに行って、フロマートカ神学に関する資料を集め、フロマートカを直接知る人たちから話を聞いて、神の言葉を聞こうとしているのではないだろうか」

「神の言葉ですか。そう考えたことはありません。むしろフロマートカ神学について知りたいと思う知的好奇心です」

「知的好奇心からだけでは、受験勉強を長期間続けることはできない。机に長時間向かうことができる動機がいちばん重要だ」

「一種の精神主義ですか」

「そういってもいいかもしれない。神学部から外務省の専門職員試験を受けても合格しないとだいたいの人は考えている。佐藤君自身、半分くらいそう思っている。そうじゃないだろうか」

野本先生は痛いところを衝いてきた。「確かにそうです」とわたしは答えた。

「ここで重要なのは、神学を逃げ道にしないことだ」

「逃げ道ですか」

「そうだ。神学研究があるから受験勉強が十分にできなかったというような言い訳を心の中でしないようにすることだ。受験勉強に集中する期間は、授業に出なくてもいい。修士論文を書くために必要な知識はすでにある。退路を断って勉強した方がいい」

「そういう勉強の仕方は嫌いなんです。あるいはそういう仕方で退路を断つことができないのです」と言って、わたしは中学生時代から、受験勉強よりも読書が楽しく、それだから神学部で勉強するようになったという話をした。

「わかった。それならあなたが納得できる方法をとればよい」と野本先生は言った。

「結局、神学を研究していて、神の声は聞こえましたか」とわたしは尋ねた。

「聞こえなかった。神の声は牧師をするなかで聞こえてくることがわかった」

野本先生は、神学部の教授であるとともに教会で牧師もつとめている。

「神の声はどこから聞こえてくるのですか」とわたしは尋ねた。

「神の声は人間の心の中で聞こえる」と野本先生は答えた。

「神の声は心の中で聞こえる？」

「そうです。少なくとも僕の場合はそうです。それが愛のリアリティになって、現実の生活に現れる」

「愛のリアリティですか」

「そう。遠くから知らない人がやってくる。その人と触れあうことで、人間と人間の間で何かが生まれる。その中で人間は愛のリアリティを感じる。具体的な人間と向かい合うことで、心の中で神の声が聞こえてくる。その意味で、キリスト教を人間学に解消したフォイエルバッハは正しいのです」と野本先生は言った。

◆エクソドス（外に出る）

野本先生が言う「神の声は人間の心の中で聞こえる」というのは、いったいどういうことなのだろうか。「そういう考え方をすると、人間の心理作用と神の言葉を混同してしまうのではないでしょうか」とわたしは尋ねた。

「佐藤君は、バルト神学の影響を強く受けているでしょう」

「そうです。間違いありません」

「神学生になって、バルトに惚れこまないと男じゃない。そう思わないか」

「そう思います。先生もそうでしたか」

「僕もそうだった。バルトには惹きつけられた。ただ、何か違うと感じた。バルトはあまりに上から人間を斬りすぎる。本質において弱い人間の心をあまりに軽く見ている。だから僕はバルトにはついていけなかった。それでもっと聖書を勉強したいと思って、新約（聖書）を専攻した」

「僕は野本先生は、初めからバルトには背を向けていたのだと思っていました」

「そうじゃないよ。僕も学生時代に熱心にバルトを読んだ。フォイエルバッハも読んだ。むしろフォイエルバッハの無神論から、神の声が心の中に聞こえてきた」

わたしも野本先生にならって、焼酎のお湯割りをグラスにつくって一気に飲んだ。そして、

「フォイエルバッハからどういう神の声が聞こえたのですか」と尋ねた。

「フォイエルバッハが言っている愛とか人間は、実は裏返されたキリスト教にすぎない。あの無神論の内容は実にキリスト教的だ。愛のリアリティを感じる」

「愛のリアリティですか」

「そう。愛は具体的な人間と人間の関係の中で生まれる。フォイエルバッハは、他者に対して開かれていた。隣人を隣人として受け入れていた。バルトはフォイエルバッハとは違う。実はずっと閉鎖的だ」

「閉鎖的とはどういうことですか」とわたしが質したのに対して、野本先生はこんな説明をした。

「実は、ヨーロッパの神学界は、狭い人間関係によって固まっている閉鎖的な世界だ。バルトは、自宅でゼミをしていた。これは、『波長が合わない学生は指導しない』という姿勢だ。バルトにはキルシバウムという名の女性秘書がいた。その秘書と同居していた。プロテスタント教会の道徳基準はもとよりスイスの標準的な道徳基準でもこういうことはありえない。バルト

の奥さんはこの状況に耐え抜いた。しかし、ヨーロッパの神学者は誰もこのことを問題にしない。偉大な神学者の私生活を問題にするのはよくないと考えたのだろう。しかし、自分のもっとも近いところにいる妻に苦痛を与え続けるような男がほんとうに人間の魂を救う神学を展開することができるだろうか」

「できないと思います」

「恐らくフロマートカは、バルトとは本質的に異なる神学者なのだと思う。それだから佐藤君が惹きつけられるのだと僕は見ている」

「そうなのでしょうか」

「僕は、あなたが神学部やキリスト教の世界でないところで神学を営む人なのだと見ている。それだから、フロマートカに惹かれ、また外交官になろうとしているのだと思う。気休めでなく、佐藤君は外務省の試験に合格すると思う。僕は宇都宮高校の出身だ。佐藤君が出た浦和高校の雰囲気はよくわかる。同じような体質の、役人や弁護士、医者になることが幸せと考えている優等生の多い学校だ。受験勉強の仕方はわかっている。僕はあなたが外交官になってヨーロッパに行き、向こうの神学者たちと徹底的に付き合って、そこから自分の神学を打ち立ててほしいと思う」

「そんな大きなことができるのでしょうか」

「やってみたらよい。できるだけ大きな夢を持つことだ。日本のキリスト教の世界だけを見ているとどうしても視野が狭くなる」

「正直に言うと、よくわからないのです」

「何が？」

「僕は事実上、大学受験勉強から逃げていました。それだから、外交官試験に合格できる資質があるのかどうか、よくわからないのです」

「それは、あなたが外交官試験の勉強から逃げなければ大丈夫だ」

「あともうひとつわからないことがあるんです。僕の心の中に、このまま同志社で神学を勉強し続けたいという気持ちが明らかにあります。大学では、一生付き合うような友だちもあまりできないし、教師と親しくなることなどないと思っていました。しかし、神学部で勉強してその先入観が間違っていたことに気づきました。もちろん同志社が理想郷だとは思いません。ただここには本当の人間と人間の関係があると思うのです」

「要するに田舎ということなんだよ」

「田舎ですか？」

「そう。京都は実は巨大な田舎なんだ。近代化されていない。その中で、同志社はいくつかの村が集まってできている共同体だ。神学部はいちばん小さな村なんだ。近代的な大学システムの中で、経済合理性を度外視した神学部のような村が必要だと僕は思っている。ただし、佐藤君たちは、村から外に出ていかなくてはいけない。モーセがエジプトからエクソドス（脱出）したように。そうすることによって、村の中で身に付けた知識や経験を今度は都会で生かさないと」

そう言って、野本先生は焼酎のグラスを傾けた。

フロマートカは、キリスト教徒にとっての「フィールドはこの世界である」と言っている。野本先生もフロマートカと同じことを言っているのだと思った。

「佐藤君は樋口先生と話したことがあるか」と尋ねた。樋口和彦先生は、神学部で宗教心理学を教えている。牧師になる場合、人間の心理をどう理解するかがきわめて重要だ。樋口先生はスイスのユング研究所に留学し、夢の分析家としての資格をとっている。京都大学の河合隼雄教授と共同研究をしている。

「あいさつをしたことがあるくらいです」とわたしは答えた。

「僕が神学部の先生と話していていちばん刺激を受けるのは樋口先生だ。樋口先生は佐藤君がこれから何か面白いことをするのではないかと期待している」と野本先生は言った。

「面白いことですか。どうして、そう思うのでしょう。そういえば、神学部の入学試験の面接は樋口先生が担当していました。是非、神学部に来てくださいと言われました」

「樋口先生は、人間を見る目がある。あなたの心の底から、そのうち何か面白いものが飛び出してくるんじゃないかと思っている」

同級生で心理学にあこがれて樋口先生の授業をとる学生は多かったが、異口同音に「あの先生は冷たい」と言った。学生とある線を引いて、それより内側には入れない。授業の課題は、「夢を見て、ノートに書きなさい。それを授業で発表しなさい」というものだ。学生が「夢を見ませんでした」と答えると、樋口先生は「真剣に夢を見ようとしないからだ」と叱るという。それから、「今日発表した夢の続きを次回見て、発表しなさい」というような訳のわからない宿題を出す。学生が「夢の続きなんか見ることができるはずがないじゃないですか」と抗議すると、「真面目に夢と取り組もうとしないから、続きを見ることができないのだ」と言い返されるという。

わたしは、心理学は体系知でないので、関心をもたなかった。樋口先生自身がこう言っている。

ユング心理学というのは別に体系だった学問ではない。しかし、やはり体系や構造があるように思う。概念なども固有の語彙や用語ももち、時に精神分析とは特に同一の用語を使いつつその意味内容が全く相違するという所もある。それに、その構造では、ある程度進まないと全く分からないというやっかいなことがある。ちょうどコンセントに電気を入れるとパッと全体が照し出される電気機械のセットのように、今まで部分が分かっていても全体がもう一つ分からなかったところが電流が通ると、一度にパッと分かるというような性質をもっているのである。それまではどのように部分を詳細に勉強してもどうも的をはずれて分からないが、あとで分かるという、独自の構造をもっている。だからビリンスキーもいうように、「座って」だまって「待つ」以外にはないのである。そうすると、そのうちに分かってくる。私はこれは何も彼が当時新入りの留学生である私にだけ言ったのではないと思っている。むしろツーカーに言語コミュニケーションの出来る人の方がむしろ、その言語の一般的意味につまずいて、ユングの概念がつかめないので苦しむというのをしばしばみた。その点、後にアメリカ人学生の把握できないことを東洋人であるが故にスースーと理解し、その持っている長所を十分に利用させていただいたこともある。これからユング心理学を勉強される人は、西洋の学者たちが仲々理解できない点を、東洋に育ったが故に容易に理解できる利点を私同様に経験するにちがいない。むしろ、こういう面で、これからのユング心理学研究の将来は我々のような無意識の大部分を東洋的風土に負っている者に期待される所が大きいといわねばならぬ。

（樋口和彦『ユング心理学の世界』創元社、1978年、7〜8頁）

わたしは、野本先生に「樋口先生は、ユング心理学は体系知ではないと書いていています。それから、ずっと待っていると、自分の中から、力が湧《わ》いてきて、問題が解決するという発想が、禅仏教の自力本願のように思えて、どうも馴染めないんです」と伝えた。

「佐藤君、人間が体系的にとらえていると思っているものは、実はこの世界のごく一部に過ぎない。浅田彰の『構造と力』を読んだか」

「読みました。まったく面白くありませんでした。人間の生き死にと関係のない思想に僕は関心がありません」

「僕には面白かった。旧約を専攻している学生たちにも是非読めと勧めている。『構造と力』で問いかけている問題は、現代神学の閉塞《へいそく》状況を正面から衝いている」

「そうでしょうか。よくわかりません」

「体系知という考え方が限界に来ている。体系知を壊すことによって、再び人間の救済がよく見えてくるようになるかもしれない。樋口先生の研究もそのことと関係している」

「樋口先生が、東洋的なものを見直せということともつながっているのでしょうか」

「そう思う」と野本先生は答えた。

そう言えば、アメリカに留学したときに樋口先生は「狐憑《つ》き」の研究をしたと書いていた。

ビリンスキー教授の下で居心地がよかったものですぐ二年経過してしまった。ちょうどこれから修士の論文にとりかかろうかと思っている時のことである。面白い出来事に遭遇した。彼のある講義で一枚の患者が描いた美しい絵を我々にみせたことがある。その絵の真中にモザイック状の極彩色の様々の部分からなるまるい円が描かれていて、その四隅にそれぞれ、得体の知れないシンボルが一つづつ描かれていた。彼の説明によると、太平洋戦争中に南方で発病し、後送された精神病院に入院中のアメリカ人の元軍人の患者の絵で、何枚かのシリーズの最終の方の一枚であった。患者によると、それは彼が昔夢の中でプールに飛び込んで、水中を泳いでいると、美しいブルーの水中にその底がみえてきた、そこにはモザイック状の実に美しい円形のものがみえたのでそれを絵にしたのだといったそうである。彼はそれが自己（Self）のシンボルであり、マンダラ（仏教でいう曼荼羅）であると解説してくれた。しかし、私にとって不思議に思ったのは四隅に描かれている訳のわからない方の絵である。そして三つは私にとってなんだか分からないが、その内の一つは明らかにそれは稲荷のきつねの像であった。しかも口に球をくわえ、しっぽの先に火の玉がある、日本人ならほとんどの人がおなじみのあのお狐様であった。そこで私は得意になって手をあげて、あれは何であるか、その患者は日本に来たことがあるのかと質問してみた。彼の答えは患者は一度も日本はおろか東洋へは行ったことはないし、一生東洋には興味すらもったこともない。何故そういうものを描いたかは分からない。多分、何か彼の未分化（undifferentiated）の心理的要素の部分であろうと答えた。そして、人間には無意識の領域があり、その深奥に普遍的無意識という部分があって、それは民族や人種をこえて、何かの意味を運ぶものである。不幸にして西欧の人間はその象徴の意味を捨ててしまったので、今それを解釈しようとしても分からない場合が多いが、もし君がその象徴の意味を多少でも知っているなら研究してみたらどうだろう、ということになった。そこで完成したのがささやかな私の修士論文で当時としては珍しかった「日本における憑依《ひょうい》現象についての心理学的研究」というもので、はっきりいえば、この狐つきなどの象徴の研究であったのである。（樋口前掲書、８〜９頁）

ユングは近代の終焉ということをしきりと強調していた。

◆見えない力

樋口先生も「個人も世界も、数千年つづいた古代世界の没落という、人類史の中でも珍しい時代、すなわちそれだけ人間が悩み苦しんだ時代の智慧に注目したのは不思議ではない。ユング自身も西欧の近代世界の没落という世紀末を実際に肌で感じ、予見していたものとしてそこに二重写しにして世界をみていたにちがいない。」（樋口前掲書、24頁）と言っている。

「体系知が通用しなくなっているということは、近代の終焉と関係しているのでしょうか」とわたしは野本先生に尋ねた。

「近代はずっと以前に終わっている」と野本先生は言った。

「しかし、それならば、マルクスもバルトも指摘したことです」とわたしは答えた。

「確かに、バルトもマルクスも、いやそれ以前にヘーゲルやフォイエルバッハだって、近代の限界に気づいていた。近代が『終わる』という認識をもっていたと思うよ」

「先生は、ここでいう近代の特徴がどこにあると考えますか」

「人間が理性に基づいて、自然を支配することができると考える人間中心主義だ。その中で、神の姿が歪《ゆが》められてしまった」

「歪められた？」

「そうだ。人間が自らの願望や欲望を神に投影させて、神という名の偶像を作ってしまった。マルクスとバルトはこの間違いに気づいた。しかし、その後のマルクス主義者やバルト主義者は、マルクスやバルトの発見を正確に理解しなかった。そして、また偶像を作ってそれを拝む。歴史とか革命というたぐいの大きな物語はそのような偶像だ。浅田彰はそのことに気づき、自分の言葉できちんと説明している。『構造と力』で問われている問題は、近代以降のキリスト教神学が追究しているのと、同じ問題を別の言葉で表現している。若いけれど、実に頭がいい男だ」

『構造と力』が、神学がここ200年くらい取り組んでいる事柄と、同じ問題を追究しているとは思わなかった。どこがそうなのだろうか。恐らく、遊戯者に関する部分だ。

近代人は遊戯者である。ただし、この上なく不幸な遊戯者である。彼は遊ぶというよりも遊ばされているのであり、遊戯という苦役を背負わされているのであると言わねばならない。そこでは、真に悦ばしい遊戯の場は、いったいどこに見出されるのだろうか。

この問いに対する解答として、先に見たような前近代モデルを想定する者は、決して少なくない。そこではいきいきとした歓びをもって遊戯が体験されていたのではなかったろうか。空間的・時間的な制限はある、しかし、まさにそのことこそが興奮の密度を高めていたのではなかったろうか。こうした解答は、言うまでもなく、言葉の真の意味において反動的である。実際、いま述べたことを逆転すればわかるように、そこでの遊戯の歓びは空間的・時間的な制限を受けいれた上ではじめて体験されるものだったのであり、そうした制限を課す絶対的秩序の優越をいささかもゆるがすものではなかったのである。監視が厳しいほどイタズラのスリルが増す、日常の規律が厳格であるほど祝祭の興奮が高まる、禁止されているからこそ侵犯の快楽が身を灼く、といった愚にもつかぬ「弁証法的関係」、いやむしろおぞましい共犯関係は、そのような秩序のもとでのみ成り立つものだった。そのとき遊戯は、秩序の安全弁として機能するための、あるいはせいぜい秩序を再活性化するための、「スプーン一杯の混沌」へと堕してしまうことになる。

（浅田彰『構造と力――記号論を超えて』勁草書房、1983年、225〜226頁）

遊戯の歓びということならば、神学は実に面白い。カール・バルトは「制約における自由」を強調する。空間的・時間的制約の中で、われわれは自由を獲得する。わたしは、空間的にチェコ、時間的に1948年から1969年という制約の中で、ヨゼフ・ルクル・フロマートカという神学者の思索と行為を追体験することによって自由を感じた。この神学者についてもっと研究したい。そのことによって自由を感じたいということだ。フロマートカには苦難と自由をめぐる独自の弁証法がある。単純化すると、ふたつの選択がある場合、客観的に見て、より困難な方を選択することで自由を獲得することができるという考え方だ。苦難を経て自由に至るという弁証法的経路である。そもそも、神が神であることにとどまらずに、自らのひとり子であるイエス・キリストをこの人間の世界に派遣してきたのも、真の神であり、真の人である特別の人間が、苦難を経ることによって自由を獲得し、そしてその事実によって他の人間を自由にするという受肉の弁証法に基づくものだ。イエスは、パレスチナという空間的に制約された場所に、紀元1世紀という特定の時間に現れた。この制約の中で、イエスは救い主キリストとして真の自由を説いたのである。ここにキリスト教の真理がある。キリスト教の真理は、時空を超えた普遍的原理ではありえない。徹底的に現実に制約されることによって、普遍性を説くという逆説がキリスト教倫理の特徴なのである。バルトはスイス、フロマートカはチェコという場に徹底的にこだわった神学者だった。わたしが、同志社の先輩である神学者魚木忠一に惹きつけられるのも、魚木が徹底的に日本という場にこだわるからだ。

わたしは、野本先生に、「『構造と力』を読んで思ったのですが、僕は本質的に反動的なのでしょうか。記号論を超えてというよりも、記号論以前に関心があるのです。むしろ19世紀に惹かれるのです」と尋ねた。

「いや、反動的というよりも、それはそれで正しいアプローチなんだ。19世紀には限りなき魅力がある。ただし、神学は時代の子で、時代とともに進んでいく。そこで愛のリアリティを見出していくことだ。そのために『構造と力』が示している視点は、とても有益と思う。ここから逆説的に神が見えてくることになる。これがポスト・モダニズムだと」

「ポスト・モダニズム？」

「そうだ」

「京都学派が言っていたような、近代の超克ということですか。それならば日本ファシズムと親和的ということになります」

「確かに京都学派の問題意識と共通している部分もある。しかし、聖書学はもう20～30年くらい前からポスト・モダニズムに舵《かじ》を切っている。もちろん浅田彰には、聖書学に関する知識は全くない。しかし、日本の若く優れた知性が、僕たち聖書学者が取り組んでいるのと同じ事柄を、別の言葉で語っているのが面白い」

「ヘーゲルが言う歴史の精神のようなものでしょうか」

「19世紀的な言葉を使うとそうなるのだろう。ただし、佐藤君自身も、浅田彰が取り組んでいるのと同じ問題に着手しているように、僕には見える」

「どういう意味ですか」

「あなたが、神学部から出て行こうとしていることだ。しかも、哲学や思想史を研究するのではなく、外交官になろうとしている。落ち着いて神学をするのとは、正反対のような場所に行って、神学を勉強しようとしている。佐藤君が40歳になる頃にキリスト教と政治について、神学的にどう考えるかについて、何か面白いことを書くのではないかと僕は予測しているし、また期待もしている」

「キリスト教と政治については、フロマートカが結論を出していると思うのです。キリスト教は、どのような政治体制や国家とも自己同一化することはできない。しかし、政治から離れたところでキリスト教が存在することもない。キリスト教は、現実の政治に対して批判的機能を果たしていくことだと思うのです。それが現実としてどういうものなのか、プラハに行って見てみたいと思うのです」

「きっとプラハで現実の教会の様子を見ると、日本で予測していたのとはかなり違う姿なのでショックを受けると思う」

「どう違うのでしょうか」

「多分、二重構造になっている」

「二重構造ですか」

「そう二重構造だ。僕がハンブルク大学プロテスタント神学部に留学していたときに、キリスト教学生連盟の集会で、プラハのコメンスキー・プロテスタント神学校からやってきたパベル・フィリッピという若い神学者と出会い、意気投合し、しばらく手紙のやりとりをしていたことがある。確かフロマートカの弟子と言っていた。聞いたことがあるか」

「あります」とわたしは答えた。

神学部の図書室で、いくつか論文を読んだことがある。確か、フロマートカの秘書を最後につとめた人だ。今はコメンスキー神学校で実践神学を教えている。チェコスロバキアの共産党体制とは、一定の距離を置いているが、反体制運動には加わっていない。

「フィリッピのことが印象に残っている。共産主義体制になって、キリスト教に対して圧迫が加えられるようになってからの方が、ほんもののキリスト教徒の数が増えたと言っていた。フロマートカのことをとても尊敬していた。チェコ製のタイプライターは、ドイツ製と比べるとだいぶ質が落ちる。手紙の中で、『チェコの教会は、このタイプライターのようにガタガタだ』と書いていた。僕に、プラハでキリスト者平和会議のセミナーがあるので、出席しないかという打診があった。フロマートカ門下のプロテスタント神学者と改革派系のマルクス主義哲学者が、対話をしているので、その実情を見に来ないかという誘いだった」

「1968年の『プラハの春』がソ連によって潰される前のことですか」

「そうだ。プラハの神学者たちは、マルクス主義哲学者と、捨て身で、本気の対話を行うことで、社会主義社会を内側から変えようとしていた。無神論社会を崩そうとしていたのだと思う。確かにフロマートカ神学には、人間の魂を揺さぶり、動かす大きな力があると思う。それは、いまいる場所にとどまらず、そこから外部に出ていくエクソドスの力だ。この力は、ユダヤ教、キリスト教に共通している」

「実存ということではなく、人間の実存の根底すら崩してしまう脱・実存ということでしょうか」

「脱・実存というのはよい表現だ。そういうことだと思う。『構造と力』が問題にしているのも、秩序から抜け出すということだ」

そう言えば、浅田彰は、さっきの引用に続いてこんなことを言っている。

まさしくここで、ニーチェ、この偉大なる遊戯への誘惑者のもつ重大なアクチュアリティに注目しなければならない。今日ドゥルーズ＝ガタリが最大級の重要性をもっているというのも、彼らがこの面におけるニーチェの最良の後継者と目されるからにほかならないのである。彼らは明快に断言する。真に遊戯するためには外へ出なければならない。してみると、遊戯の場を求めて前近代モデルの如きものへと遡《さかのぼ》り、そうした秩序の中へ這い戻ろうとするのは、完全な転倒だと言わねばならないのである。近代はそのような秩序からぬけ出した。しかし、問題は、まだ十分によく外へ出てはいないという点にある。外へ出よ。さらに外へ出よ。これこそが彼らの誘惑の言葉である。

（浅田前掲書、226頁）

「それで、先生はプラハに行ったのですか」

「行かなかった」

「どうしてですか」

「新約聖書神学の勉強で手いっぱいで、社会運動に関与する余裕がなかった。それから、キリスト者平和会議の活動には、佐竹明先生（当時、青山学院大学文学部神学科教授）が熱心だったので、他人が既に取り組んでいる作業に横から加わっていくことはよくないと思って遠慮した。ただ、フィリッピとのやりとりを通じて、チェコのキリスト教は、生きていると思った。だから、佐藤君は、正しい研究テーマを設定したと思う。外交官になっても、あなたはずっと神学の勉強を続けると思う。これからは、大学や教会の内側でなく、外側で、イエス・キリストが説いた愛のリアリティを示すことが神学の重要な課題になる。日本のキリスト教の世界は小さい。それに前に述べたように、同志社は村だ。その中にずっといると息苦しくなってくる。

もっとも村の中には、それなりに楽しい遊戯もある。しかし、そういう遊戯から出ていくことを神様が佐藤君に命じているのだと思う」

野本先生の話を聞いて、神学部に入ってキリスト教の洗礼を受けたことも、誰も研究したことがなく、また資料が少なく、ロシア語やチェコ語の知識が必要とされるので、研究準備にひどく手間がかかるフロマートカを研究対象に選んだことも、そして、ようやく研究が軌道に乗ってきたのに、外交官になるという、迂回《うかい》路を真剣に追求し始めたことも、それを神と呼ぶことが適切かは脇に置いても、何か見えない力によるものであるという気がしてきた。

赤垣屋で野本先生と飲んだ後から、受験勉強に対する意欲が飛躍的に高まった。

◆初めての外交官試験

受験勉強を本格的に始めてから、神学研究が以前よりもずっと楽しくなってきた。フロマートカの神学を深く学べば学ぶほど、わたしはチェコ神学に惹きつけられるようになった。どうしてもチェコに行きたいという動機が強くなったので、「何としてもこの試験に合格しなくてはならない」という気合いが入った。

憲法と国際法は、通信添削と国家公務員試験、司法試験の演習書と本気で取り組んだら、半年くらいで「多分、合格点を取ることができる」という感触をつかむことができた。ところが、近代経済学がどうしてもうまく頭に入らないのである。そこで、外交官試験を目指す関西の学生たちの自主ゼミに加わることにした。過去の試験問題に対する解答案を書いて、お互いに批評しあうというやり方だったが、些末《さまつ》な揚げ足取りのような話が多いので、この勉強会に参加していても、合格につながらないと思い、数回で顔を出すのをやめた。ただし、成果はあった。あるとき、外交官試験を目指している大阪大学の学生から「うち（大阪大学）の中谷巌先生が書いているマクロ経済学の教科書がわかりやすいよ」と言われたので、三条河原町の駸々堂《しんしんどう》で中谷巌『入門マクロ経済学』（日本評論社、１９８１年）を購入した。この本を読んで、近代経済学に対する考え方を根本的に改めた。ケインズの有効需要政策について、短期的には効果があるように見えるが、中長期的には市場原理が貫徹するという見方に中谷先生は立っている。需要曲線と供給曲線による分析も、インフレを含む総需要を示すインフレ需要曲線、インフレを含む総供給を示すインフレ供給曲線を用いて、見事に解明している。もっとも、通信添削でインフレ需要曲線、インフレ供給曲線を用いて答案を書いたら「中谷氏独自の用語なので、試験では用いないように。インフレを含む需要曲線・供給曲線と書かないと減点される危険があります」という講評がなされた。

中谷先生が考える市場メカニズムは、宇野弘蔵が原理論で想定している「純粋な資本主義」

と同じ内容である。中谷先生の『入門マクロ経済学』を読んで、マルクス経済学と近代経済学は、同じ現象を別の切り口から見ているのだということがわかった。これまで近代経済学はイデオロギーなので、勉強しても時間が無駄になるだけと思っていた。しかし、『入門マクロ経済学』を読んでから、近代経済学を勉強することは、マルクスとは別の目で資本主義社会を見ることなので意味があると思うようになった。

大学院1年生の9月に外務省専門職員採用試験を受けた。実はその前年、ひやかしでこの試験を受けたが、そのときは全く問題に歯が立たなかった。今回は手応えがあった。10月初め、外務省から1次試験に合格したという通知が届いた。2次試験は、東京の外務本省で行われる英語会話と面接だ。11月に2次試験に不合格になったという通知が届いた。タイプ印刷で書かれた「遺憾ながらあなたは不合格になりました」という外務省からの通知を読んだとき、特にショックは受けなかった。正直に言うと、1次試験で満足な答案を書くことができたのは、憲法と英文和訳だけだった。2次試験の英語会話では、読まされた文章の3分の1も理解できなかった。面接官から、「hinge on とはどういう意味か」と尋ねられたが、答えられなかった。試験が終わってから英和辞典で調べるとhinge の意味は「ちょうつがい」で、hinge on は熟語で「(…次第で)定まる」という意味だった。初めて見る単語だった。明らかに勉強不足だったので、不合格になるのは当然と思った。しかし、あと1年勉強すれば、合格する実力がつくのだろうか。わたしは不安になってきた。通信添削会社の社長に「英会話がよくできないので、不合格になったのか」と尋ねた。社長は「そんなことはない」とただちに否定してこう続けた。

「外務省は大学の英語教育をまったく信用していません。語学については、外務省に入ってからゼロから教育するという方針です。面接では、あいさつができないとか、情緒不安定で、外国での勤務に耐えられそうもない人を落とすだけです」

「面接時間は30分もありません。そんな短時間で人間の性格がわかるのでしょうか」

「わかります。私もかつて外務省にいたので、面接官の心理を想像することができます。外交官は『こいつはおかしい』と見抜く勘をもっています。15分も話をしていれば、性格に極端な欠陥がある人はよくわかります。あなたは、面接でどういうことを聞かれましたか」

「まず、サークル活動をしていないがどうしてか、と聞かれました」

実際は、学生運動をそうとうやっているので、それがサークル活動のようなものだが、「新左翼系の学生運動で、ヘルメットをかぶって暴れていました」とは答えられない。そこで、わたしは「神学部は小さな学部で、ゼミや学生間の関係が濃密で、学部自体がサークルのような感じでした」と答えた。

社長は、「この質問の意図は、あなたが協調性がある人かどうかを見ているのです」と言った。社長は「他にどんな質問をされましたか」と尋ねた。

「ひとりで遊ぶことが多いか、友人と遊ぶことが多いかと尋ねられました」

「これも協調性を見るための質問ですね。外交官試験に合格する人は、激しい競争に耐える力をもっています。こういう人の中には、極端に我が強く、協調性に欠ける人がいます。大使館は、数人規模の小さなところが多いので、極端に協調性に欠ける人は面接で落とします」

「それから、人から相談を受けることがあるかという質問も受けました」

「あなたが信頼される人かどうか、見ているのです」

「逆に、悩みがあるとき人に相談しますか。それとも自分だけで解決しますか、という質問を受けました」

「どう答えましたか」

「たいていの悩みは自分自身で解決します。しかし、どうしても自分で解決できないような問題のときは、信頼できる友人や大学の先生に相談します、と答えました」

「模範解答です。面接官は、あなたが深刻な悩みをもったときに、正直に職場の同僚や上司に相談することができる人かどうかを見ています。確かあなたは共産圏勤務を希望していましたね」

「そうです。チェコ語研修を志望しています」

「共産圏に勤務する外交官は、秘密警察の監視下に置かれます。女性やカネで罠が仕掛けられることもあります。そういうときに悩みを抱え込まないで、相談することができる人かどうかを見ているのでしょう」

「しかし、こんな短時間の面接で、受験生がすべて本心を正直に明かしていると面接官は思っているのでしょうか」

社長は「ははは」と笑ってこう続けた。

「あなたは面接に対して、取り繕わずにすべて正直に話しましたか。都合の悪いことも、自分から進んで話しましたか」

「いいえ。積極的な嘘はつきませんでしたが、マイナスの評価になる恐れがある話はしませんでした」

「それでいいんです。面接官もそのことは十分わかっています。そもそもすべてを馬鹿正直に話すような人は、外交官に向いていません。外交官は仕事で嘘をつかなくてはならないことがあります。30分くらいの面接で、ボロがでるような受験生では、外交官になってからきちんとした仕事ができません。面接官はそういう資質も見ています」

「学生運動歴はチェックするのでしょうか」

「極端に過激な運動をしていたのでないならば、問題ありません」

神学部自治会や学友会での学生運動について、わたしたちは、革命を目指した運動でもないし、たいしたことはないと思っているが、世間の基準では、恐らくそうではないだろう。公安警察の学生活動家名簿には恐らくわたしの名前も入っていると思う。デモで機動隊ともみ合ったときにかなり顔写真も撮られている。外務省が警察に人物照会をすると、引っかかるかもしれない。

わたしは社長に「外務省は人物調査をどうやって行うのですか」と尋ねた。

「大学と高校に書面で人物照会をします。案外、引っかかるのは高校での出席日数です」

「なぜですか」

「高校での欠席が多いと、精神的重圧に弱い人ではないかと外務省は心配します。それで人事課の担当官が、高校時代の担任の先生のところに出かけて話を聞くことがあります」

「外務省は精神面を重視するのですか」

「とても重視します。外務省の仕事はとてもストレスが多いです。また、外務省はカネもたいして持っていませんし、許認可権もほとんどありません。人材だけが唯一の資産になります。それだから、ストレスに対する耐性が弱い人は、外交官に向かないので、採用試験の段階で入念にチェックします。一人前の外交官を養成するためには、研修語学によって異なりますが、1500万円から3000万円くらいかかると思います。研修後、外務省を辞めても、このお金を国庫に返納する義務はありません」

「どうしてなんでしょうか」

「その方がよい人材が集まるからです。実は、外務省に一生勤めるという気持ちをもたずに、外交官になる人も、特に専門職員の場合はかなりいます」

社長にわたしの考えを見抜かれたかと思い、緊張した。

「そういう人はどうなるのですか」とわたしは尋ねた。

「そういう人のほうがむしろ外務省の仕事が気に入って、そのまま働き続ける傾向があります。専門職員で入っても、登用制度があるので、大使になる人もいます。また、登用されなくても、勤務成績がそこそこならば総領事になれます。給与も他の官庁や民間と比較してかなりいいです。また、外交特権もあるので、外国では優雅な生活ができます」

「辞める人もかなりいるのでしょう」

「専門職員の場合、３分の１くらいが、中途で退職しています。女性の場合、結婚で辞める人が多いです。男性でも女性でも、国際結婚をした人は、外務省を辞めて現地に住み着いてしまうことがあります。それから、学者や商社員に転出する人もいます。あなたの場合、共産圏勤務を希望しているので、結婚には注意した方がいいと思います」

「どういうことですか」

「外務公務員法で、外国人と結婚した場合、相手が2年以内に日本国籍を取得しないと、外務省員の身分を自動的に失うことになります」

「クビになるということですか」

「懲戒免職ではありませんが、自動的に職を失います。2年以内に外国人が日本国籍を取得することはとても難しいです。結婚と同時に日本に帰国するような人事異動をしてもらわなくてはなりません。外務省の場合、共産圏人と結婚した職員は、できるだけ退職する方向で人事をします。また、日本国籍を取得するためには、相手がこれまでの国籍を放棄することが求められていますが、外国人、特にヨーロッパ人は国籍に対するこだわりが強いので、夫婦間の意見がまとまらず、外務省員の身分を失うこともあります」

「そういう人は、その後、どうしていますか」

「だいたい奥さんの国で何か仕事を見つけています。大学教授になったり、自分で会社を興したりと、そこそこいい生活をしています」

「共産圏人と結婚して、そのまま外務省にとどまっている人もいますか」

「確かルーマニア人と結婚した人がいます」

「研修語はルーマニア語ですか」

「そうです。しかし、ルーマニアに勤務させることができないので、言語的に近いイタリアで勤務しています。外交官にとって、言葉は武器ですから、研修語を仕事で使えなくなることは大きなマイナスです。共産圏の言語を希望する人は、女性関係にだらしなくないかも、チェック項目に入ります」

「どうやって調べるのですか」

「むしろ外務省に入ってからです。女性関係でトラブルを起こしやすそうな人は、研修時代にわかります。共産圏の言語から外されることがあります」

外務省は、女性を通じたスパイ活動に神経を尖らせているようだ。それに反共的傾向が強い。

「受験生の思想について、外務省は警察を通じて調査するのでしょうか」

「それはありません」と社長は言った。わたしは意外に思ったので「どうしてですか」と理由を尋ねた。

「霞が関（中央官庁）で、外務省は老舗官庁であるという自負をもっています。それだから、採用にあたって、警察に人物調査を依頼することはありません。外務省には、大学生のときは学生運動で暴れていた人がいますよ。霞が関の役所は、外務省でも大蔵省でも通産省でも、かなり柔らかい構造をもっています」

「柔らかい構造ですか」

「そうです。学生時代にもっていた青臭い思想は、官僚としての実務の経験を積む中で、消え去ってしまうという組織としての自信です。むしろ、学生時代に正義感が強く、行動力がある人の方が、外務省にとって使いやすい人材になります」

社長の話を聞いていて、外務省が不気味な組織に思えてきた。

「外務省も思想チェックをしますよ。面接票に最近読んで感銘を受けた本を3冊書きなさいという項目があったでしょう。あそこで、さりげなく受験生の思想傾向を見るのです。いずれにせよ、仮にあなたが学生運動をしていたにせよ、逮捕歴がないならば、外務省は問題にしません。ただし、自分から余計なことは言わないことです」

「わかりました」

「今回、外務省からあなたの指導教授に人物照会の書類は届いていませんよね」

「届いていません」

「それならば、1次試験の点数が低いので、最終選考に残らなかったということです。とにかく受験勉強に集中することです。来年はきっと合格します」と社長はわたしを励ました。

◆同志社大学神学部の教授

通信添削会社の社長から聞いた、「外交官試験の合否は1次試験の点数で決まる」という話には説得力があった。確かに、2次試験で不合格になってしまった今年の試験でも1次試験の経済学は2問のうち1問の答えを完全に間違えてしまった。国際法も6割くらいしかとれていなかったと思う。もう一度、受験勉強の態勢を立て直すことにした。大学院も卒業したいので、修士論文も書かなくてはならない。

外務省専門職員採用試験の1次試験は9月に行われる。1次試験の合格者を対象に10月に2次試験が行われ、11月に身辺調査、そしてその後、家庭訪問が行われる。そこで、こんなタイムスケジュールをたてた。

来年の3月までに大学院で必要とされる単位をすべてとっておく。現在、外国語と古典語の勉強に相当時間を割かれているので、それを改める。具体的には、新規に始めたスペイン語と朝鮮語の勉強を中止する。古典ギリシア語、ラテン語、ドイツ語は現状維持につとめ、新しい教材には取り組まない。英語は外交官試験を念頭に置いて、神学英語から時事英語に軸足を移す。そして、4月からは受験勉強に毎日12時間をあてることにする。大学院の講義はいくつか登録するが、授業には出ない。ゼミは指導教授の緒方純雄先生の組織神学演習だけをとる。これまでわたしは4つのゼミに加わってかなり活発に発表をしていたので、それに割いているエネルギーを受験勉強に振り替えることにした。そして、修士論文は、9月の1次試験が終わってから書くことにした。400字詰め原稿用紙100枚なので、何とかなるはずだ。

このタイムスケジュールで新しい生活を始めた。わたしは決して意志力が強いわけではない。もっとも、他人と比較して意志力が極端に弱いということもない。それだから、このタイムスケジュールに即して神学研究と受験勉強を両立させるリズムができた。もっともこのリズムを崩すような出来事が1回あった。

それは、1984年4月5日のことだった。学友会の赤ヘルメットを被った学生たちが、大学の田辺町への移転に反対して学長と大衆団体交渉を行おうとして入学式会場に乱入した。大学当局は機動隊を導入して、11人の学生が逮捕された。そのうちひとりが神学部の学生だった。学生活動家の掟では、警察に逮捕された場合、住所、氏名を含め、完全黙秘する。ところがこの神学生は、警察に対して全面自供した。この神学生は神学部自治会の活動方針が穏健すぎると批判し、神学館には寄りつかなくなり、もっぱら学友会本部で活動するようになった。頭のよい学生だったので、筋を通して起訴され、裁判闘争にエネルギーを費やすよりも、自供して起訴猶予になる選択をしたのだ。新左翼系の学生運動の場合、こういう選択をすると「裏切り者は敵より悪い」と見なされ、リンチの対象にされる危険性がある。どのような行動をとろうと神学生を守るという共同体意識が神学部にはある。このとき神学部の教授会と学生自治会が完全に手を握って、この学生を守った。わたしは大学院生なので学生自治会のメンバーではない。その自由な立場を利用して、自治会と教授会のつなぎ役をした。普段、教授をつるし上げたり、研究室を封鎖したりしているにもかかわらず、神学部の教授会は、親身になってこの神学生を守った。その姿を見て、わたしたちは神学教師は学者であるよりも前に牧師なのだと思った。特に自治会がもっとも敵視していた野本真也教授がリスクをとって自治会に協力してくれた。野本先生は学生の身元引き受け人になるとともに数十万円のカンパを神学部の教授たちから集めてくれた。そして、神学部教授会はこの学生を処分しないという方針を決め、大学執行部も神学部教授会の決定に干渉しなかった。

野本先生をはじめとする神学部教授たちのこの神学生に対する接し方を目の当たりにして、わたしたちの魂が揺さぶられた。

4月から大山君が大学院に入ってきた。神学部の外での2年間の生活で大山君は確かに変わった。本気で神学と取り組むようになった。受験勉強を中心とする生活に転換しても、大山君とは週に1〜2回は「リラ亭」か「キエフ」に飲みに行った。神学生が、2週間で処分保留で保釈になった2日後のことだ。「リラ亭」でウイスキーの水割りを飲みながら、ふたりでこんな話をした。

「昼、奴と会ってきたよ。少しやせたけれど元気そうだった。お母さんを安心させるためにすぐに帰省しろと言っておいた」

「佐藤、それが正しい判断だ。学友会の中央の連中は話がわかるが、大成寮でカッとする奴がでてくるとテロられる危険がある」

「それは避けたい。野本さんからも『学友会の連中から奴を守ることは君たちにしかできない』と言われている」

「そうか」と言って、大山君は水割りを飲み干して続けた。

「俺たちは、大きな勘違いをしていたと思わないか」

「何について」

「野本先生をはじめとする神学部の教師たちについてだ。あの人たちを俺たちは俗物だと軽蔑していた。俗物だったのは俺たちの方だ。今回、奴を助けても、野本先生も他の教授たちも得をしない。他の学部ならば、逮捕者を出したのを口実に自治会に圧力をかけてくる。神学部教授会の姿勢は俺たちを懐柔しようとしているのでもない」

「大山の言うとおりだ。これは懐柔ではない。教授たちは誠実だ」

「あの人たちは、牧師なんだと思う。いまは神学教師としてではなく、牧師として俺たちと付き合っている。そのことを俺たちはもっと正面から、もっと真摯に受け止めるべきだと思うんだ」

「僕もそう思う。僕はほんとうによい大学で勉強したと思っている。神学部にきてよかったと思う」

「俺もそう思う。神学部の外に出て、はじめてそのことがわかった。俺たちは弱い。だらしない。神学部も理想的な場ではない。問題だらけだ。それだけど、ここには、何かがある。他の世界と違う何かがある」

23日の勾留期間が切れたところで、逮捕された学生のうち10人が起訴された。神学生だけが起訴猶予になった。10人は統一被告団を組んで闘争を展開したが、そのうちひとりが首つり自殺をしたので、統一被告団は９人になった。神学部自治会もわたしや大山君も、起訴猶予になった神学生を守ることを第一義に考えたので、公判闘争の支援からは距離をおいた。起訴猶予になった神学生は、リンチにも遭わず、神学部を無事卒業し、一部上場企業に就職した。この事件の後、神学部自治会の常任委員に学生運動活動家だけでなく、牧師や民間企業への就職を希望する普通の神学生も就任するようになった。こうして神学部自治会は、高校の生徒会のようになっていった。

４月末までは、わたしもこの騒動に首を突っ込み、受験勉強に身が入らなかった。この遅れを取り返すべく、ゴールデンウイークは、３〜４時間の睡眠時間を除いては、いつも机に向かって受験勉強をした。６月の初めまでに教科書を３回通読したので、その後は答案練習を中心に勉強を進めた。前に述べたように修士課程で必要とされる単位はすでに取得していたので、大学院の講義にはほとんど出なかった。同志社では、７月初旬に前期の期末試験が終わり、９

月中旬までの長い夏休みに入る。

6月末に神学部図書館でクラウス・シュペネマン先生と久しぶりに顔を合わせた。シュペネマン先生は、わたしに「最近、佐藤君の顔を見ませんがどうしていますか。修士論文の準備をどのように進めていますか」と尋ねた。

「9月の半ばから、本格的に取り組みたいと思います」

「それでは間に合いませんよ。夏休み中に、第一次草稿を書かなくてはなりません」

「9月初めまでは、修士論文の作業にどうしても、取り組むことができません」

「どうして」

わたしは「実は、……」と、外交官試験の準備を本格的に始めているとシュペネマン先生に伝えた。シュペネマン先生は、「佐藤君とゆっくり話をしたいです」と言った。「わかりました。私もきちんとお話ししなくてはいけないと思っていました」と答えた。そして、1週間後にシュペネマン先生の研究室で2時間ほど話をする約束をした。

シュペネマン先生の研究室は、大学図書館の隣にある徳照館という新しい建物にある。同志社の建物は、最上階が教授たちの研究室になっていて、それ以外は教室や演習室になっているというのが通例だが、1982年に建った徳照館だけは教授、助教授、専任講師の研究室しかない。学生がほとんどいないので、建物の中がとても静かだ。

研究室に入ると、シュペネマン先生はコーヒーを出してくれた。わたしは、外交官になってプラハに渡り、フロマートカ神学に関する資料を集め、またフロマートカを直接知る人々から話を聞きたいと考えているということを伝えた。シュペネマン先生は顔を曇らせて、こう言った。

「私は佐藤君が外交官になるのには反対です」

「どうしてですか」

「理由はふたつあります。第一は時間を無駄にする危険があるからです」

「時間の無駄？」

「そうです。外交官試験は難しいです。文学部や法学部の学生で外務省専門職員採用試験を受ける人がたくさんいますが、ひとりも合格しない年もある。佐藤君の人生をトータルで考えると、まず外交官試験の試験勉強にかける時間が無駄になるかもしれません」

「去年、１次試験には合格しています。２次試験で１次試験合格者の半分に絞り込まれるのですが、客観的に見て合格の可能性はあると思います」

「確かに合格する可能性はあるでしょう。そういう技術的な勉強というのは、一定の時間、集中して机に向かえばそれなりの成果があがります。しかし、外交官試験は資格試験ではなく競争試験なので絶対に合格するという保証はありません。佐藤君が外交官試験に合格しなかった場合、地方公務員になろうと思っているならば、法律や経済の勉強もそれなりに意味をもつでしょう。しかし、そういうことは考えていないでしょう」

「まったく考えていません。僕はチェコに留学したいんです」

「それならば、文部省の留学生試験でチェコに行けばいい。確か、修士課程を終えれば受験資格があるはずです。外交官試験よりは易しい」

「実はその可能性も調べてみました。チェコスロバキアに留学したことがある人に会って話も聞きました。実質的には、東京のチェコスロバキア大使館による推薦の段階で合格者が決まっているようです。チェコスロバキア国費留学で神学が受け入れの対象になっていないのみならず、大学と大学院での専攻が神学だと、仮に哲学や歴史を研究分野に選んでも、スターリン主義的な当局が警戒して受け入れないだろうということでした」

「それならば、スイスに留学することを考えませんか。バーゼルかチューリヒならば、ドイツ語だけきちんと勉強しておけば、きちんとした研究成果をあげることができます。フロマートカ神学をテーマにして、スイスからチェコにときどき出かければよいでしょう」

「共産圏の場合、現地に住んでみないと、チェコのキリスト教徒が信仰についてどう考えているか、いちばん大切なところをとらえることができないように思えるのです」

「それは確かにそうです。それでは以前勧めた東ドイツのライプチヒ大学あるいはフンボルト

（ベルリン）大学に留学するといいでしょう」とシュペネマン先生は言った。

その質問に対してわたしは返事をせずに「先生が私が外交官になるのに反対する2番目の理由は何ですか」と尋ねた。

「それは、外交官という職業が本質においてとても保守的だからです。試験に合格して外務省に入っても佐藤君は満足できないと思う」

「国の金で留学するのですから、そこは我慢しなくてはならないと思っています」

「率直に言って、官僚になってしまうと神学研究を継続することができなくなってしまうと思います。神学研究者と外交官では、必要とされる知性のかたちが違います。官僚的なテクノクラートとしての知性を使っているうちに神学的な思考ができなくなってしまうことを私は心配しているのです。確かに月に三十数万円をもらって勉強することには魅力があります。外交官は国際的にもエリートの就く職業であると認知されているので、社会的地位は高いです。しかし、20代後半からの10年間は、神学者としての基盤をつくるうえでとても重要な時期です。後で外交官が嫌になって、神学の世界に戻ってこようと思ってもこの時期に土台作りをしておかないと、その後きちんとした神学的業績をつくることができません。今の佐藤君には10年後、20年後の自分の姿が見えないと思う。私は少し年をとっているので、それが見えるのです。外交官にならずに神学の勉強を続けることを勧めます」とシュペネマン先生は述べた。

◆チェコスロバキアと東ドイツ

その日は、わたしはシュペネマン先生に「よく考えてみます」と言って、研究室を辞去した。下宿に帰ってから、東ドイツに留学することを考えてみた。ライプチヒ大学神学部はプラハのカレル大学から分かれてできた。学問的水準も高い。東ベルリンのフンボルト（ベルリン）大学は、かつてシュライエルマッハーが神学を教え、ヘーゲルやシェリングが哲学を教えた伝統がある。現在もフンボルト大学プロテスタント神学部で教鞭を執っているフリッチェ教授が東ベルリンの福音主義出版局から上梓《じょうし》した教義学教科書を神学部の図書室で読んだことがある。レベルが高い本だった。

しかし、東ドイツの神学は、チェコの神学と根本的に異なる。東ドイツの神学は「新二王国説」が主流だ。16世紀ドイツの宗教改革者マルティン・ルターは、教会と国家の関係を右手と左手にたとえた。右手と左手がそれぞれ別々に動くように、教会と国家もそれぞれ独自の王国なので、自らの原理に従って行動すべきであるという考え方だ。これを「二王国説」という。教会は政治から極力距離を置いて、内面的な信仰に特化すべきであるという考え方だ。ここからキリスト教徒は国家を支持すべきであるという保守的な政治倫理が生まれた。ドイツの保守主義にルター派が与えた影響はとても大きい。ヒトラーに対しても、ドイツのルター派教会は積極的な抵抗をしなかった。その背景には「二王国説」がある。

東ドイツは、複数政党制という建前をとっていた。共産党と社会民主党が合同してできた社会主義統一党が実質的に国家を指導していた。共産党と社民党が対等の立場で合同したというのは見せかけで、実際は共産党による社民党の吸収だった。ただし、東ドイツには、社会主義統一党以外にも、キリスト教民主同盟、自由民主党などの政党もあった。しかし、国会での議席割り当てがはじめから決まっているので、選挙による政権交代は絶対にないシステムだった。キリスト教民主同盟の党員はほとんどキリスト教徒だった。当初、東ドイツ政府は、柔軟な宗教政策をとっていたので、キリスト教民主同盟もマルクス・レーニン主義イデオロギーとは異なる主張をしていた。しかし、徐々に締め付けが厳しくなっていった。そのとき東ドイツの神学者は、当局との軋轢《あつれき》を避けるために、「政治的には東ドイツの共産主義国家を支持する。そして、信仰は個人の内面にとどめる」という方針をとった。そして、聖書や19世紀までの神学者についての研究に力を入れるようになった。キリスト教徒は、独自の立場から政治問題に関与することを避けるようになった。

チェコのプロテスタント神学は、東ドイツとは根本的に異なった。フロマートカは、キリスト教徒が活動する場は「この世界」、すなわち現実に存在するチェコスロバキアの社会主義社会であると考えた。キリスト教徒が信仰を個人の内面でとどめることは、近代主義的に倒錯した信仰理解と考えた。プロテスタントの原理に基づくと人間が救済されるのに必要なのは「信仰のみ」である。これに対して、カトリックは「信仰と行為」によって人間は救われると考える。字面だけだとプロテスタントは行為を軽視しているように見えるが、そうではない。イエスが説いたのは信仰即行為ということだ。信仰はあるが、それとは行動が異なるという「信仰と行為」という二元論を拒否することがプロテスタンティズムの神髄であるとフロマートカは考えた。

フロマートカは対話によって人間が変わる可能性を信じた。この対話は、理論と実践の両面で行われた。理論面では、ビチェセラフ・ガルダフスキー、ミラン・マホベッツなどのマルクス主義哲学者との間で行われた「人間とは何か」についての存在論をめぐる議論だ。世の中における対話のほとんどは、それぞれが一方的見解を語り、相手に押しつけようとするものだ。しかし、フロマートカは、互いに相手の主張を真摯に受け止め、自らが「変わる」ことを志向した。その結果、ふたつの「ひとり語り（モノローグ）」がひとつの「対話（ディアローグ）」に変わった。

フロマートカたちは、マルクス主義的無神論は、近代のヒューマニズム（人間中心主義）の極端な形態であるに過ぎないと考えた。表面上、キリスト教を擁護する建前をとる西側資本主義国においても、大多数の人々が神を信じていないという現実を直視すべきであるとチェコの神学者たちは考えた。人間が神に依存せずに生活するという世俗化は、資本主義国でも社会主義国でも同時進行している。社会主義国では、「神なき社会」という現実を正直に受け止めているだけのことだ。イエスは、貧しい人々、虐げられた人々、差別された人々と行動を共にした。しかし、近代のキリスト教会はごく一部の例外を除き、体制側に立った。キリスト教が本来やるべきことをやらなかったのでマルクス主義が台頭した。それだから、キリスト教徒はマルクス主義の無神論を忌避するのではなく、自己批判的に受け止めなくてはならないとフロマートカは考えた。

このようなフロマートカの姿勢に、マルクス主義哲学者たちも誠実に反応し、「社会主義社会になっても神が完全に死んでしまうことはない」と考えるようになった。そして、キリスト教の伝統を社会主義社会の建設に生かそうとした。そこでヒューマニズムとしてのマルクス主義の伝統を取り戻そうとする。「人間の顔をした社会主義」がチェコスロバキアでは主張されるようになる。それが１９６８年の「プラハの春」につながる。

「人間の顔をした社会主義」に対して、東ドイツのマルクス主義者は冷淡だった。マルクス主義をヒューマニズムに解消するのは、資本主義イデオロギーに毒された修正主義であると東ドイツのスターリン主義者は考えた。それと同時に、東ドイツのキリスト教徒も、チェコスロバキアにおけるキリスト教徒とマルクス主義者の対話に関心をもたなかった。「新二王国説」の立場から、キリスト教徒は社会主義国家を変容させるような試みに加わるべきではないと考えたからだ。

　わたしはシュペネマン先生の研究室を1週間後に訪ねた。

「シュペネマン先生、フンボルト大学の紀要や、東ベルリンの福音主義出版局から出ている『神学試論』の論文に目を通してみたのですけれど、チェコと東ドイツの神学ではあまりに学風が異なります。率直に言って、東ドイツにはそれほど興味がもてないのです」とわたしは言った。

「佐藤君、そう早く決めつけない方がいいでしょう。この前、ドイツに行ったときにライプチヒ大学プロテスタント神学部の助教授と会いました。若いけれど、なかなか優秀な神学者で、柔軟な思考をしています。この人のところに紹介状を私が書きましょう」

　シュペネマン先生がライプチヒ大学への留学を勧めてくるとは思わなかった。既に述べたが、ライプチヒ大学は、宗教改革者ヤン・フスがカレル（プラハ）大学学長をつとめていたときに、従来のドイツ人優遇策を改めたためにそれに反発した教授陣によって1409年に創立された大学だ。1953年にカール・マルクス大学と改称された（東西ドイツ統一後の1991年に再びライプチヒ大学の名称に戻った）。マルクスは宗教を「人民の阿片である」と批判した。それから考えると奇妙なことだが、カール・マルクス大学にも神学部があるということになったのだ。

「しかし、神学で東ドイツとの国費交換留学制度はありません。社会主義国なので私費留学は認められないでしょう」とわたしは尋ねた。

「その点については心配ありません。ジュネーブのＷＣＣ（世界教会協議会）に『東と西の間の対話』というプログラムがあります。そこでは、西側から東ドイツに神学生を送る枠組みがあり、アジアからの留学ならば初めての試みなので、ＷＣＣも積極的に応援してくれると思います。それから、去年のルター生誕５００年祭をきっかけに東ドイツ政府の教会政策が変化しています。いま、東ドイツを内側から観察することには意味があります。これから東ドイツにも大きな変化が生じると思います」とシュペネマン先生は述べた。

ドイツの宗教改革者マルティン・ルターは１４８３年に生まれた。１９８３年には西ドイツのみならず東ドイツでもルターの生誕５００年祭が盛大に祝われた。この関係で東ベルリンの福音主義出版局から、本格的な『研究版マルティン・ルター著作集』（全６巻）も１９７９年から刊行され始めた。わたしは東ドイツの図書輸出入公団に手紙を書いて、この著作集を取り寄せた。解説を読んだが、知的刺激を受けなかった。「新二王国説」を色濃く反映した内容だった。「東ドイツには、フロマートカのような時代を切り開く魅力がある神学者がいないように思えるのです」

「確かにそれは佐藤君が言うとおりです。ただし、ドイツにはプロテスタント神学の長い伝統があります。まずドイツの神学をきちんと勉強してから、フロマートカ神学の研究にテーマを移しても決して遅くないと私は思います。あまり焦らないことです」

「シュペネマン先生がおっしゃることはよくわかります。ただ、いまは自分の可能性に賭けてみたいと思うのです。WCCで外国のミッションのお金で勉強するのではなく、外交官試験に合格して、外国人からの資金提供に頼らないで勉強したいのです」とわたしは述べた。

シュペネマン先生は、「わかりました。私は自分の意見を佐藤君に押しつけるつもりはありません。それではこれ以上、私の考えを述べることはしません。もし、外交官試験がうまくいかないときは、もう一度私に相談してください」と言った。わたしは、「そうならないように努力しますが、もし試験に落ちたら、先生に頼ることになると思うので、よろしくお願いします」と答えた。

徳照館を出るときに「絶対にシュペネマン先生にお願いするような事態にならないように頑張ろう」とわたしは心の中で誓った。

よく受験勉強にはスランプがあるというが、わたしはそのような経験をしたことはなかった。サブノートを細かくつくるよりも、教科書を何度も丁寧に読み、過去に出題された外交官試験の問題と通信教育の予想問題を解き、添削の結果を見ながら模範解答を暗記することに力を入れた。

外務省専門職員採用試験は9月の第1週に行われる。会場は、東京、京都、福岡の3カ所だ。まだ残暑が厳しい時期だ。東京の試験会場は、代々木オリンピックセンターの会議室だが、ここには冷房がない。合格体験記で、暑さで朦朧としてくるという話を読んだ。京都の試験会場は、西京極《にしきょうごく》の京都工業会館だ。ここには冷房がある。その分、京都での受験は楽だ。

試験は2日にわたって行われる。初日が、憲法、国際法と経済学で、2日目が一般教養と外国語和訳／和文外国語訳と論文だ。一般教養で一定の得点を得ないと「足切り」され、他の科目の成績がいくらよくても不合格になる。去年の経験から、2次試験の面接や英会話にたいしたウエイトはなく、1次試験の成績がすべてであることがわかっている。今年、外交官試験に合格しなければ、チェコへの留学はあきらめようと思った。

試験の前日に興奮して眠ることができなかったという話をときどき聞くが、わたしにはそのような経験はない。わたしはもともと3時間半から4時間の睡眠時間で生活するショートスリーパーなのだが、どんなに興奮しても眠れないということはない。いつも午前3時頃に床にはいるが、7時前には必ず目が覚める。試験前日は、用心して少し早く午前1時には床に入ったが、5時には目が覚めた。そこで、憲法、国際法、ミクロ経済学、マクロ経済学の教科書にもう一度目を通した。初めて読んだときは、1日かけても50頁進めば上出来だったが、今では1時間で500頁の内容をチェックすることができる。いちばん不安だったのが経済学だが、教科書の内容が皮膚に貼り付いてきた感じがした。

8時過ぎに下宿を出て、阪急電車に乗って西京極駅で降りた。外交官試験以外で降りたことがない駅だ。わたしと同じ年頃の学生が工業会館に向かって歩いていく。京都会場では、200人近くが受験するが、そのうち1次試験を通過するのは10人程度だ。さらにそこから最終合格者は半分に絞り込まれる。試験会場に向かって歩いていく学生の顔が、わたしよりもずっと聡明に見える。試験は、4階の講堂と大会議室の2カ所で行われる。わたしには講堂があてがわれた。カンニング防止対策なのだろうか。長いテーブルにふたりずつ受験生が座る。試験監督は、白に近いクリーム色のスーツを着た恰幅のいい人だ。きっと外交官なのだろう。外交官は服装に気を遣うという話を聞いたが、この人の上着とズボンにもアイロンがきちんとあたっている。試験監督と別に初老の事務官がふたりいる。試験時間の15分前に着席しなくてはならない。ピンが落ちても聞こえるような静けさだ。試験監督が、机の上にジュラルミンのトランクをあげて、ふたを開け、「まず、答案用紙を配ります。その後、問題用紙を配ります。私が合図をするまで、手を触れないでください」と言った。答案用紙は、縦書きの罫紙で、のりで閉じられている。試験監督が腕時計を見て、「これから私が読み上げる指示に従ってください」と言った。

◆2度目の外交官試験

外交官試験は、一般教養問題を除いては、記述式だ。憲法、国際法、経済学、邦語作文は縦書きで、外国語和訳、和文外国語訳は横書きである。択一式の一般教養試験は、解答を答案用紙に数字で書き込むようになっている。

1日目の試験科目は、憲法、国際法、経済学だった。憲法、国際法は、基本書の内容を理解していれば、必ず合格点をとることができると思っていた。実際、合格点に達する答案を書くことができたという手応えがあった。昼休みに試験会場のそばの喫茶店に入ってカレーライスを注文した。午後は経済学を残すのみだ。周囲も受験生ばかりだ。みんな必死になって教科書やノートを開いて最後の追い込みをかけている。そういえば、ボストンバッグに一杯の基本書、演習書、ノートを詰め込んで、休み時間に次の試験に向けた準備をしている受験生が多い。わたしはそういうことをしても気休めにしかならないと思っていたので、小さな鞄ひとつで試験に臨んだ。わたしのような軽装の受験生は圧倒的少数派だ。「気合いが足りないのではないか」と不安になってきた。

午後の試験が始まり経済学の問題が配られた。問題用紙は裏返しで配られる。試験監督が「それでは始めてください」と言うまで問題用紙に手をつけてはならない。ただし、裏側から活字が透けて見える。大きな問題が2題書かれ、2問目がふたつに分かれている。1問目は、

「国民所得三面等価原則について説明せよ」という問題だ。マクロ経済学の基本中の基本だ。2問目はミクロ経済学だ。その内の1題が、生産関数の最適解を問う問題だ。もう1題は貨幣数量説についてだ。どれも事前に出題を予想し、準備していた問題だった。

試験開始が告げられたので、まず鉛筆で答案用紙の横に解答の骨子をメモした。3問とも流れがつかめたので一気に書き下ろした。三面等価原則については、いくつか経済学の教科書を読んでも、よく意味がわからなかったが、中谷巌『入門マクロ経済学』の記述を読んでまさに目から鱗《うろこ》が落ちるように、意味を掴むことができた。

国民総生産が生産面からみても、分配面からみても、また支出面からみても、つねにその値は等しいとする三面等価の原則は、たしかに一国経済のマクロ的な循環の構造を理解するうえで、貴重な役割をはたしています。しかし、この三面等価の原則が、マクロ経済学における貯蓄と投資の均等についての誤解や混乱を引き起こしたことも事実です。

前章で、貯蓄主体と投資主体は同一ではないということ、またそのために貯蓄と投資が事前に一致することはほとんどないということを指摘しましたが、国民経済計算においては貯蓄と投資は恒等的に等しいのです。つまり、国民所得統計の専門家は測定された貯蓄と投資をまったく同じものと定義づけているのです。定義によりそうなるのですから、理論的根拠がどうであるということは問題にする必要がもともとないわけです。（中略）なるほど貯蓄と投資は一致しているから経済は均衡状態にある、と思われるかもしれません。しかし、国民所得統計における貯蓄と投資は定義により、つねに等しいのですから、統計上の貯蓄と投資の一致をもって、経済が事実上均衡状態にある、と考えてはならないのです。この点はマクロ経済学を学ぶうえで非常に重要な点であり、十分な理解に到達することが必要です。

（中谷巌『入門マクロ経済学』日本評論社、1981年、34～35頁）

要するに三面等価原則については、事前から見るか、事後から見るかで意味合いが異なるということだ。

余分につくられた財貨は、意図せざる在庫増加、として投資に分類されてしまうのです。つまり、消費財であっても、売れ残って在庫になるや否や、統計上は投資財に変身してしまうということなのです。たしかに、在庫というのは来期以降の経済活動において活用されるものですから、統計官がこれを投資と呼んでも矛盾はありません（投資とは、将来のことを見越していまの消費を我慢することにほかならないから）。しかし、それは企業が意図した投資であったということにはならないという点には、十分留意しておくべきでしょう。

（中谷前掲書、35頁）

この部分を読んで、これまで他の経済学書を読んでわからなかった点が氷解した。経済学者は、三面等価を事前から見て、統計学者は事後から見ているということだ。こういうものの見方は、神学の世界でよくあることだ。

例えば、キリスト教の神はひとつであるが、父なる神、子なる神、聖霊なる神の3つとして語られる。これについては、神がひとりであるという面を強調する内在的三位一体論という説明がある。イエス・キリストが登場する前の「事前の立場」から神について考察するとこのような議論になる。これに対して、父、子、聖霊の3つである面を強調する経綸《けいりん》的三位一体論という説明がある。イエス・キリストが登場した後の「事後の立場」から神について考察する議論だ。

答案は、三面等価原則の事前と事後で意味が異なることが浮き彫りになるように作成した。答えを書きながら、人間の思考には根源的なところで通底するものがある。神学を学んだのでこういう感覚が身についた。神学部に進んでほんとうによかったと思った。

1日目の試験を終えると午後5時だった。時間があっという間に過ぎた。ひどく疲れを感じた。疲れているにもかかわらず、下宿に帰っても目がさえてしまい、寝付くことができない。憲法、国際法、経済学の教科書を開いて、どれくらい正確な答えを書いたかチェックしてみた。そんなことをするよりも、明日の英語と一般教養の試験に備えて練習問題を解いた方が合理的だということが頭ではわかっているのだが、どうしても実行できない。教科書をチェックすると「別の書き方をした方がもっと加点されるだろうな」と思う箇所がいくつかあったが、今日の試験に関しては確実に合格点に達しているという感触を得た。そうなると明日の試験が心配になってきた。専門科目や英語の試験がいくらよくても、一般教養で基準点に達しないと、そもそも答案を採点してもらえない。しかし、これから徹夜で勉強しても、試験会場で眠くなってしまえば、実力を反映させることができない。布団を頭から被って目を閉じた。

目覚まし時計のベルが激しくなった。わたしは毎日、だいたい予定した時間に起きることができるので、目覚まし時計をかけることはめったにない。目覚まし時計をかけてもベルがなる15分くらい前に自然に目が覚める。ただ、この朝だけはベルの音で起こされた。よほど身体が疲れていたのだと思う。歯を磨き、顔を洗って、試験会場に出かけた。もし今回の試験に落ちたならば、外務省とは縁がなかったということで、外交官になることは諦めようと思っていた。それだから、この試験を受けるのも今日が最後になると気を引き締めた。

午前中の英文和訳、和文英訳がひどく難しかった。50点には達していない。これでもうダメだと一瞬思った。もっとも外交官試験の通信添削会社の社長が「合格者の英語の平均点は40点くらいと思う。あの試験で80点を取ることができれば、そもそも在外研修で語学を勉強しないでもいい。『一人前の外交官としてこれくらいの英語力が必要とされるのだ』ということを受験生に伝える意味もある」と言っていたことを思い出し、諦めずに頑張ろうと思った。邦語作文は、「日米欧の関係を踏まえ、日本の外交方針について記せ」という実践的な問題だった。

出題者の予測している模範解答が「西側の同盟を強化して、ソ連の脅威に立ち向かう」という内容であることが明白だったので、その考えで筋道立てて答えを書いた。心配していた一般教養試験は思ったよりも楽だった。数学、物理、化学などの理科系科目の問題のほとんどが高校時代の定期試験で見たことがあるものだったからだ。いざとなると7~8年前の高校時代の知識が鮮明によみがえってくることに自分でも少し驚いた。

疲れがどっとでてきた。下宿に戻って一眠りしようと思って西京極駅から阪急電車に乗ったが、四条烏丸駅で降りて地下鉄に乗り換え、大学に向かった。神学館2階の「アザーワールド」に行くと大山君が待っていた。

「佐藤、試験はどうだった」

「何とかなると思う」

そして、わたしが「疲れたけど、少し飲みに行くか」と大山君を誘った。ふたりで大学のそばの「はやし」という居酒屋に連れだった。わたしはビール、大山君は熱燗《あつかん》を注文した。この居酒屋はちくわの天ぷらとだし巻き玉子がおいしいので、注文した。わたしは試験の感触について大山君に説明した。大山君は、「そうか」と答え、しばらく黙った後でこうつぶやいた。

「そうすると、来年の4月から佐藤もいなくなってしまうわけだな。滝田や米岡も就職したし、神学部に残るのは俺ひとりになる。淋しくなるな」

その日は、少しだけ飲むつもりだったが、結局、２、３軒はしご酒をして、結局、大山君の下宿に泊まることになった。

１カ月後に、外務省から下宿に１次試験の合格通知が届いた。２次試験で東京に出て行った。去年と同じ会議室で待たされ、去年と同じような試験があった。英会話の試験では、わたしが神学部出身であることに面接官が関心を示し、大学での研究について詳しく聞かれた。ふたりいる試験官のうちのひとりが、「カトリシズムとプロテスタンティズムの違いについて指摘してください」と尋ねた。わたしは、反射的に「カトリックは聖書と伝統を重視するのに対して、プロテスタンティズムは聖書のみ、カトリック教会の神父は独身ですが、プロテスタント教会では配偶者をもっていることがあります」と答えた。すると試験官が「あなたはプロテスタント教会のどの教派で洗礼を受けましたか」と尋ねた。わたしが「プレスビテリアン（長老派）教会です」と答えると、試験官は「それでは洗礼名はありませんね」と念を押したので、わたしは「そうです」と肯《うなず》いた。これで英会話の試験は終わったが、注意深く見ると試験官のワイシャツの下に十字架が透けて見えた。この外交官は、カトリック教徒なのだ。

面接官は半分くらいが去年と同じ顔ぶれだった。温厚そうな50歳くらいの外交官が「あなたの顔はよく覚えています。今年もよく来ました」と言って面接を始めた。面接は、去年と違ってとても厳しかった。「自分の信念と異なる命令を上司からなされたときに、あなたはそれに従いますか」ということについて、何度も尋ねられた。「もちろん従います」と答えても、面接官は「あなたの良心や信仰に反する命令でも従えますか」とたたみかけるように質問してきた。最後にわたしは、「さきほどから良心に反するとか、信仰に反するとかおっしゃいますが、具体的にどういう状況を想定しているのですか。具体性に欠ける質問に対しては、何ともお答えしがたいのです」と答えた。そうすると、面接官たちは顔を見合わせて笑った。そして、いちばん最初に口火を切った温厚そうな外交官が「わかりました。この質問に対する答えはもう結構です」と言った。

「もう結構です」とはどういうことなのだろうか。面接官の心証を害したのではないかと心配になった。もっとも自分の本心を述べたのだから、それで不合格にされるのならば仕方がないと思った。

温厚そうな外交官が「緊張しなくても大丈夫です。最後にひとつ質問があります。いいですか」と尋ねた。わたしは「もちろんです」と答えた。

「あなたは自分の考えをもっている。それをきちんと主張することができます。専門職員として外務省に入って満足できるでしょうか」と尋ねた。

「どういうことでしょうか」

「あなたが外交官としてやりたいと思っていることが、専門職員として入省してできると思っていますか」

「私はチェコの専門家になりたいと思ってこの試験を受けました。私のやりたいことは外務省の専門職員としてしか実現できないと考えています」

温厚そうな外交官は、「わかりました。それでは面接はこれで終わりです」と答えた。

その日は大宮市の実家に帰って泊まった。父と母に面接の様子について報告した。父は、

「去年と比べて面接が厳しいということは、外務省が優君を採用するかどうか、真剣に考えているということだと思う。それから、良心や信仰に反する上司の命令に従うかという質問に対して『具体的な状況を説明してもらわないとわからない』と答えたのも正しい答えと思う。外交官は海千山千の人たちだから、こういう応対を通じて人間性を見ているのだろう」と言った。

京都に帰る新幹線の中で、「上司の命令はどのようなものでも、絶対に従います」と答えるべきだったのではないかと少し後悔した。とりあえず外務省に入ることが目的なので、もっと上手な受け答えをするべきだったとも思ったが、既に言ってしまったことについて後悔しても意味がないので、試験や面接のことはとりあえず忘れることにした。

３週間くらい経って、浦和高校３年生のときの担任だった飯島英夫先生から電話がかかってきた。飯島先生と話をするのは卒業以後、７年振りだ。

「佐藤君、久しぶり。実は外務省から浦高に君の人物照会の手紙がきた。外交官試験を受けた

のか」と飯島先生が尋ねた。

◆合格、そして待っていたどんでん返し

わたしは「はい。実は去年も受けたんですが、2次試験で不合格になりました」と答えた。

飯島先生は、「役所から高校に人物照会が来るのは珍しい。外務省は徹底的に人物調査を行っているんだね。よい生徒だといいことだけを書いておいたから心配ないよ」と言った。高校3年生のときは、学校よりも社青同（日本社会主義青年同盟）埼玉支部の事務所に出入りしていることの方が多かった。飯島先生の専門は物理だ。高校3年生の進路相談は、物理の実験室で行われた。飯島先生から、「佐藤は正義感が強い。それはそれで重要だ。ただし、大学に入ってからは一生懸命勉強しろよ。特に外国語を疎かにしたらいけない。僕は佐藤が他の浦高生にはできない何か大きなことをすると期待している」と言われた。その後、飯島先生は実験機材の入っている扉を開けて、黒色の瓶を取り出した。ブランデーのボトルだ。コップをふたつだして、ブランデーを少し注いだ。飯島先生は、わたしに「飲め」と言った。わたしはブランデーを飲み乾《ほ》した。喉が熱くなった。「佐藤、焦るな。受験勉強についても、人生についても。着実に勉強をすれば力は確実につく。先走るな。わかったな」と飯島先生が言ったことを思い

出した。わたしは、「進路相談のときに先生に飲ませてもらったブランデーの味は忘れません」と答えた。

受話器から、「そんなことがあったかな。僕は佐藤は新聞記者になるんじゃないかと思っていた。外交官というのは意外だけど、頑張ってな。どこに行くのか。ソ連か」という飯島先生の声が聞こえてきた。「先生、まだ合格したわけではありません。チェコ語の研修を希望しています」とわたしは、大学と大学院でチェコスロバキアにおけるプロテスタント教会と国家の関係について研究していたことを話した。そして、大学に入った年のクリスマス礼拝にキリスト教の洗礼を受けたという話をした。同時に、高校時代と同様にマルクス主義についても勉強していると説明した。すると飯島先生はこう言った。

「とにかくよかった。佐藤のことはどうなるか、いつも気にかけていた。神学部に進んでよかったね。ほんとうにやりたい勉強ができたんだね」

「ほんとうに同志社の神学部にきてよかったと思っています。受験競争に背を向けた変わった浦高生だったと思いますが、飯島先生がいろいろ配慮してくださったことに感謝しています」

「教師というのは、問題のある生徒のことはいつまでも気になるもんだ。安心した。ほんとうによかった」と言って、飯島先生は電話を切った。

電話を切った後、すぐに大学に行った。神学部事務室に入ると野本真也先生がいた。わたしは「高校3年生のときの担任の先生から電話がありました」と言って、飯島先生からの電話の内容について野本先生に詳しく説明した。野本先生は、「実はあなたに連絡しようと思っていたのですけれど、昨日、外務省からあなたの人物照会についての書類が送られてきました。石井神学部長に書いてもらうことにしました。悪いことは書きませんから心配しないでくださ い」と言った。わたしは、「いや、別に悪いことを書いてくださっても結構です。事実をありのままに書いてください」と少しむっとした口調で言った。

どうも最終選考に絞り込まれたようである。そうなるとかえって不安になってきた。学生運動歴が原因で不合格になるならば仕方ない。外務省とは縁がなかったと思って諦めればいいだけのことだ。もっとも外交官試験に備えて必死になって勉強した内容がすべて無駄になるわけではない。少なくとも英語は神学の勉強を続ける上でも意味がある。そう自分を納得させようとした。夜遅く下宿に戻ると、部屋に大家さんのメモ書きがあった。「お母さんから電話がありました。至急、実家に電話をしてほしいということです」と書いてあった。最寄りの公衆電話は、丸太町東大路《ひがしおおじ》の角だ。そこまで駆け足で行って、公衆電話のボタンを押した。すぐに母が出た。「昼、外務省人事課から電話があって、優君のことで来週、家庭訪問をしたいという話があった。できれば、お父さんも優君もいるようにしてほしい」という話だった。外交官試験の合格体験記に、家庭訪問があると合格はまず間違いないと書かれていたことを思い出した。

翌週、1泊で家庭訪問に合わせ、実家に帰ることにした。父も休みをとった。

昼過ぎに、面接官がやってきた。50代後半で、髪の毛が白くなった大柄で小太りの人だった。父と面接官が名刺を交換した。名刺には「外務省条約局条約審査官　堀靖夫」と書かれていた。面接官は、「いまはこの役職なのですが、近く人事課に異動になりますので、優さんたち専門職員の指導には私があたることになるので、御挨拶に参りました」とていねいに言った。

わたしが「採用が内定したと考えていいのですか」と尋ねると堀さんは「そう考えていいです。正式の合格通知は2週間後になります。他の会社に就職されては困るので、外務省に来て欲しいとお願いに参りました」と笑いながら言った。もっと官僚的な、威張った人が来るかと想像していたので、堀さんの物腰の柔らかさに意外な感じがした。堀さんはこんな話をした。

「優さんは、チェコ語を希望しているので、外務省で1年半実務研修をした後にプラハのカレル大学で2年間研修することになります。その後、チェコスロバキアの日本大使館に2〜3年勤務して東京に戻ってきます。そして東京で5〜6年勤務した後に再びプラハの大使館に勤務することになると思います。もっともチェコスロバキアと東京の往復だけでなく、アメリカの総領事館やオーストラリアやニュージーランドなどの英語圏に勤務することもあります。共産圏は秘密警察による監視が行われているので、現地の女性との関係については十分注意してください。過去に女性とのトラブルで外務省を辞めざるをえなくなった人が何人かいます。共産圏出身者との結婚はできないと考えてください」

わたしは、「外国人と結婚するつもりはありません」と答えた。そして、堀さんはわたしに「お酒は強いですか」と尋ねた。わたしは、「そこそこ飲みます」と答えた。すると堀さんは、「お酒の上でのトラブルが命取りになることがあります。酒については十分に注意してください」と釘を刺した。

堀さんが「何か質問はありませんか。遠慮なく聞いてください」と言ったので、わたしは「大学で法律や経済を勉強していないのですが、外務省の仕事で障害になりませんか」と尋ねた。堀さんは、「あなたは外交官試験に合格しているのですから、法律や経済の基本知識は十分にあります。心配する必要はありません。外務省の仕事で使う法律や経済の知識は、大学での勉強とはだいぶ異なります。みんなで相談しながら問題を解決していくので、大学で行政法や民法、あるいは国際経済論について勉強しなかったからといって、それが仕事の障害になることはありません。ただし、外交官はいつも勉強し続けなくてはなりません。このことは覚えていてください」と言った。

わたしは「勉強は嫌いではありません」と言って、神学部と大学院でヨゼフ・ルクル・フロマートカの神学について研究したことについて話した。堀さんはわたしの話に注意深く耳を傾けた後、ひとつだけ質問をした。

「その神学者は、『プラハの春』の後、西側に亡命したのですか」

「いや、亡命しませんでした。チェコスロバキアにとどまって、『プラハの春』の翌１９６９年12月に病死しました。最後まで社会主義の人間化を追求していました」とわたしは説明した。

堀さんは「そうですか」と答えたが、一瞬目が光った。そして、「私自身は共産圏で勤務したことはありません。共産圏は日本やアメリカなどの自由世界とは全く異なる体制の国です。優さんはそういうところで今後の人生の３分の１を過ごすことになります。一昔前まで外交官になると親の死に目にもあえないなどということが言われましたが、今はそのようなことはありません。御両親のお見舞いのための一時帰国については、人道的に対応しています。何かあったら遠慮なく人事課に相談してください」と言って、家庭訪問を終えた。近くの交差点まで、わたしは堀さんを送っていった。途中、テラスハウスの庭に植えてある木を見て堀さんが足をとめ、「これは紫陽花《あじさい》ですね」と言った。わたしは黙って肯いた。

「手入れが行き届いている。外国に長くいると日本の花がとても懐かしくなるのです。私は特に紫陽花が好きです」と堀さんは言った。

その晩は、父の強い希望ですき焼きを家族で囲んだ。

父は、「あの堀さんは、温厚な感じだけれど、仕事ができるぞ。そして上司としてはかなり厳しい方だ」と言った。わたしは、「どうしてそう思うの」と尋ねた。

「今回の家庭訪問は、内定を出すので他の就職活動をやめるようにと伝えることが一番の目的だ。それとともに親子の関係がうまくいっているかを見る。その上で、女と酒に気をつけろと釘を刺していった。口調は軟らかいが、女や酒で問題を起こした場合、外務省はそういう職員を守らずに切るということを伝えている」

「それはお父さんの考え過ぎじゃないかな」

「そんなことはない。お父さんは銀行にいたときにああいうタイプの上司がいた。あの人は、仕事に対してかなり厳しいタイプだ。それからノンキャリアからの叩き上げで、競争に勝ち残った人だ。お父さんは技術屋だったので、事務屋の出世競争を横で見ていた。東大や一橋でなく、早稲田や慶應などの私大の出身で銀行の役員に昇っていく人には今日の堀さんみたいな人が多いよ。人格は円満だけど、競争に勝ち残っていくという強い意志をもっている。まあ神学部や教会とはだいぶ違う雰囲気の世界に優君はいくことになるけれど、これも運命の巡り合わせだね」と父は笑いながら言った。

家庭訪問の2週間後に外務省から合格通知が届いた。法学書院という出版社から「合格体験記を書いて欲しい」という依頼が来たが断った。また外交官試験の通信添削会社の社長から「外務省に入った後も、外交官上級試験を受けることができるので、その準備をしてみないか」と勧められたが、これも断った。外務省に入る目的は外交官になることではなく、プラハに留学して、チェコ語を習得し、フロマートカ神学に関する資料を集めるためだったからだ。もっともそのようなことを通信添削会社の社長に説明する必要はないと思い、「修士論文を仕上げなくてはならないので、受験勉強に時間を割く余裕はありません」と答えた。年末に合格者に対する説明会が外務省であった。そのときにかなり念入りな健康診断が行われ、研修語学の希望をもう一度聞かれた。わたしはチェコ語を希望すると答えた。人事課の職員と思われる人に「チェコ語の希望がかなわなかった場合、他の語学でもよいですか」と尋ねられた。わたしは、「その場合、ポーランド語、セルボ・クロアチア語、ロシア語などスラブ系の言葉を希望します」と答えた。

堀さんの家庭訪問が終わった翌日、京都に戻った。そして神学館2階の図書室に朝から篭もるようになった。図書室は午後4時に閉まる。それからは図書室の隣の不法占拠部屋「アザーワールド」で資料を読み続けた。「アザーワールド」で仮眠をとって、午前9時にそこから図書室に移動する生活が何日も続いた。大山君は毎日「アザーワールド」にやってくる。一緒にウイスキーやビールを飲んだが、「佐藤の論文の邪魔をしたらいけない」と言って、2時間くらいで退散した。1カ月半かけて、満足する論文ができあがった。タイトルは『ヨゼフ・ルクル・フロマートカの共産主義観　現代東ヨーロッパにおけるプロテスタント神学の展開についての一考察』とした。最初は、『チェコスロバキアにおける弁証法神学の展開についての一考

察　ヨゼフ・ルクル・フロマートカのマルクス主義者との対話をめぐって』という想定題で記述を進めたが、フロマートカ神学を弁証法神学の枠組みでとらえることには無理があり、またマルクス主義者との対話もフロマートカの活動のごく一部を占めるに過ぎないということが明らかになったのでタイトルを変更した。口頭試問では、フロマートカのキリスト論に関する質問が2、3なされただけで、特に問題なく審査を終えた。修士論文に取り組んでいる間は、4月から外交官になるということは、完全に忘れていた。外交官になるよりも、早くプラハに渡って神学の勉強を続けたいと思った。

松の内が明けると、外務省人事課からの手紙が下宿に届いた。2月某日に研修語学を内示するので外務省8階の会議室に参集せよという書類が1枚だけ入っていた。16ドットと思われるワープロの粗い文字が印象的だった。

当日、午後、会議室に行くと若い職員が出てきて、「これからひとりずつ別室に案内します」と言った。30分くらい待たされて、わたしも別室に案内された。机には堀さんともうひとりが座っていた。堀さんが「いろいろ総合的に考えた結果、あなたにはロシア語を勉強してもらうことになりました。頑張ってください」と言われた。一瞬、目の前が真っ暗になった。チェコ語を習得し、神学の研究を続けるというわたしのもくろみは崩れた。堀さんはわたしに「これから外務省の研修所に行ってください。ロシア語の先生との面接があります」と言った。

◆未完の旅

外務省研修所は地下鉄丸ノ内線の茗荷谷《みょうがだに》駅から徒歩5分くらいのところにある。拓殖大学の隣だ。ロシア語の内示を受けたのはわたしを含めふたりだった。もうひとりは、早稲田大学を卒業し、外務省の試験は中国語で受けて合格したそうだ。当然、中国語を第一志望にしたが、ロシア語の研修を命じられたという。京都で通信添削会社が主催していた外交官試験の答案練習会で面識を得た関西《かんさい》大学の学生は、「僕はロシア語を第一志望にしたのに、ペルシャ語の研修を命じられた。イランはイスラム原理主義国家なので、どういう人生になるのだろうか」とため息をついていた。いったい、外務省はどのような基準で研修語学の割り当てをしているのだろうか。きっとたいした基準などないのだと思う。研修語学によって、今後の人生が大きく違ってくるのだろうが、それは相当程度偶然によって支配されているのだ。

拓殖大学の西門を右に曲がると城のような形をした古い建物が見えてきた。寺の山門のような入口に墨字で「外務省研修所」と書かれた看板が掛かっていた。掲示板に研修語学別に面接会場が指定されていた。面接会場は7～8人用の会議室だった。扉をノックして中に入ると30代半ばの眼鏡をかけた男性が立っていた。この人は東京外国語大学ロシア語学科の助教授だと自己紹介した。そして、わたしたちふたりにロシア語の新聞のコピーを渡して、「おふたりとも、大学の第3外国語でロシア語の単位をとっていますね。それではこの文を読んでみてください」と言った。わたしはつっかえながら最後まで読んだ。もうひとりは3行くらい読んだところで、「よくわかりません」と言って、読むのをやめた。助教授は、「わかりました。それでは、これから読み上げる単語の意味を言ってください」とその新聞記事からいくつかロシア語の単語をピックアップした。基本的な単語なので答えることができた。

助教授は、「外務省研修所では、みなさんにロシア語既習コースを準備しようと思います」と言った。わたしも早稲田の学生も「ロシア語を基礎からもう一度、きちんと勉強したいので、未習コースに入れてください」と頼んだが、助教授は首を横に振った。そしてこう言った。

「それはお勧めしません。今日、この研修所に来る途中、地図を見ながら来ましたね。どこで曲がるか、曲がり角にはどんな電柱があるか、記憶に残っていると思います」

わたしたちは黙ってうなずいた。

「初めてのときは強い緊張感を持ちます。外国語の勉強もこれと一緒です。ロシア語だけではないのですが、外務省研修所で外国語の力が伸び悩むのは、研修語を大学で第2外国語として中途半端に勉強した人たちです。そういう人は初級コースに入ると、最初の1カ月くらいはたいして勉強しなくても授業についていくことができます。しかし、その間に注意力が散漫になります。この研修所に毎日通っているうちに曲がり角や電柱に気づかなくなるのと一緒です。ですからおふたりには既習コースで勉強することを勧めます」

早稲田の学生は、「私はもう一度、アルファベットからロシア語を勉強し直したいので、是非、初級コースで勉強します」と自分の希望をはっきり述べた。助教授は、「わかりました。あなたが強く希望するのならそうしましょう」と不機嫌な口調で答えた。そして、わたしに「佐藤さんはどうしますか」と尋ねた。

わたしは「先生のおっしゃる通りにします」と答えた後、「ところで、外務省で研修を終えるまでにどのレベルまでロシア語力をつけなくてはなりませんか」と尋ねた。助教授は、「東京外国語大学ロシア語学科で３年くらい勉強した水準です。外務省で実務研修をしている間、ロシア語の授業は土曜日だけですので、学力の向上はほとんど期待できません。それに皆さんは連日深夜１時、２時まで仕事をすることになるので、睡眠不足で予習をする余裕がありません。本格的な勉強は、実務研修を終え、イギリスかアメリカに出るまでの３カ月間です」と答えた。わたしと早稲田の学生は顔を見合わせた。わたしは、助教授の目を見つめて「３カ月で外大のロシア語学科の学生が３年で勉強する量を消化できるのでしょうか」と質した。助教授は、「皆さんはプロの外交官としてロシア語を勉強するのです。仕事で勉強すると緊張感が高まるので十分可能です。過去の外務省研修生もひとり残らず、私たちの組んだカリキュラムを消化したので、大丈夫と思います」と答えた。実務家としての外国語研修は大学での勉強と本質的に異なるのだという雰囲気がひしひしと伝わってきた。

研修所での面接を終えた後、外務本省に戻った。人事課の堀調査官から、「皆さんの先輩で国連局社会協力課の川勝一成首席事務官と会っておくといい。アポイントをとっておいた。川勝首席は、専門職から上級職に登用された優秀な先輩で、公式通訳をつとめた人だ」と言われた。

外務省3階の国連局社会協力課を訪ねると、川勝首席がロッカーで仕切られた応接室にわたしたちふたりを招いた。ロシア語の勉強の仕方について尋ねると、川勝首席は「今からがっつきすぎないことだ。長続きしないよ。それよりも大学の勉強やサークル活動など思い残すことがないように、やっておいた方がいい。外務省に入ると今までと生活が一変する。ロシア語の勉強は、外交官試験に合格する力がある人ならば誰でもついていける。確かにたいへんだけど何とかなる」と言った。わたしが「私はイギリスやアメリカを経ずに直接モスクワ大学でロシア語を勉強したいと思っています」と言うと川勝首席は顔を曇らせた。「それは勧めない。モスクワ大学では、ロシア語をきちんと勉強するコースがない。イギリスのベーコンズフィールドの陸軍語学学校のロシア語コースはカリキュラムがとてもよく組まれている。東京外大や上智大学でロシア語を専攻した以外の研修生は、ベーコンズフィールドで勉強した方がいい」と川勝首席は言った。「おっしゃることはよく理解しているつもりです。しかし、私はモスクワ大学で哲学や歴史を勉強したいと思っているのです。それだから、語学学校ではなく大学で勉強したいのです」とわたしは述べた。

川勝首席は、「佐藤君、君は何か勘違いしているんじゃないか。外務省が君たちに求めているのは、モスクワ大学で哲学や歴史を研究することじゃない。外交官としての実務をこなすロシア語力を身につけ、通訳になることだ。それから、ソ連は日本外務省の研修生にモスクワ大学で研究することを認めない。モスクワ大学でも外国人用のロシア語コースに隔離される。住宅も外国人は隔離され、仕事以外でロシア人と付き合うことはない。これが現実だ。それだから、僕たちが言うようにまずイギリスで勉強することだ」と言った。わたしは言い争っても意味がないと考え、「わかりました」と答えた。

京都に戻る新幹線の中で「外務省に入ると人生を間違えるのではないか。確かに外務省の人たちは優秀そうだ。しかし、その知性の形が、僕が考える優秀な人たちとは異なる。外国との関係が深いので、外務省は自由な雰囲気のところと思ったが、上下関係がとても厳しそうだ。それにロシア語を勉強した人たちなのにマルクス主義に対する関心はまったくなさそうだ。堀さんや川勝さんは、人当たりはよいけれど、筋金入りの反共主義者だ。しかも自分がイデオロギッシュだということに気づいていない。いっしょにロシア語を勉強することになる早稲田の学生ともきっと本音で話をすることはできないだろう。僕が外務省に入る目的はプラハに留学して、フロマートカ神学の研究を続けるためだった。このまま外務省に入ったら、本来の神学研究という目的が達成できなくなってしまうのではないか。外務省への入省を辞退した方がいいのではないか」とわたしは自問自答した。

京都に帰ると指導教授の緒方純雄先生に電話し、東京での面接の様子を報告し、「このまま外交官になると、当初目的とした神学研究を続けられなくなるのではないかと不安になりました。外務省への入省を辞退すべきではないかと思い始めています」と言った。緒方先生は、「あなたの考えは間違っています」と言って、こう続けた。「佐藤君が外交官試験に合格したのは自分の力だけじゃないです。神様が神学部の外に出て、新しい経験をした方がいいと考えているから、あなたが外交官になる道筋を整えたのです。それだから、躊躇《ちゅうちょ》せずに外務省に行って、神学の勉強を続けてみればいいと思います。それで壁に突き当たったら、そのときどうするか考えればいい。いちど外交の世界を経験することは、神学的思考の訓練にも役立つはずです」

お世話になった教授の研究室を訪ね、外務省からロシア語研修の内示を受けたことを報告した。教授たちは「よかったね。おめでとう」とわたしを祝福してくれた。ただひとり、文学部のシュペネマン教授だけが「よかった」とも「おめでとう」とも言わなかった。

パイプたばこを吸いながらシュペネマン先生は、

「そうですか。結局、外交官になることにしたんですか。佐藤君の今後の人生がどういうふうになるかわからないけども、自分の能力を他者のために使う、そのことだけは忘れないで社会で生きてほしいと私は希望します」と言った。わたしが「わかりました」と言って研究室を出ようとするとシュペネマン先生が「僕が佐藤君に貸してある神学書や資料は、京都を引き払う前に必ず返してください」と付け加えた。

それから数日後、神学部長の石井裕二教授から「一席設けるから、ゆっくり話をしましょう」と声をかけられた。そして、千本今出川の交差点から少し奥に入った京料理屋に招待された。野本真也先生も同席していた。わたしは、「ひどく高いお店じゃないんですか」と石井先生に尋ねた。すると野本先生が「それなりに値が張るお店ですが、僕たちは佐藤君が外交官になるのでとても嬉しいのです。それで散財することにしました」と言った。

石井先生が笑いながら、「それにしても君の行動は面白い。自治会でも委員長や書記長という役職に就こうとしない。リーダーになることをあえて避けようとしている。常任委員にすらなろうとしない。それで神学部自治会だけでなく学友会に大きな影響を与えている。なかなかの策士だ」と言った。

「石井先生は、僕が自分の履歴に傷をつけず、のうのうと外務省に入って狡《ずる》い奴だと言っているのでしょうか」とわたしは尋ねた。

「違う違う。策士というのはよい意味で言っている。君のやり方はキリスト教的だと思う。キリスト教的に行動すると必ず策士と思われる。僕もずっと策士と言われ続けてきた。僕はブントの香山健一が全学連委員長をつとめていたときの全学連副委員長だった。全共闘運動の嵐が吹き荒れたときも僕や野本君は教授会解体を唱え、造反教師に数えられた。しかし、そこで考えていたのは、どうやって同志社の神学部を生き残らせるかということだけだった。そのためにありとあらゆることをした。神学をする自由な場を守りたいと思ったからだ。あれから15年が経った。学生運動がようやく収まってきた頃になって、君や滝田君、大山君、米岡君たちが中心になって本格的な嵐を起こした」

「たいしたことをした覚えはありません」とわたしは答えた。

そこで野本先生が「いや、そうとうのものでしたよ。学生部長を徹底的に追及するので、在外研修で逃がさなくてはならなくなった。教授室封鎖、ハンストなどで大暴れした。同時にあなたたちは緒方先生や藤代先生をはじめとする保守的な先生方にはほんとうに可愛がられた。僕ははじめあなたのことを神学部に大混乱をもたらす危険人物と思っていたのです。しかし、あるときから見方を変えました」と言った。

「いつからですか」とわたしは尋ねた。

「あなたの卒業論文を読んだときからです。あなたは受肉の意味を本気で考えている。それだから、バルトではなくフロマートカに惹きつけられたのです。僕にはあなたが考えていることがわかった。あなたは本気でイエスの生き方にならおうとしている。それだから、学生運動に一体化できなかったのです」と野本先生が言った。

石井先生が、「現実の人間の世界は薄汚れている。教会でも大学でも、ほんとうに考えていることを話すことができる人は数人もいない。家族だってほんとうに理解し合えているのかどうかわからない。ただ、人間には、利害や打算、憎しみを超えて、ほんとうに誠心誠意理解できる瞬間がある。残念ながら、それは瞬間で、長続きしない。しかし、そういう瞬間を体験した人とそうでない人では人生が異なってくる。僕も野本君も佐藤君たちとそういう瞬間をつかむことができたと思っているのです。それは僕たち人間の力によるものではない。イエス・キリストを通じた神様の力によるものです。頑なになった人間の心を開く力がキリスト教にはある」と言った。

「僕もそう思います」とわたしは答えた。

酔いがだいぶ回ったところで、わたしは東京での面接のやりとりと外務省に対する違和感、そして外交官になることで、神学の勉強を断念することになる不安を述べた。

石井先生は、「君のような厄介者には、早く神学部から出て行ってもらわなくてはならない。そして、40歳を超え、外交官としての経験と、ロシア語、チェコ語をマスターしてフロマートカ神学、フスの宗教改革、ロシア正教についてきちんとした研究成果をつくってから神学部の後輩たちに授業をして欲しい。そういう日が来ることを楽しみにしている」と笑いながら言った。野本先生が真剣な顔をしてわたしに言った。

「キリスト教徒というのは、どの組織にも、どの社会にも、ましてや国家には一体化できない人たちです。それだから、他者に影響を与えることができるのです。牧師は、教会の中だけで働くのではない。社会のあらゆるところで牧師は働かなくてはならないと僕は考えている。佐藤君には外務省の中で、今までとまったく違う環境の中で、キリスト教徒として考え、仕事をしてほしいのです。僕には外交や政治の世界のことはよくわからない。これから、佐藤君は誰にも言えない苦労をすることになると思う。牧師という職業は、誰にも言えないような苦労を一生抱え続ける宿命にあるのです。未完の旅がずっと続きます。佐藤君にはキリスト教の外の世界で旅を続け、特にソ連のような神を否定する無神論社会で、イエス・キリストが生きていることを示して欲しいのです」と言った。

フロマートカが繰り返した「キリスト教徒が活動するフィールドはこの世界である」「イエスは無神論者に対しても福音を伝えた」という言葉が頭に浮かんだ。野本先生もフロマートカと同じ信仰をもっているのだと思った。

その日は、足がふらつくまで日本酒を飲んだ。別れ際に石井先生が、「佐藤君。外務省での生活が苦しく、どうしても耐えられなくなったらいつでも神学部に帰ってきなさい。僕たちはいつまでも君のそばにいるからね」と言った。

本書は、２０１２年11月刊行の単行本『同志社大学神学部』の一部を加筆修正し、新たな「まえがき」を加えたものです。　（編集部）

日本音楽著作権協会（出）許諾第１５１１４５２―５０１号

佐藤優（さとうまさる）

1960年東京都生まれ。'85年に同志社大学大学院神学研究科修了後、外務省入省。在英国日本国大使館、在ロシア連邦日本国大使館に勤務した後、本省国際情報局分析第一課において、主任分析官として対ロシア外交の最前線で活躍。2002年、背任と偽計業務妨害容疑で東京地検特捜部に逮捕され、'05年に執行猶予付き有罪判決を受ける。'09年に最高裁で有罪が確定し、外務省を失職。現在は、執筆活動に取り組む。'05年に発表した『国家の罠　外務省のラスプーチンと呼ばれて』（新潮文庫）で第59回毎日出版文化賞特別賞受賞。'06年に『自壊する帝国』（新潮文庫）で第5回新潮ドキュメント賞、第38回大宅壮一ノンフィクション賞受賞。著書多数。

同志社《どうしし》大学《ゃだいがく》神学部《しんがくぶ》　私《わたし》はいかに学《まな》び、考《かんが》え、議論《ぎろん》したか

2015年10月20日初版1刷発行
2015年11月5日　　2刷発行

著　者 ── 佐藤　優
発行者 ── 駒井　稔
装　幀 ── アラン・チャン
印刷所 ── 萩原印刷
製本所 ── ナショナル製本
発行所 ── 株式会社光文社
東京都文京区音羽1-16-6（〒112-8011）
http://www.kobunsha.com/
電　話 ── 編集部03(5395)8289　書籍販売部03(5395)8116
業務部03(5395)8125
メール ── sinsyo@kobunsha.com

落丁本・乱丁本は業務部へご連絡くだされば、お取替えいたします。
 ISBN 978-4-334-03882-3

780
京都　奥の迷い道
街から離れて「穴場」を歩く
柏井壽

嵐山から奥嵯峨へ、妖怪と映画のストリート、手つかずの街・九条、嵐電沿いの道歩き……賑わい溢れる京都中心部から少し離れて、半日ばかり費やして歩きたい五つの道をご案内。

978-4-334-03883-0

781
真田幸村と真田丸の真実
徳川家康が恐れた名将
渡邊大門

〝非正規〟の一牢人が、天下人・家康を窮地に陥れる――痛快無比な〝真田幸村〟の物語は「史実」なのか？　これまでの幸村像を一新する、大河ドラマの最高の解説書が登場！

978-4-334-03884-7

782
間違いだらけの少年サッカー
残念な指導者と親が未来を潰す
林壮一

怒鳴り過ぎ・教え過ぎ・練習させ過ぎ――日本はアジアで、世界で、なぜ勝てなくなったのか？　日本の育成レベルは本当に高いのか？　少年サッカーの現場を歩き、問題点を抉る。

978-4-334-03885-4

783
慢性病を根本から治す
「機能性医学」の考え方
斎藤糧三

食生活から対人関係まで、見直すべき毎日の習慣とは？　うつ病、糖尿病、冷え、不眠症、心臓血管病、腸の不調、アレルギー性疾患ｅｔｃ.「次世代医療」から慢性病の解決策を学ぶ。

978-4-334-03886-1

784
カープ魂
優勝するために必要なこと
北別府学

「精密機械」と呼ばれ、カープの黄金時代を支えた元エースが、長年優勝から遠ざかるチームに今こそ伝えたい熱き言葉。年代別・名投手トップ5、学生とカープを語る座談会つき。

978-4-334-03887-8